富士山コスモロジー

藤原成一

青弓社

富士山コスモロジー　目次

装丁——村山 守

序章　富士山悲歌

ヤマに向けるまなざし

ヤマが移動していく。祭囃子に乗って山車《だし》が町なかを巡回していく。日本全国いたるところ、とりわけ夏に多く見られる光景である。その最も豪華で洗練されたものが京都の夏祭り祇園会である。八坂神社の氏子たちの居住するそれぞれの町内の山鉾がコンコンチキチキの祇園囃子に乗って町なかを巡り、都大路を華やかに巡幸する。山鉾の上には松の木や鉾など氏神の神霊を宿すよりしろが立てられており、山鉾の巡幸によって町内はけがれを祓われ、清められ、祝福され、活気づけられるのである。町内と町の人びととはカミを宿した山鉾巡幸によって新たによみがえった。

ヤマはカミの降下する場所である。山車や山鉾はヤマとも称されるように、ヤマのうつし、シンボルである。山車も山鉾もそれぞれの村や町の守り神のよりしろとなるヤマで、単なる祭りの見世物や飾り物ではない。笛や太鼓による祭囃子も山車や山鉾に乗りうつったカミを称え、はやし立てるもてなしである。カミは氏子たちにはやし立てられ、氏子や氏子の町内に加護を与えた。巡幸は神人和合してともどもによみがえるハレのパフォーマンスであった。

私たちの生存する空間は、ミルチャ・エリアーデも言うように、均質なものではない。私たちはのっぺらぼうの空間には住めず、空間のなかによりどころ、支えとなる場所を求める。それは宇宙、世界、空間の目じるしとなるところで、多くの場合、地と天とを結ぶ山であった。天上世界との交信の場所がのっぺらぼうの空間のなかに選別され、そこが天地を結ぶ世界軸、世界の中心軸として聖化された。中心軸によって世界に方向性がもたらされ、空間は意味づけられ、住むべき土地が整えられていく。中心軸はたいていは自然のなかの秀でた山だったが、時代が下るにつれて、ボロブドゥール寺院や中国の天壇、バビロンの塔のような寺院や聖殿、聖墓などが世界の中心とされるようにもなった。それらは聖なる山にかわるもので、同じく天と地を結ぶ場所とされた。そこを世界軸としてこの世は意味づけ方向づけられ、居住空間にコスモスがもたらされた。臍《へそ》なしには世界は整序されなかった。

日本ではたいていのところで、地域世界の中心として山が選ばれてきた。そしてそこを臍として、居住する地域世界は方向づけられ計画され構築された。たとえば大和平野の三輪山や京都盆地のなかの船岡山などである。地域のなかで目立つ山は居住世界の目じるしになり、秀麗な山は地と天を結ぶ軸になって、天のカミの降下を呼ぶよりしろになり、天意をそこにもたらした。山は俗である居住域と聖なる天を媒介する地域ごとの聖なる中心軸であった。

日本を旅すれば、そういう山をいたるところに見ることができる。その最も知られたものが各地の信仰を集めている山、山そのものがご神体であるいわゆる神体山である。たとえば奈良の御蓋山や京都の賀茂社の神山《こうやま》や御蔭山、稲荷山、湖東・湖南に美しい姿を見せる近江富士こと三上山や、田上山、太郎坊山や繖山《きぬがさ》などで、ひと目見て土地のシンボルであることがわかる山容である。山ともいえない丘や森も臍として地域の中心軸となることもある。たとえば南島の御嶽《ウタキ》や森山などで、それらも小さいながら集落の拠点として神と交信する聖山であった。もっと高山でいえば、北方の岩木山や岩手山、月山から南方の彦山や求菩提山、阿蘇山、開聞岳まで、そういう神体山が各地にあって、それらはより広い地域の中心軸となって土地土地を見守った。北は利尻富士、蝦夷富士、津軽富士、岩手富士から南の薩摩富士まで、高低とりどりに、美しい姿から地域の富士、小富士と称される名山も多い。それら数多い高山名山の中心に富士山があった。

日本では高山から小さな森まで、いたるところに、天地を結び天のよりしろとなる神居、神の在《いま》す場があった。自然のなかに神が顕現する聖なる場所、聖域が、人間の住む近くや仰ぎ見るところにあった。そこは古来、地域の世界軸として人びとが支えとし、またそこから見守られる返礼として人びとが大切に保護してきたところである。自然のなかの神居はいつも清浄に保たれ、人間のはからいや欲望を拒否してきた。神が最も好むことは清明正直《せいちょく》で、神の本性も清明正直である。だから神居はつねに清明正直でなければならなかった。いまも神居として大切にされている聖所は、小さな御嶽にしろ御蓋山や三輪山などの神体山にしろ、清々しく俗気はない。それどころか、たとえば石垣島の川平のように、観光地であっても、群星御嶽や宮鳥御嶽など、立ち入りを厳しく禁じるところも多い。

聖地には俗気俗臭は禁物である。日本の集落は、たいていこういう俗気厳禁の山や森を中心として、聖空間と俗空間をはっきりと区別して営まれてきた。ふだん、すなわち俗なる時間帯、ケの日常には聖域に入ることは許されず、『風土記』にすでに見られる常陸の国（茨城県）の自然神と住民との領域分割の話のように、聖と俗空間の使い分けははっきりと決まっていた。空間上からも時間面からも、聖・俗をわきまえるのが土地に居住する者のマナーであった。それは聖なるものを守ること、神山や森の自然性そのものを学ぶことであった。いまもなお大切に仰ぎ見られ畏れられている山や森が美しいのはそのためである。居住民の心得や礼節が自然のなかの聖域を守り保全していくのである。自然を守ったのは信仰心と敬虔なマナーであった。

しかし近年はマナーの衰退か、自然の神域に俗気俗臭がずかずかと入り込み、無惨な姿へと変えられた神居も少なくない。たとえば京都の守護神である上賀茂神社ですら背後の最も大切な山、神山《こうやま》へと至る森がアメリカ占領軍によって伐りはらわれてゴルフ場とされ、いまもそのまま、神域内に俗が居据わったままである。『万葉集』の昔から美しい森の典型として仰がれてきた近江の広大な老蘇《おいそ》の森は東海道新幹線がそのなかを突っ走って、背後の神山の繖《きぬがさ》山までつづいていた神域は乱暴にも分断されてしまった。老蘇の森のなかに鎮座する奥石神社は繖山の遥拝所だったが、森つづきに仰ぐことで神山たりえたのに、その間を轟音をたてて列車がひっきりなしに横断しては、沈黙のなかに感じ取る神の気配などうかがうすべもない。俗が聖のなかに闖入し聖を踏みにじったすさまじい光景である。各地の伐りはらわれた鎮守の森をはじめ、こんな惨状はめずらしいものでなくなった。

変わりはてた富士山

聖なる場所を俗なるものが乱し痛めつけ蹂躙している最もすさまじい光景は富士山である。富士山をとりまく山麓には無数のペットボトルからテレビ、冷蔵庫、中古車、そして厖大な量の産業廃棄物まで、ありとあらゆる不法投棄物が散乱し積み重ねられ、正視するにたえない惨状である。心ない者たちの心ない無法行為は山麓だけではない。不法投棄は最もすさまじい山裾の林道周辺や山林中から登山道に沿って上昇し、五合目のお中道《ちゅうどう》あたりにも見られ、さらに五合目から山頂へと観光登山客たちのゴミ投棄はつづく。

富士山は巨大な山、懐深い山である。大地と天を結んでゆるぎなく聳え立つ姿は、富士を仰ぎ見ることができる地域の人びとには聖なる世界軸として映り、地域の支えであった。大きな支えは、しかし甘えの感情もよび起こす。何でも抱擁してくれる母なる山、たよりがいのある情深い山として、富士山はもたれられ甘えられ、あげくのはてにゴミや廃棄物をも受け容れてくれる包容力ある山と目されるにいたったのである。

富士山は遠くから見れば美しい。しかし近寄れば無惨なまでの姿である。神体山がもつ崇高の気はうすれ、俗気俗臭どころか、無法悪行の邪気が立ちのぼる山になった。富士山を世界遺産に登録しようとする地元を中心とする請願もこの惨憺たる現状によって却下され、廃棄物の処理のメドが立たないかぎり世界遺産富士山の実現は見込みがない。富士山をこんな姿にしたのは何か。

かつて富士山は遠くからも近くからも美しかった。神聖であった。太古から一貫して人びとは富士を仰ぎ称え、礼拝してきた。畏怖と敬愛の心をもって接するかぎり富士山は聖なる山としてつねに秀麗な姿を見せつづけた。富士に接する心得と礼節、マナーが富士山を守り、富士をより美しくしてき

富士山頂の内院

たのである。

高度経済成長期以来、山を中心とする日本の風光は急速に汚れみじめな姿になった。自然に甘える心根が自然を壊す。自然を畏敬の念で見ない者が自然の聖性を蹂躙する。自然に甘えその聖性に気づかない者が、自然の痛みに気づくことなく自然環境を踏みにじり、山や森を壊していく。鎮守の森は伐採され、聖なる御嶽の森すらも消されていく。神体山は痩せ、そして富士山も悲しい姿へと変わりはてた。この趨勢をどう食いとめるか。エコロジー運動だけでは聖なる自然も自然のなかの聖なるものも守れないし、再生しない。法規制とか住民運動などでは根本的解決にいたらない。

これは古めかしいが精神の問題である。自然への姿勢の問題である。どうすればまっとうな自然とのつき合いができるか。そもそも自然とつき合うとはどういうことか。心身両面からの自然との共生とはどういうことか。自然環境とは人間にとってどういう意味ある環境なのか。自然のなかの聖なるものや場所とはどんなところで、人間にとってどういう意味があるところなのか。迂遠なようだが、そういうことを考えないかぎり、根本的な解決方向にならないし、対症療法でしかない。美しい自然、聖なる場所を守り育てるために、その最も典型的事例として、ここでは富士山を取り上げる。富士山は日本人に最も親しい聖山だからである。そして現在自然環境、宗教環境が最も惨状を呈しているのが富士山だからである。巨大な山、富士山登頂にさまざまなルートがあるように、富士山を考えるにもさまざまな方法や方向がある。富士山にどうアプローチするか。どうすれば富士は豊かな姿を開顕してくれるか。まずは最も無難なルートから入ることにする。日本人と富士山とのつき合いの歴史という道である。古来、日本人は富士をどう眺めてきたか、その多様な軌跡をたどれば、おそらく富士山の全容に最も接近できるだろう。その軌跡がすなわち、産業公害と公徳心欠如による公害によって汚される以前の富士像を浮かび上がらせ、歴史を通じて人びとの心が何であったかを見せてくれるだろう。富士とのつき合いが富士を守りつくってきたからである。富士に寄せる思いと態度を富士はそのままに映してきたのである。

見れど飽かぬ富士山

富士山は太古から天地を結ぶ聖なる山として崇拝されていたとみえ、たとえば富士宮市の千居遺跡や庵原郡富士川町の大平遺跡などの縄文中期の遺跡には富士遥拝所がすでにあった。富士山を仰ぎ見る裾野にはいたるところに水が湧き、そこに人びとは集住した。水は富士山に降った雪や雨が山塊深

千居遺跡、ものものしい金網で富士遥拝もかなわない。

くしみ込み、伏流になって富士山の地中を下り、山麓に現れたものである。それは地中深く、しかも長年にわたって濾過された清浄水であった。富士がもたらしてくれる聖水の湧出地に集住して人びとは遥拝所から恵みの山、生命の山を拝したのである。そんな伏流水をいまも柿田川や白糸の滝、富士山本宮浅間大社の湧玉《わくたま》池や忍野八海など、いたるところに見ることができる。富士山は天地を貫いて聳立する聖山、大地から乳のように生命を恵んでくれる母なる山で、父性と母性を併せもつ山であった。実証的な地質地形学や火山学からのアプローチに考古学や人類学、宗教学などを加え、さらに心性史ともいうべき推測をも加味して、富士山はようやく原初の姿を現してくる。そんな富士山がはじめて文学に現れるのは『万葉集』で、周知の山部赤人や高橋虫麻呂の歌である。

天地《あめつち》の　分れし時ゆ　神さびて　高く貴き　駿河なる　富士の高嶺を　天の原　振り放け見れば　渡る日の　影も隠らひ　照る月の　光も見えず　白雲も　い行きはばかり　時じくぞ　雪は降りける　語り継ぎ　言ひ継ぎ行かむ　富士の高嶺は

反歌
田子の浦ゆ　うち出でて見れば　ま白にぞ　富士の高嶺に　雪は降りける

赤人は「語り継ぎ　言ひ継ぎ行かむ　富士の高嶺は」と崇高な姿を称えた。天地開闢のときからすでに「神さび」た山で、そういう霊峰をずっと称えつづけようというのである。虫麻呂も、

なまよみの　甲斐の国　うち寄する　駿河の国と　こちごちの　国のみ中ゆ　出で立てる　富士の高嶺は　天雲も　い行きはばかり　飛ぶ鳥も　飛びも上らず　燃ゆる火を　雪もて消ち　降る雪を　火もて消ちつつ　言ひも得ず　名付けも知らず　くすしくも　います神かも　石花《せ》の海と　名付けてあるも　その山の堤《つつ》める海ぞ　富士川と　人の渡るも　その山の　水のたぎちぞ　日の本《もと》の　大和の国の　鎮《しづめ》とも　います神かも　宝とも　生《な》れる山かも　駿河なる　富士の高嶺は　見れど飽かぬかも
反歌
富士の嶺に　降り置きし雪は　六月の　十五日《もち》に消ぬれば　その夜降りけり
富士の嶺を　高み恐《かしこ》み　天雲も　い行きはばかり　たなびくものを

と、両国のなかに聳え立つ富士の言いようも呼びようもないほどに霊妙な神々しさを称える。せの海（平安時代初期、貞観の噴火以前は西湖と精進湖はつながっており、せの海と称した）は富士が堰き止めた

湖であり、富士川もこの山から発する激流である。日本の国の鎮めとして鎮座する神、国の宝である山、富士は見飽きしない山である、というのである。富士は日本の鎮め、国宝として時を超えて仰ぎ見られてきたのである。このまなざしとアプローチは今後も富士山に接する最も大切なものであると考える。

「見れど飽かぬ」富士と古来どう接してきたか、そこから富士と日本人とのつき合いの歴史を読み取ることができる。そこから自然のなかに何を感じ、自然のなかの聖なるものとどうつき合ってきたか、日本人の自然観と心性をも見ることができる。それによって、富士の現在の惨状をもたらしたものが何であるかがわかり、現状打開の緒が予測できるかもしれない。

まず、平安時代初期の延暦・貞観の大噴火が富士への姿勢をゆさぶった。大噴火は周辺の人家を破壊し甚大な被害をもたらし、せの海を埋め、いまの富士五湖を形成するなど、地形をも大きく変えた。噴火は京都の人びとをも驚かせ、火の神・浅間神社があつく祀られ、甲斐国にも新設された。清らかな水を恵んでくれる和魂《にぎたま》の母なる山は、一転して荒魂《あらたま》の火の山として畏怖の山になった。やさしい慈悲相の地母神が忿怒相の火神になったのである。山腹や山麓、さらに富士を望むところに次々と浅間神社が祀られ、火の神富士を拝した。「大和の国の鎮め」の山としての富士山の、装いを改めての復活である。噴火の休止ののちも、富士山は三千社を超える浅間神社を通して、近年までずっと信仰の山として親しまれてきた。しかも信仰の山富士には浅間信仰だけでなく、修験道も仏教も深く入り込み、さらに江戸中期からは新宗教のミロク信仰も生まれた。原初自然宗あり、仏教あり、山岳修験道あり、個人の修行あり、団体の富士講あり、妖しい俗信あり、まさに神仏混淆、聖俗ないまぜての一大宗教ランドになった。諸宗教マンダラとしての富士である。民俗学や宗教学によるこの方向からのアプローチの蓄積は多く、近世からの富士に対する庶民の心性や態度を知ることができる。

さまざまの富士山像

「見れど飽かぬ」富士は庶民層にはありがたい信心の山だったが、いわゆる知識人層にはまさに字義どおり美の山でありつづけてきた。富士は『万葉集』の讃歌につづき『竹取物語』や『伊勢物語』、さらに『源氏物語』へと想像のままに描かれる。そんななかで平安時代の文章博士都良香《みやこのよしか》の「富士山記」は山頂の景も含め富士の自然の姿を書きとめる貴重な文章である。鎌倉に幕府が開かれてからは京都と鎌倉との往還も繁くなり、富士もようやく実像で歌われ描かれるようになる。その最も知られたものが西行の奥州行脚の途次の歌である。和歌に連歌に漢詩に紀行に、富士讃歌はおびただしく、富士を歌で詠むことは風流文雅の士のたしなみの感すらあった。『万葉集』から近世初頭まで、僧俗併せ、それら富士を称えた歌や詩、紀行、登山の記録などを集めたのが、藤原惺窩の高弟で林羅山とも親しかった博学の隠士菅玄同の「士峰録」である。一山だけで大きなアンソロジーが編めるほどに富士は日本を代表する美景になっていたのである。この面からのアプローチ、文芸を中心とする文献上からの富士研究は従来、量のうえでは蓄積が多い。しかし、描かれた富士そのものの質、描き方、描く心性まで深められたものは乏しい。いかに富士の類型、ステレオタイプをつくっていったか、どういう心性がどういう富士を理想としたか、富士についてのイデアは何だったか、それらを考察することによって富士と日本人との精神の交流史を究める、これもこれからの大切な課題である。

富士を「見れど飽か」ず眺めたのは文人たちと並んで絵師画人たちであった。平安時代の名所絵のなかの富士図や伊勢物語図など、歌や物語から連想された富士図、そして中世の水墨画や土佐派の富士図を経て、富士図を得意とし富士図のパターンをつくりさえした官画派のリーダー狩野探幽を皮切りに、近世、富士図は一斉に花開いた。富士の姿も、ステレオタイプ化された詩歌の富士にくらべれば、あの頂上の三つ峯姿はそのまま踏襲されるものの、ぐっと多彩になった。土佐派や琳派の富士はまだ古典文芸のイメージを曳きずって整った様式に納まり、官画派も探幽の流れを引いて類型を守った。近世中期、写生派が出たが、円山派も四条派も実景に接しえないため、琳派の富士図になじみ、洋風写実を開拓し「我のみよく富士を写す」と自負した司馬江漢も、実景を写しながらも似た構図ばかりで、それ自体が富士の写生類型をつくってしまった。「見れど飽かぬ」富士は、イメージや概念からは言うまでもなく、凡庸な写生では描ききれない深み、神秘をたたえていたのである。そんななかで、司馬江漢が富士を写すことを知らずと貶しめた唐画家、すなわち南画文人画派にかえって富士山の姿は捉えられた。とくに何度も富士に登った池大雅や親しく富士を眺めたことがある与謝蕪村によって真景は描かれた。文人画派にとって真景とは見えるとおりを写生するものでなく、意《こころ》が捉えたもの、意にひびくものを描くことであった。ここにようやく類型や様式を脱した富士山が出現した。

富士を描く流れには大きく二つあった。一つは古来の文芸や大衆感情によって培われたイメージの富士、類型化された富士を様式に則って洗練していく流れ、一つは胸中に育て上げた実景、ありのままの姿を写生するもの、いずれにしても実景にこだわる流れ、この二つである。二つの流れは近世から幕末へ、そして富岡鉄斎、横山大観から梅原龍三郎、林武、片岡球子、絹谷公二など、おびただしい近代の富士図にまで踏襲される。これは富士に対する日本人の姿勢、心性の現れでもある。いかに富士が類型化、様式化され、いかなるものが実景、実感の富士であったか、この面から富士にアプローチすること、いわば美学的追究によって、また日本人の自然観、富士観、そして富士とのつき合い方も見えてくる。従来、画の講釈はあってもそういう追究は乏しい。富士は巨象で、どんなに多く歌われ描かれようとも、一部を撫でるにすぎず、全容は容易に見えない。ましてや富士に寄せる思いなど巨峰の前には片々たるものかもしれない。

知識人たちの富士とはちがった富士図もいっぱい描かれた。その代表が浮世絵と銭湯の壁画である。それらは同じく富士図といっても、先の文芸や絵画の富士とは質も姿勢もねらいも心性も異にするものであった。江戸に住む人びとにとって富士は自慢のランドマークで、富士の見えるところがよき場所であり、富士を配することで町は引き締まった。富士は江戸市民たちにとって場所の護符のようなものだったからこそ、北斎は護符のように富士図を描きつづけたし、広重も「名所江戸百景」のあちこちに富士を配した。江戸っ子たちは富士なしには心許なかったのである。その心性は日常にしみ込み銭湯の壁画の中心画題になった。ちょうど江戸・東京に富士講が盛んになり、町なかにミニ富士の富士塚をいくつもつくり上げたのと同じ心性である。富士信仰が庶民のなかで世俗化したように、富士は庶民の心の支えとして深くしみ透っていった。こうして世俗化された富士は下世話や小咄、小唄、流行歌などを通してさらに通俗化された。こんな通俗富士をつくる心性を知ることも富士を考えるうえで放置できないだろう。こういう通俗富士づくりが、富士の現状をつくり上げた心性と通じるからである。富士から聖性を希薄化して世俗化し親しみやすい山としたとき、富士は身近な存在になりはしたが、それに寄せる畏怖や敬虔の念はすっかり遠ざかっていった。

イデオロギー富士

しかし富士山の俗化をくいとめる動きが思わぬところから芽生えてくる。それは黒船騒動以降、幕末にかけて尊皇攘夷派を中心に国のあり方、国体が各方面から問い直されるなかに胚胎した。日本を「神州」と見なし、それを鎮める霊峰としての富士観が、それぞれニュアンスを異にしながらも、水戸学から、国学から、儒学や画壇からさえも出され、異国の圧力に立ち向かう聖なるシンボル、楯とされた。「神さび」た富士の見直しである。

明治新国家になってからしばらくはこの見方も鳴りをひそめていたが、富国強兵のスローガンが着々と進展し、日清戦争を起こすまでに国力をつけるに至ったとき、富士山は国威を内外に誇示する恰好の霊峰として持ち上げられた。西洋一辺倒の文明開化から国粋主義的な日本回帰論の高まるなか、志賀重昂は力作『日本風景論』を著して日本国の美を称揚した。なかでも富士は「名山」中の最「名山」、「全世界『名山』の標準」とされた。富士山はかつての江戸の町の守護神から、躍進する大日本帝国を全世界に示す世界に冠たる名山へと位置づけられたのである。そして国威発揚を喜ぶ国民感情にもあおられて、神州を守護する霊峰富士はますます雲の上高くへと成長しつづけ、日露戦争を経、満州国をつくり、日中戦争から太平洋戦争へと暴走するうちに、横山大観の絵の題名に象徴されるように、富士山は「神州之正気」とされ、「桜咲く国、東亜の盟主」日本国の「守護塔」と全国民から仰がれるに至った。この大戦下、富士は、日本の「精神的金字塔」としてあがめることを全国民に強要しもした。官製富士である。かつて江戸期、狩野探幽を中心に幕府の御用官画派が富士山の類型をつくり出したように、官権はまたしても強迫がましい富士像をつくり上げたのである。官民挙げてつくり上げた富士像を見つめ直し、それが造型演出される過程を調べることも、富士研究の見落とせない一分野である。類型や様式は規範になり教義になりドグマになるこわさをつねにもつからである。いまも富士を見つめる目にこんな動きが底流にないとはいえない。

富士山探究の諸ルート

富士山頂を極めるのにいろいろのルートがあるように、富士山を考究するのにもさまざまの分野、方法がある。神話学から始めて考古学や宗教学、民俗学や歴史学、そして文学や美学美術史、心性史や文化史、日本学などを例として、富士山への接近の方法をざっと見てきたが、他にも地質学や地形学など自然科学による基礎研究、火山学や地震学、防災学などからのアプローチ、風土学や風景学、植物学や生態学、観光学や地域経済学などからの接近によっても富士山は別の表情や意味を示すだろう。公害問題を含めての環境科学からのアプローチ、保存修景を想定した景観学からの接近も大切である。長い長い富士山とのつき合いをふまえて、自然科学、社会科学の諸分野の基礎研究を併せて、さまざまなルートからの登攀によって、富士はますます多彩な表情を示すだろう。富士山は大きい。富士山は多彩な学問間のネットワークによってさらに魅力を現してくる。総合富士学である。そんなネットワークがひいては世界遺産登録への道でもある。しかし経済効果をはじめ国威発揚や功利打算を含んでの接近は富士への冒瀆であり、禁物であることは言うまでもない。

かつて汚れのない目、欲得のない心で見られた富士山は「神さび」「見れど飽かぬ」山であった。そんな山を人びとは「言ひ継ぎ語り継」いできた。富士山は人の心のまま、人の心を映して、美しく、聖なる姿でありつづけた。富士山を富士山たらしめてきたのは富士山に寄せる心そのものであった。感性が富士を育て、富士が感性を育てたのである。しかし、人の目や心に欲得が入り、功利打算が入り、イデオロギーやドグマが介入することによって、富士山から清々しい気は剝奪され、何かの「ため」にする山へと変えられていったのである。

自然は、とくに大いなる自然は、いたずらに人知が介入すべきものではない。介入することによっておそらく自然は本来の自然性を変質させるだろう。人間の日常空間、すなわち俗環境の論理を自然という非日常空間に持ち込んではならない。神話の語るように、この地上に俗なるものと聖なるものとの棲み分けは必要である。それが本来の自然との共生共存である。いま聖なるものを身近に実感できるのは、だんだん俗に追いやられ減少しているとはいえ、自然そのものである。自然によって聖に気づかされ、改めて俗の営みを顧みる。それによって俗も更新される。聖は俗気をもって介入せず純なる心で接するものにその本来の姿を現す。俗のなかに聖なるものがしみ透り、俗界にひととき清新の気が流れる。感性が洗われ、そしてその感性がまた聖なるものを見直し、もり立てていくのである。

　感性が富士を守り、自然を守る。清々しい敬虔な心性が富士を培い、自然を培う。自然環境が破壊されればそのなかにひっそりと在す神も聖なるものも蹂躙される。破壊された自然環境が人の心を殺伐たるものに破壊する。敬虔な心が自然に気づき、自然環境のなかの聖なるものに気づき、そして自然環境そのものを守る。自然環境を守り育てる運動にはまず宗教心にも似た敬虔な心性、感性が基本である。それをもって自然に接するとき、自然は本当の姿を現す。富士山もそのとき、あの俗臭芬々たる廃棄物のなかから清々しい山容を見せてくれるだろう。以下、日本人の富士山とのつき合いを時代を逐って、富士への向かい方にしたがって、章を立て、たどっていくことにする。

第1章　水神、富士山巡り

自然とどうつき合ってきたか

「富士には月見草がよく似合う」

　太宰治がちょっとてれくさそうにこう言ったのは、軍国主義たけなわのころで、富士山といえば山桜や旭日と組み合わされた絵が全国津々浦々まで広められ、ファシズム富士山が強制されている時代であった。日清戦争期に著わされた志賀重昂の『日本風景論』で強調されはじめた富士の自然美が、軍国主義体制の最もわかりやすいイデオロギー表象として利用されているさなかでの呟きであった。桜に対するに月見草。万朶の桜に飾られている富士山にうんざりしていた太宰ならではのはにかみのセリフである。

　富士山を眺める目、富士山に託す思いも、さまざまである。大きな恵みに対して純朴に感謝する目もあれば畏敬のまなざしもある。思想や金もうけなど、「ためにしよう」とするいやしい料簡の者もいれば、依りかかり甘えきって不始末も省みないふとどき者もいる。太宰のようなまなざしから小学唱歌の「富士山」のような見方まで、富士とのつき合い方も見方もとりどりであった。

近年こそ疎くなったとはいえ、私たちは古来ずっと自然とつき合ってきた。規模や様相によって自然の見方やつき合い方もさまざまであった。生活の営み方や生業のちがい、産業構造の変化に応じて自然への対し方も変化してきた。そして私たちの対し方に応じて自然そのものもまた様態を変え生態を変えた。

自然とのつき合いにはいろいろ対照的なまなざしと姿勢があった。①親和的か敵対的か、②甘え依存か搾取か、③崇敬か黙殺か、④共生共存か利用征服か、恵みをもたらしてくれる慈母として依りかかるか、鉄槌のように災いを下す厳父として怖れるか、時代により場所により、くらし向きによって、とりどりの態度をとってきた。そんななかでも、私たち日本人は自然とつき合うのに、まずは「親和」的であった。自然を敵対視せず、水田を拓くなどの大改造を強いはしたが、強引に征服しようとはせず、つとめて親しみ和《わ》そうとしてきた。ときには自然に甘えて海の幸山の幸を恣にすることもあったが、それでも掠奪し尽くすまではしなかった。そんな節度が、つい近年まであった心温まる里山、里海の景観をつくり、自然のなかに生き生かされる共生の作法を培った。自然のなかにもそれぞれの「こころ」を感じ取り、「こころ」の交歓をした。そこに「もののあわれ」を感じ取る「繊細の精神」が培われた。

自然とは親しく接するだけでなく、神体山に必ず遥拝所があるように、近寄りがたいものとして遠くから敬拝しもした。むやみに足を踏み入れてはいけない自然は、俗な生活とはちがった気配を湛えており、そんな場所は生きる者の支え、精神の依りどころであった。甘えたり依存したりしながらも、共生につとめ、たしかな背景になってくれるものとして、つねに自然をうやまってきた。それが高度経済成長期までの長い長い間にわたる自然とのつき合いの基本姿勢、基本作法であった。

私たちは自然に向き合う場合、どういう行動をとるか。どういう自然を選ぶか。それもまた生業によって異なり、個人の状態、社会の構造によってどのようにも変化した。ひとはどういう動機で行動するのか、少々古めかしいがアメリカの心理学者アブラハム・マズローの原理によれば、ひとはまず、生理的な欲求を満たすために行動する。飲み水とか燃料とか食料とか生きるうえで必要なものが確保できる自然をよしとし、そこを生存の場に選び取った。自然に依存しつつ感謝するくらしが営まれる。生理の欲求が満たされると、ついで安全を求めて行動する。受け身の採集から自然へはたらきかけ改変して、より大きな生産を確保して安全を得ようとする。生産物を貯え、居所をより堅固に保全しようとする。その欲求が昂じれば自然は搾取の対象になり、利用征服すべきものになる。安全は富によって保証されると考えるところでは、自然とのつき合いは、依存や共生から一転して搾取するものになり敵対関係になった。産業構造の変化とそれによる価値観の変質がそのまま自然とのつき合いの変容になった。

私たちは長い間、資源として、富を生むものとして、自然を見、利用してきたが、それでもつねに自然に負い目を感じていた。疚しさもあった。そういう潜在する感情がときには自然を畏敬の目で見つめさせた。大きなものに抱かれているという依存の感覚である。自然は経済観念に麻痺した人間にも教えさとすように静かにはたらきかけることがあり、俗生活にない美しさや荘厳さを感じさせることもあった。宗教的な畏怖、美的な陶酔に誘った。そういう自然とのつき合いが間欠泉のように現れることもあった。安全の欲求が満たされたあとに来る欲求、マズローのいう帰属と愛の欲求からくるものである。自然という大いなるものに帰属し、そこに包摂され、その慈しみに抱かれていたいという欲求である。経済的な欲求だけではひとは生きられない。美的欲求、宗教的・精神的欲求は自然とのつき合いのなかではこんな形で満たされた。

マズローのいう第四の動機、承認の欲求は、自然とのつき合いでは、その場所に帰属するだけでなく、自然環境、文化環境、世俗環境、宗教環境などとりどりの環境を互いに承認し合い、それぞれが場所を得ることである。富士山を眺める環境にある場合ならば、富士を頼り、崇めつつ、富士から生存の場所を承認され、富士との合意のもとに生を営むことである。自然環境から承認されるには、自然への対し方におのずから作法がある。厳父と崇め、慈母として親しみ、そういう分をわきまえた心で振る舞う作法である。お互いが分をわきまえるところに承認の欲求が全うされる。その動機によって行動するかぎり、自然との関係は親和的であり互恵的である。

互恵関係がすすめば、第五の欲求、自己実現の欲求もおのずから満たされていく。自然とのつき合いでは、その欲求は共生共存の欲求になって現れる。尊大でなく柔かい心をもっているものは、孫悟空が釈迦の掌のなかから離れられないように、大いなる自然環境のなかに包摂されていることを知っている。自然に対する感謝の心と畏怖の念は私たちに本来そなわったものである。共生共存とは一方だけが自己実現することではない。互いの自己実現である。自然も自己実現し、私たちも自己実現する。それがマズローのいう人間の究極の欲求である。私たちは「生理の欲求」を満たすために行動を始め、「安全の欲求」を求めて努力し、「帰属と愛の欲求」によって環境のなかに場を得ようとしてきた。そして場を得たあとは「承認の欲求」によって互いの場と生存を認め合い、互助しながら自らも他者も環境も充実させていった。そういう諸段階を経て、「自己実現の欲求」を満たすのは共生共存することにあると知るに至った。

ひとは動機なしには行動しない。動機のもとには欲求がある。欲求をどう満たしていくか、そこに私たちの他者との、社会との、そして自然環境とのつき合いの根拠があり、作法が要請された。自然とのつき合い方も私たちの欲求の現れ、欲求の充足である。醜いつき合いは醜い欲求から生まれる。

富士八海巡り

富士山と私たちはどうつき合ってきたか。また、現にどうつき合っているか。それを考える場合にも、このマズローの欲求説は比喩的に参照しうる。富士山とのつき合いもまず基本の欲求の充足から始まった。生理の欲求を満たしてくれるものとしての富士山である。それをたしかめることから富士山へのアプローチを始めることにしよう。

富士山は水を恵んでくれる山であった。富士山をとりまく山麓のいたるところに水は湧き出、そこに人びとは住みついた。住みついた人びとは水を生む山として富士山を仰ぎ、崇めた。富士山はまず水神であった。

富士山に降った雨、積もった雪は、焼山の石礫に滲《し》み、山肌深く伏流して、山腹から山麓にかけていたるところに泉や奔流、滝となって頭を現した（木曾の御嶽山には大小千二百もの滝が山中にあると地元の写真家和合さんは言う。富士また推して知るべしである）。地下深く伏流してきた水は長い年月をかけて山中で浄化された。水温も四季を通じて変わらず、生活用水としてうってつけの清浄水である。しかも巨大な富士がたたえる水は厖大で、決して涸れることなく、伏流するために水質も外界の状態に左右されることはなかった。湧水の地に集住した人びとは尽きることない水の恵みに感謝し、富士を生命の神として崇めた。富士は近寄りがたく崇高な神山というよりは慈母のごとき優しい神山であった。親しみやすい山ではあったが、しかし、絶対に深く足を踏み込んだり、汚したりしてはならない禁足の山であった。富士山を覆う白雪は美景の対象ではなく、富士が恵んでくれる清浄水のしるし、清々しい生命のシンボルであった。

近世、富士信仰の流行につれて、富士への登頂も、修行として信心として盛んになった。先達の御師の導きで、富士山の北麓の吉田口から、東側の須走口、南側の須山口、西側の富士宮の本宮口、村山口から、六根清浄を唱えながら登った。登ることで六根は浄化され、心身ともに新生して下山した。富士登拝は神仏の宿る神山への祈りと自らの再生をかけての修行であった。畏怖すべき雄大な山に向かっての自己鍛錬の行《ぎょう》である。

そんな厳しい登拝の行と並んで、富士の麓を巡る行もあった。富士八海巡りである。神社に詣でるとき必ず御手洗川や手洗舎で心身を清めるように、神山富士に登拝するための禊ぎとして富士の裾野に点在する霊泉を巡行するのである。登頂のための禊ぎの行がいつしかそれらの霊泉・霊湖を聖なる霊場とみなしての巡礼の行になったのである。六観音巡りとか三十三観音霊場巡り、お遍路と同じである。富士のもたらしてくれる恵みを巡行することは、まさに観音の恵みを求めて巡礼するに等しかった。登頂が祈りと自己鍛錬の修行であるならば、八海巡りは恵みの富士、水神富士への感謝と祈りの巡礼である。登頂が父なる神山に向かっての自己修練の行ならば、八海巡りは母なる神山への報謝の行であった。

では、水への感謝の行を追体験すべく八海巡りに出発しよう。人の集住するところには必ず湧水・井泉があるので八海巡りの途次にはそこにも立ち寄ってみることにする。

江戸（東京）を発って一路、富士吉田の北口本宮富士浅間神社をめざす。旧富士山道を行けば下吉田の少し手前、小明見富士浅間神社の先に富士八海の一つ、明見湖《あすみ》がある。土地のひとは「清氏龍神」と称した。水神である。傍には甲子神社の小祠があり、そのそばに富士の湧水があった。かつては富士登拝の道者はこの湧水で水垢離《みずごり》をとったとされる。

はじめの明見湖から富士の裾野を左廻りにたどり、平山峠という小さい峠を一つ越えると、わずか四キロから五キロで忍草《しぼくさ》村に至る。峠の下に点々と小さな湧池が散在する。いま観光地と化した忍野《おしの》八海である。出口池、御釜池、底抜池、銚子池、湧池、濁池、鏡池、菖蒲池を総称して小八湖ともいう。豊かな水量を誇る池や滾々《こんこん》と清冽な水の湧く池があれば、観光客と観光施設に圧されてどんよりと澱んだ池もある。それでも池からの湧水を集めて桂川へと注ぐ流れは爽やかな清流である。水量も驚くほど豊かで、手をひたせばその冷たさが伏流水であることを教えてくれ、富士の恵みを実感することができる。

忍野八海から南行すれば、八海の一つ、富士周辺で最も大きい湖、山中湖に出る。臥牛湖ともいい

「作薬龍神」ともいう。この大きな湧水湖から流れ出るのが桂川で、神奈川県に入って相模川となり、馬入川となって相模湾に注ぐ。富士の湧水の長い旅路である。山中湖沿いの道はかつては鎌倉往還と呼ばれ、山中関所も湖畔に置かれるほどに鎌倉と甲府を結ぶ重要な道であった。

鎌倉往還を南下すれば富士の東麓の登山口、須走口に至る。往還際《ぎわ》の須走富士浅間神社の前方から西に山路をとれば須走口登山道である。浅間神社の近辺には宮脇水源、御登口第一、第二水源、滝の台水源などがあり、山あいの集落のくらしを支える。

須走から西南の方に向かえば、自衛隊東富士演習場の南方、裾野市の須山に出る。そこには須山浅間神社があり、南麓からの須山口登山道となる。須山の集落にも滝の沢水源、坂上水源、田向水源が山際にあって富士の湧水を供給する。

須走で鎌倉往還から別れて三島・沼津往還に入って南下し、駒門風穴を通って三島に向かう。途中、駒門水源や神山水源が山間部に点在し、いたるところに湧水が貯められ管理され利用されている。集落の陰で気づかれないが、どこにも水神富士の恵みはあった。

まっすぐ南下して三島市と沼津市との中間、駿東郡清水町に出る。国道一号線の真下、富士山頂から四十キロも離れたところに、三島溶岩流の間をくぐって延々伏流してきた地下水が地上に姿を現す。湧き出る水は柿田川となって下り、狩野川に合流して駿河湾に注ぐ。一日の湧水量百数万トン、富士山周辺では最大の湧水群である。国道直下の湧水源からは川床の砂を舞い上がらせて滾々と溢れ出、上流から中流にかけて、途中からも次々と湧き出る水を集めて、千二百メートル先で狩野川と合流する。合流点では二つの水流の色は見事なまでのちがいを見せる。たった千二百メートルの短い川なが

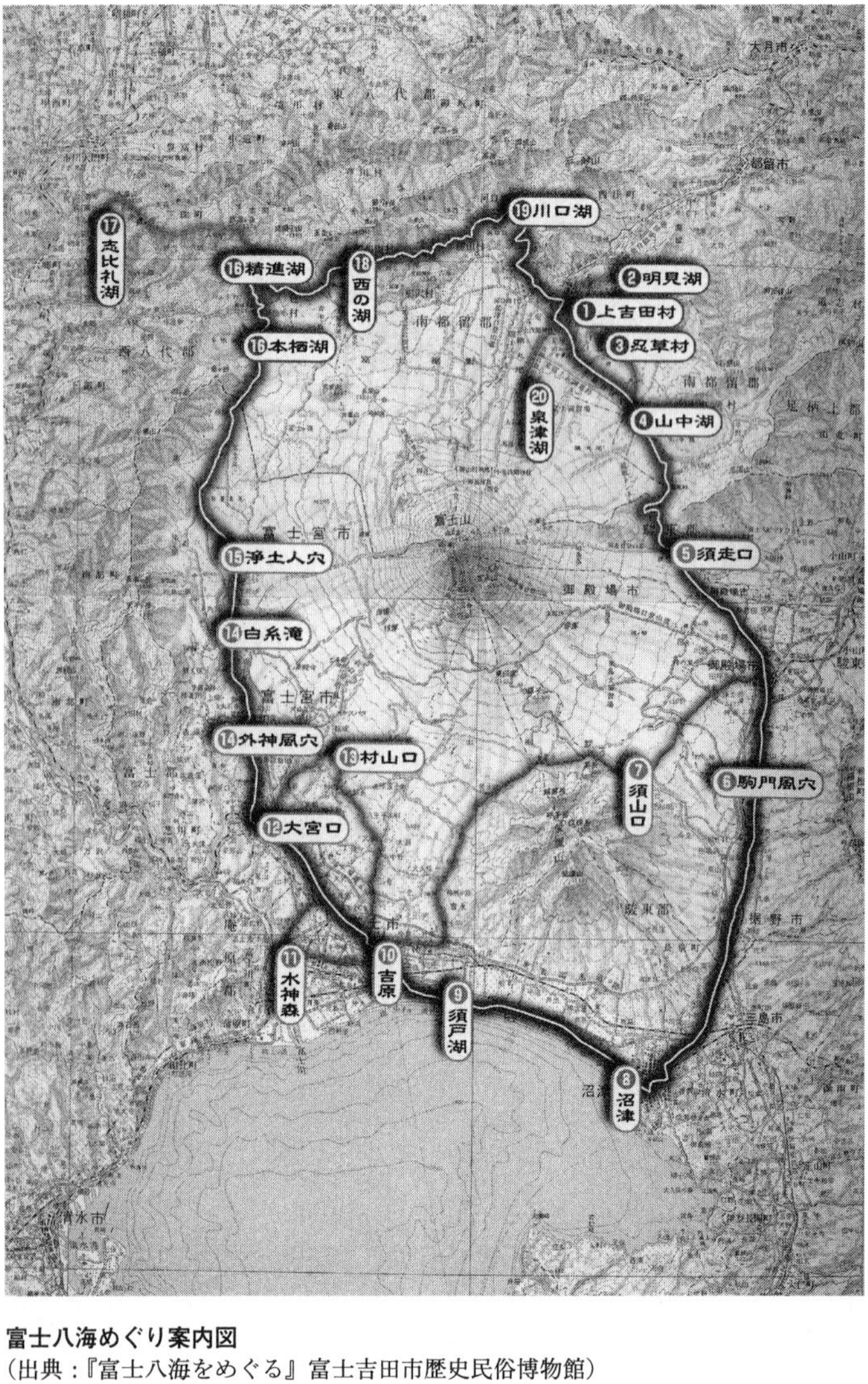

富士八海めぐり案内図
（出典：『富士八海をめぐる』富士吉田市歴史民俗博物館）

ら、四万十川と並ぶ日本の代表的清流である。豊かな湧水は沼津市水道、駿豆水道として沼津市、清水町、三島市、函南町、熱海市に一日約二十二万トン利用され、その他、工業用水、農業用水にも約十一万トンが利用されている。ちなみにＪＲ東海の三島車輌所で新幹線車輌の洗浄に工業用水が一日約百五十トン使われているという。滾々と湧き上がりつづける水を見つめていると、水がいかに美しく爽やかなものであるか、五感にしみじみとしみわたり、水がもつ霊気にうたれる。水は聖なるものである。地下を長年月にわたって伏流してきた水が地上に姿を現すところ、まさに水神の「御生《みあ》れ」である。水神の生誕と見る感覚が古来いのちの神としての水を守り、山をあがめ、自然を大切にしてきたのである。

国道一号線を西へ進んで富士市に入ると、東田子の浦駅の北方にかつては八海の一つ、須戸湖があった。浮島が原の浮島沼で、いまは干拓されて新田になってしまった。須戸湖については、その北方、新幹線を越えた先にある小さな池を須津湖という伝承もある。しかしいずれにせよ、江戸末期には富士八海から除かれ、かわって吉田口登山道に近い泉津湖が八海とされた。富士市のこのあたり、急激な工業化と干拓事業のために富士の湧水をたずねるのはむずかしい。近代化が富士山の景観を変え、水神富士を忘れさせた。

須戸湖から西へ、吉原に入ると、富士下方五社の一つ富知《ふち》浅間神社がある。ふちとは淵、水の淵であるとしたのは折口信夫だが、ここ富知浅間神社はまさに水の湧き出る淵を祀る社であった。富知神社の北方、富士を仰ぎ見るところ、伝法というところには伝法第一水源、第二水源、第三水源、石坂水源などがあって、水の富士を改めて思い出させてくれる。

富士山本宮浅間大社の山宮への参道（富士山遥拝所）

　富士道者はいまの富士市に入って、凡夫川が潤井川に注ぎ込む立願淵という名の深い淵で水垢離をとって、改めて富士登拝の願を立て、北方へと道をとり、大宮口へと向かった。

　富士の広大な裾野を北方に登っていけば、富士山本宮浅間大社に至る。全国の浅間神社の総元締であり、駿河国一の宮である。大社の拝殿からはご神体の富士山が間近に拝まれ、さらに大宮から富士に向かって五キロ登ったところには、社殿もなく神籬《ひもろぎ》だけの古式どおりの山宮浅間神社がある。富士山の遥拝所であり、かつ、富士の神霊を招く斎庭《ゆにわ》である。大宮の本殿も富士に向かった背面を開けて富士を遥拝できる構造になっており、古い祭祀の様子をいまにしのばせる。富士はあくまで望み見、拝む神体山であった。

　神体山富士を崇拝する社であるだけでなく、それ以上にここ大社は水神富士を祀るところであった。境内にある湧玉池からは滾々と富士からの伏流水が湧き出、境内を巡って神田川になり、潤井川へと注ぐ。湧玉とは美しい玉水であると同時に、湧く霊《たま》である。水の神の霊の湧現である。ここ浅間神社は尽きせぬ清浄な水を祀るところ、玉水となって湧き出る富士のみ霊を祀るところであった。静かに湧き出、とうとうと流れる湧水に接すると、富士が水の恵みを喜ぶ人びとを背後から見守る慈母のように見えてくる。湧玉池は水の美しさと、水がいのちの根源であることをしみじみと感じさせてくれ

富士山本宮浅間大社、湧玉池

白糸の滝。断崖から伏流水がほとばしる

る。まるで大地母神の胸から溢れる乳のような湧水を手に掬うと、富士山はやはり水神だと思い知ることができる。

富士山本宮浅間大社から北東に七キロほど登ると村山浅間神社で、そこは富士の西南口登山道、村山口である。八海巡り、水神富士山巡りではその道をとらずに、大宮から一路甲州側の本栖湖をめざして北に向かう。途中、万野風穴や富士人穴などの富士噴火活動による洞穴を経て、白糸の滝に出る。富士の水を集めて養鱒場を営む猪之頭(井の頭、伏流水の頭を出すところ)の先、富士の西側の水を集めた伏流水は断崖となったところで地表に現れ、幅数十メートルの断崖から無数の糸のように二十メートルの落差となって落ちる。巨大な富士の山腹の地下を幅広い大河が流れているのである。富士の伏流水の豊かさと美しさを目の当たりにできる貴重な景観である。とうとうと落ちる水は芝川となり、富士川へと流れ込む。こういう地下水の露頭は、たとえば三島瀑布のように、かつてはあちこちに見ることができた。いまも富士の山中に分け入れば大小の湧水の露頭を見ることができる。

白糸の滝から猪之頭を通って朝霧高原を越えれば富士の北麓、富士八海の一つ、本栖湖に出る。もちろん富士の湧水と流入水による湖で、別称「古根龍神」という。五湖のなかでは最も水の色も深く、静かな雰囲気をたたえた湖である。

本栖湖から一面にひろがる青木が原樹海のなか、中道往還を下っていくと、八海の一つ、精進湖に至る。平安時代初期の貞観の大噴火で流れ出た厖大な溶岩流が山麓を埋め、ずっと大きかった湖を埋めた。埋めた溶岩の上に長い歳月をかけて草が育ち樹木が生育して樹海になり、埋め残された精進湖を美しく育て上げた。この湖を別に「出生龍神」という。溶岩に埋もれたなかから水神がよみがえっ

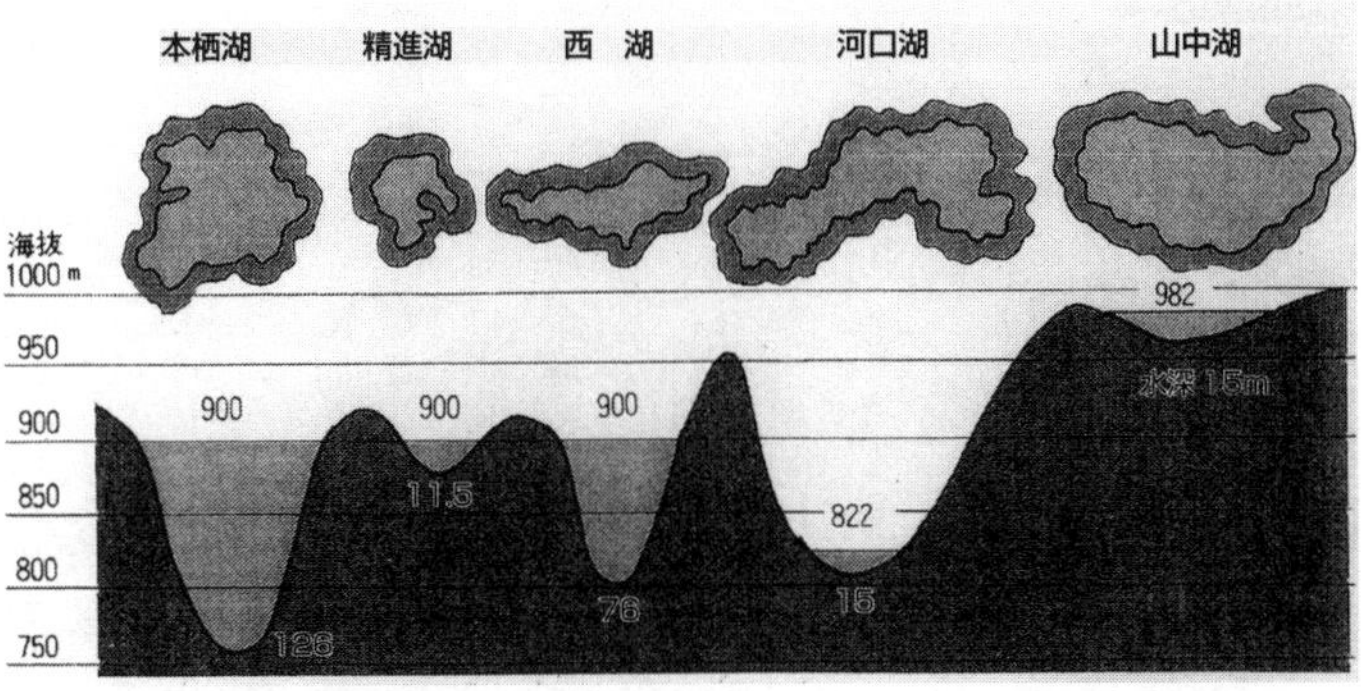

富士五湖の水深と湖面の高さ
(出典：杉野孝雄編著『富士山自然大図鑑』静岡新聞社)

たのである。

精進湖畔に赤池という場所がある。そこは真赤な溶岩が流れ下って埋め立てたところで、当初はさながら赤く燃える湖(池)であった。後世、その名にちなんで富士山に供える閼《あ》伽《か》の水をとった場所といわれる。精進湖は火の神富士にあわや焼き尽くされてしまうところを、幸い一部を残されてよみがえった湖、新たに「出生」した湖である。湖の北面にひろがる樹海の下はかつては広い湖「せの湖」だった。

精進湖から女坂峠を越えると志比礼湖である。ここも八海の一つで「尾崎龍神」ともいう。周囲を標高九百メートル級の山々にすっぽりと囲まれた山中の小さな泉池である。ひとの気配もなく静まり返った小湖は龍神が静かに憩っている風情である。水神富士の息づかいが感じられる湖である。

精進湖に戻り、一面の樹海のなかを西湖に向かう。貞観の噴火以前は二つの湖はつながっており、「せの湖」といわれていた。溶岩流が湖を埋め、いま樹海になっている青木が原をつくり、湖を精進湖と西湖に分断した。八海の一つ、西湖を土地では「青木龍神」という。北側から湖越しに眺めると、蒼海の上に一面に緑の樹海がつづき、その上に富士山が青空を背景に天を衝いて聳え立つ。南岸から湖中にかけては押し寄せてきた溶岩の累石があり、湖中に噴火の跡をしのぶことができる。湖中から天空まで、周りの俗塵をぬぐい去れば、そこは長い歳月にわたって自然がおのずからにつくり上げた景である。こういう景観の前では人間の営みはすべて計算高くいじましく不純にしか映らない。

西湖から東に向かえば富士五湖観光の中心、八海巡りの一つ、河口湖である。別称「水口龍神」。江戸期の『富士山道しるべ』では甲州第一の大湖といい、ここからの富士の眺望を称える。富士を望むところに河口浅間神社があり、ここ河口《ぐち》は甲州や信濃、北陸方面からの富士登拝の拠点である。観光化、俗化が進んでいるだけに湖からは本栖湖や精進湖、西湖のような龍神の気配は感じられない。

河口湖から上吉田へ出、北口本宮富士浅間神社の背後、諏訪森から吉田口登山道を登っていくと、中ノ茶屋の少し手前、東に八百メートルほど入ったところに泉津湖がある。表口の須戸湖に代わって近世後期に富士八湖に加えられた。秘泉らしい泉瑞という名もあり、土地のひとはかつて「仙水龍神」と呼んだという。この霊泉は流れ下って上吉田の浅間神社の御手洗川に出る、と『富士山道しるべ』に記される。静まり返った雑木林のなか、小さな祠に守られた泉は登仙する龍神の潜むところにまことにふさわしい。

八海それぞれ水神の名前がつけられたが、いずれも土地の様子や湖のたたずまいからの命名である。富士をとりまく湖、富士から伏流してきた湧泉は、地下にくねくねと潜んでいた龍神が地上に現れ出た姿と映った。富士山の下には数知れぬ龍や蛇が潜み、蟠居している。それが八海と化し、忍野の小八海となり、滝となり、湧泉と化して出現するのである。それが水神富士の姿であった。明見湖からぐるりと富士山の山腹山麓を一周してきて、八海と湧水・湧泉巡りは完結した。富士は生命の根源を支えてくれる龍神だったのである。ここで改めて八海の別称を吉田口から時計の針廻りに一覧しておこう。忍野八海、つまり小八海も一覧にしておく。

富士八海
明見湖　清氏龍神
山中湖　作薬龍神
本栖湖　古根龍神
精進湖　出生龍神
志比礼湖　尾崎龍神
西湖　青木龍神
河口湖　水口龍神
泉津湖　仙水龍神

忍野八海
出口池
御釜池
底抜池

銚子池
湧池
濁池
コノシロ池（鏡池）
菖蒲池

富士の原点、水神龍神

富士山の周りはぐるりと龍神がとりまいていた。富士の伏流水の出現するところに人びとは集住し、四時を通じて絶えることなく変わることなく生命の水を与えてくれる湧泉を水神として祀った。幾度にもわたる大噴火によって堆積して山容を形成した溶岩は、山に降る厖大な量の雨水や雪をしみ込ませ貯える巨大な貯水槽であった。富士は山裾から二合目あたりまでの草山《くさやま》、五合目あたりまでの木山《きやま》、五合目すなわちお中道《ちゅうどう》から山頂までの焼山《やけやま》という三つの姿をもっている。五合目から山頂あたりまでの草木のない焼山は雨水や雪を岩肌から吸収して山懐のなかに深くしみ込ませ、しみ込ませつつ水を浄化した。焼山地帯は集水場であり巨大な浄水装置である。

焼山で吸収され浄化された水は、樹木の茂る木山地帯で樹々をうるおしつつ、地下深く貯水されてさらに浄水とされた。木山地帯もまた地中自体が浄化装置をかねた貯水場であった。木山地帯の豊かな樹林で富士は守られ、樹林がまた地中の水をより清浄に浄化した。木山地帯の下方には灌木や草で一面に覆われた草山地帯がひろがる。日本のかつてのくらしを支えた山、里山に当たるところである。草山が人びとの居住地と接するあたりで、地中を伏流してきた水は地表に姿を現し、泉になり滝になり池や湖になった。水の露頭する場所を恵みの聖なる場所として、そこに人びとは集住した。富士山を中心軸として同心円を描くように、水は湧き出、そこに集落が形成されていった。草山地帯は水を貯えつつ水を分け、水分《みくまり》し、水を供給する場であった。

草山、木山、焼山と三つの山容をもつ富士山は、山全体が集水装置であり、地中の貯水池、浄水装置であり、四方に水分《みくまり》する配水装置であり給水場であった。白雪をいただく焼山が集水・貯水・浄水装置を表象するように、木山も草山も富士のもつ豊かな機能を語りかけてくれる。それを読み取ることが生命の山としての富士山を見る作法であった（いまそんな富士山像はなく、作法もない。それが富士山荒廃の元凶である。しかしそういう批判はいまさらここでは言わない）。

自然がおのずから形成した草山・木山・焼山は、自然の恵みを当たり前と思い、かつ、仏教や神道、新宗教が流布・宣伝されるにつれて、水にまつわるイメージを離れて、その象徴的意味を変えていった。人びとの住む俗地から草山に入れば、そこは富士山頂を大日如来あるいは奥宮とする富士山信仰曼荼羅界では、すでに境内であった。草山と俗界との間には浅間神社をはじめ小祠、鳥居が立てられ、聖域への入り口と見なされた。神体山を大事にするところでは、通常、山頂あるいは山中に奥宮（山宮）を祀り、山麓に里宮を置いて山宮の遥拝所とし、さらに俗地のなかに田を守る場所として田宮あるいはお旅所を置いた。それが古式の山岳信仰、神体山信仰の基本形態である。富士山信仰もまた俗地のいたるところに浅間神社を勧請しては富士を遥拝する場所とした。そこは富士山の田宮、お旅所である。そして俗地と草山との境界にも富士山本宮浅間大社や北口本宮富士浅間神社、村山浅間神社など、大きな浅間神社を祀って富士を遥拝した。神社構造における里宮である。そしてそこからは富士山という雄大な神社の境内である。

草山のゆるやかな結界から木山地帯へ登っていけば、富士山という大社の境内はより神聖さを増していく。俗地と草山の間が第一の鳥居とすれば、草山と木山の間には二の鳥居があり、そして木山を越えお中道を越えて焼山に入れば、俗塵の入ることを許さない御山である。最も神聖な奥宮（山宮）である。自然の姿であった草山・木山・焼山が仏教思想と神道によって理屈づけられ、修行の霊場とされることによって、田宮（お旅所）—里宮—奥宮というふうに構造化され、それぞれの地帯が神体山信仰に基づいて意味づけられ、パンテオン化されたのである。富士山全体が水の山から一転して神社の構造を示すもの、あるいは仏教思想を体現するものになった。草山から木山、焼山へ、一の鳥居、二の鳥居、神門を経て山頂の神殿へと至る富士曼荼羅図である。あるいは巨大な五輪塔である。仏教では地（土）水火風空の五つを五大といい、五大がこの宇宙を形成すると考える。五輪塔はそういう仏教思想を端的に表現した宇宙図、宇宙像である。富士山は磐石の大地の上に豊かな水の山、木の山、火の山を戴き、その上に空高く山頂を聳え立たせる。草山を土、木山を水、焼山を火風空の顕われとして、富士山全体を巨大な五輪塔と見なすのである。天と地を貫く宇宙軸としての富士山像である。水のイメージは薄れていき、宗教思想に染められた富士山が出現する。

富士山が思想によって色づけされ、登拝そのものが修行になると、八海もおのずから変質し、霊峰富士を遥拝する場、あるいは登拝するための禊ぎの場になり、八海巡りは禊ぎの行《ぎょう》になった。こうして富士の見方、接し方は大きく変わった。富士への自然な感謝の気持はいかめしい教えや修行の前に圧殺されていった。水の富士はますます退化していく。

水の富士山、水神龍神の蟠居する富士山、それを訪ねて私たちは富士山の麓をぐるりと巡った。自然の山としての富士の姿は痩せ、かつて自然の山としての富士をも凌いだ宗教の山富士の姿もいまは薄れ、人間の欲得によって痛めつけられた元気のない富士ばかりが目についた。観光という行為は暴力暴行だと思わずにはいられなかった。仕掛ける者もそれに乗せられる者も、自然に対して無神経であり無責任である。いまは自然とまともに向き合うような観光はほとんどなくなった。レジャーであり遊びとしての物見遊山である。自然はそんな遊戯を繰りひろげるための背景あるいは場所でしかない。観光という行為そのものを根本から考えなおさなければ、自然はますます痩せ、もちろん富士山も衰弱していくだろう。自然とつき合うとはどういうことか、自然とのつき合いはどうあるべきか、最初の問いから始めなければ、富士も蘇らないし自然も本来の生気を取り戻さない。そもそもいま私たちにとって、自然はどんな意味をもつものなのか、それが問われなければならない事態となった。そんなことを富士八海巡りはつくづくと考えさせてくれた。

富士はもともと自然の山である。そして人びとは富士の自然からまず水という最も基本の恵みを受けてきた。それを確かめる富士山麓巡りだったが、いきいきとした水神の姿も生気ある自然もほとんどなかった。そんななかでほっと息をつき安らげる場所、空間がときにはあった。北口本宮富士浅間神社とか、富士山本宮浅間大社の後方の山中にある元宮だった山宮とか、村山浅間神社など、宗教環境にだけ瑞々しい自然があった。自然環境は、公共機関が大切に保全している柿田川を例外として、宗教環境によってかろうじて守られ、自然の生気を保っていた。境内の巨樹から背後の山々、境内の泉水まで、心ある社寺の空間には自然と対話し共生する空気が濃く漂っていた。それがせめてもの救い、癒しであり、富士山もまたそんな宗教空間によってほっと息をついているように見えた。

宗教空間にはなぜ自然と交歓する気配があるのか。宗教は、とりわけ山を仰ぎ見るところでの宗教は、まず自然との対話から始まったからである。自然とは何か、自然とどうつき合うか、この基本の問いから原初の自然な宗教は出発したからである。恵みをもたらしてくれる自然、畏怖すべき自然など、とりまく自然と対話し交歓するところに、自然との真率なつき合いがはじまり、そのつき合いの姿勢がおのずから作法になり信仰になった。原初の純粋な宗教空間は自然との心のつき合いから生まれたものである。

忘れられた自然の山としての富士、水神龍神としての富士――多くの画家が富士に龍を配して描いたように――を再確認し、それを再生し、育て上げていけば、おのずから富士の自然は蘇り、世界遺産登録への道はひらけるだろう。そのためにはまず富士をとりまく水神を大切にし、改めて富士の懐の大きさ、深さを知って、山という存在を見直すことからはじめなければならない。水を大切にし、水を涵養する山を崇敬する心を養うのである。漁業では、近海を豊かな漁場にするためには海に臨む山々を育てるという。山々を緑豊かな樹林とすれば、すなわち山が滋養あふれる自然の山になれば、海もまた滋養豊かな海になり豊かな漁場になる。同様に、富士の山容が美しく豊かになれば、貯水され浄水され配水、給水される水も豊かになり、富士を中心とする一大自然マンダラ世界が生気づき、豊かになってくる。五大の息づく世界である。

富士は山の神の宿るところであり、同時に水の神の在《いま》すところである。山の神は水の神であり、恵みの神である。毅然としながらもやさしい大地母神である。富士の山頂から焼山までをすっぽりと覆う白雪は清浄な霊峰のシンボルである。恵みの水神の示現である。雪の多い歳は豊作だと古来言い伝えられてきた。富士を包む白雪は豊かな水、豊かな稔りを約束するものであった。そういうまなざしで白雪富士は仰がれ、見守られてきたのである。

富士山を万葉びとは感動をこめて称える。「神さびて　高く貴き　駿河なる　富士の高嶺」には「時じくぞ　雪は降り」、そんな崇高な山容を「語り継ぎ　言ひ継ぎ行」こうというのである。「ま白に」雪降りつづける高嶺は「見れど飽かぬ」自然の荘厳であった。

第2章　火神、富士山遥拝

富士山の姿かたち

一九九七年七月、沖縄アメリカ軍海兵隊の本土移転演習が本土で初めて自衛隊の北富士演習場でおこなわれることが決まった。それを阻止しようと、北富士忍草《しばくさ》母の会が演習場の入り口に砦を築いて坐り込んだ。砦のスピーカーから「風花とぶや富士おろし　入り会い林育てたる　父祖のいさおしとこしえに　守れこの山たがものぞ……」と、闘争歌「入会《いりあい》ばやし」が流れ、「富士山は日本の象徴である。なぜアメリカはこの富士山を撃つのか。なぜ日本政府はこの富士山を撃たせるのか……」と、美しいメッセージが放送される。北富士の大地に根ざした母の会はみごとに移転演習を阻止し、富士山を守った。

富士山はメッセージのとおり「日本の象徴」である。古く『万葉集』ですでに、「日の本《もと》の　大和の国の　鎮《しずめ》とも　います神かも　宝とも　生《な》れる山かも」と称えられてきた崇高な霊山である。かけがえのない山、不二の山である。日本人は古来、富士山を日本の鎮守の神、日本の至宝として崇め、畏怖し畏敬してきた。陵辱することなどもってのほかの不敬行為であった。そんな日本の神髄のなかにアメリカは強力な砲弾を撃ち込もうとしたのである。それを日本政府と防衛庁は許可したのである。かつて占領下、アメリカは旧日本軍の富士演習場に入り込み、キャンプをつくり、軍用道路、射撃場、飛行場をつくり、したい放題の実弾射撃演習をおこなった。広大なブナ林は戦車になぎ倒され、膨大な砲弾が撃ち込まれて林は枯れた。そのにがい記憶があるのに、またしても富士に砲弾が、しかも最新鋭の強力弾が撃ち込まれようとしたのである。フジヤマ・ゲイシャ観に慣れてしまったアメリカにはもちろん富士に神を見る目はない。しかし、日本政府にもそれがないとは、あまりの無責任さ無節操さにあきれるだけでなく、おどろきである。哀しくもある。古来の富士山観は、一国の上層部のなかでここまで堕落してしまったのである。

白雪の絶ゆることなき富士山は、俗界を抜きんでた高さと真白い清浄さによって、山そのものが神体とされた。カミは純粋清明である。六月十五日に雪が消え、翌日には新雪が降ると言い伝えられてきた富士山は、つねに純粋清明なカミとして、日本の鎮めとして聳立しつづけてきた。フチ山のフチとはアイヌ語のカムイ・フチ（火の神）によるといわれる。富士山はフチ（火）山である。火の山そのものが神であり、その「燃ゆる火を雪もて消ち」て内に燃ゆる力を貯え、純白の頂きを天空に輝かせる富士は、私たち日本人にはつねに白蓮のように清浄な「芙蓉峰」でありつづけてきたのである。

富士山は山容秀麗である。日本の火山は大型のものはたいてい富士山と同じ山型、円錐火山（成層火山）のなかまである。長期間にわたる噴火や崩落で本来のコニーデ型の美しい成層火山型はそこなわれていくが、成層火山の典型を薩摩富士と称される開聞岳に見ることができる。その他各地で〇〇富士と称される孤峰の火山、たとえば津軽富士こと岩木山、南部富士こと岩手山、出羽富士こと鳥海山などは、たいてい同じなかまである。しかもこれらの円錐火山は、富士山がフチ（火）山と崇められ浅間神社として祀られるように、それぞれ岩木山神社、岩手山神社、大物忌神社、枚聞《ひらきき》神社として祀られる。地域のなかで目立つ秀峰はそれぞれその地域の「鎮《しずめ》ともいます神」であり「宝とも生れる山」であった。それら多くの火の山のなかでもひときわ秀でた山が富士山で、地域の守り神からさらに国の神ともされるに至ったのである。

国の至宝富士山は高さ三千七百七十六メートル、周囲は山麓限界で百五十三キロ、海抜千メートル付近では四十一キロ、五合目あたり、お中道の海抜二千五百メートル付近では十七キロ、八葉蓮華に見立てられる八つの峰をもつ山頂火口では外周は三キロである。山容は、ゆるやかな緩傾斜の山麓からはじまり、中腹から頂上にかけて傾斜はしだいに急になり、八合目あたりからは三五度を超える急斜面となって、頂上がすっと立ち上がった指数曲線に似た絵に描かれるとおりの麗しい姿を見せる。

そんな容姿整った富士山だが、仰ぎ見る方角によっては姿を変える。頂上近く、二千五百メートル以上のところではほぼ同心円の等高線を描くが、それ以下では同心円の等高線でなく、北北西―南南東方向にやや長い楕円形の等高線となるからである。つまり東側が西側よりも傾斜がゆるやかだからである。富士山は古来なんども噴火を繰り返してきた。そのつど空高く上がった噴出物は偏西風に乗って西側よりも東側山腹に多く落下し堆積した。そのため南東側から見る富士山の方が南西側から見るよりも少し急傾斜に見えるのである。しかも頂上を中心に北北西―南南東の方向に七十もの側火山（寄生火山）が集中しており、それも山の姿を、その方向軸で傾斜をわずかに緩く見せる要因ともなっている。富士山が、頂上近くではどこからでも典型的な円錐火山の美しい姿を見せながら、仰ぎ見る方角でさまざまに山容を変えるのは、高度によって等高線を同心円から楕円へと変えていくからである。そこに表情豊かな富士山がつくられた。

富士山の誕生と成長

フチ（火）の山、富士山の威容はどのようにしてできたか。富士山に登り、山肌に刻まれた無数の沢をくまなく歩き、七十を越す山腹の寄生火山を残らず踏破し、頂上から山麓までを覆う噴出物や溶岩、砂礫、火山灰、火山泥流を精査する地道な調査、苛酷な条件にめげない気の遠くなるような研鑽と研究から、富士山学は始まった。そういう丹念な実地踏査のうえにはじめて富士山の基本データを提出し、地質図をつくり上げたのが津屋弘逵であった。津屋が描いた富士山像に沿って、以後、地質学上、火山学や地震学上からの富士山学は展開し、富士山はしだいにその全容を開示してきた。

津屋と、津屋に導かれた町田洋によれば、富士山は三つの段階を経て今日見る姿になったという。現富士山の下には二つの古い火山がすっぽりとかくされているというのである。

富士山は、北西、山梨県側の御坂山地、東の神奈川県側の丹沢山地と箱根山地、南東の愛鷹山、そして西側の天守山地という山々に取り囲まれて、その中央に孤峰として聳えている。富士を含むそれらの山地の土台は共通で、二千五百万年前の海底火山の噴出物から成っているという。これらの地層

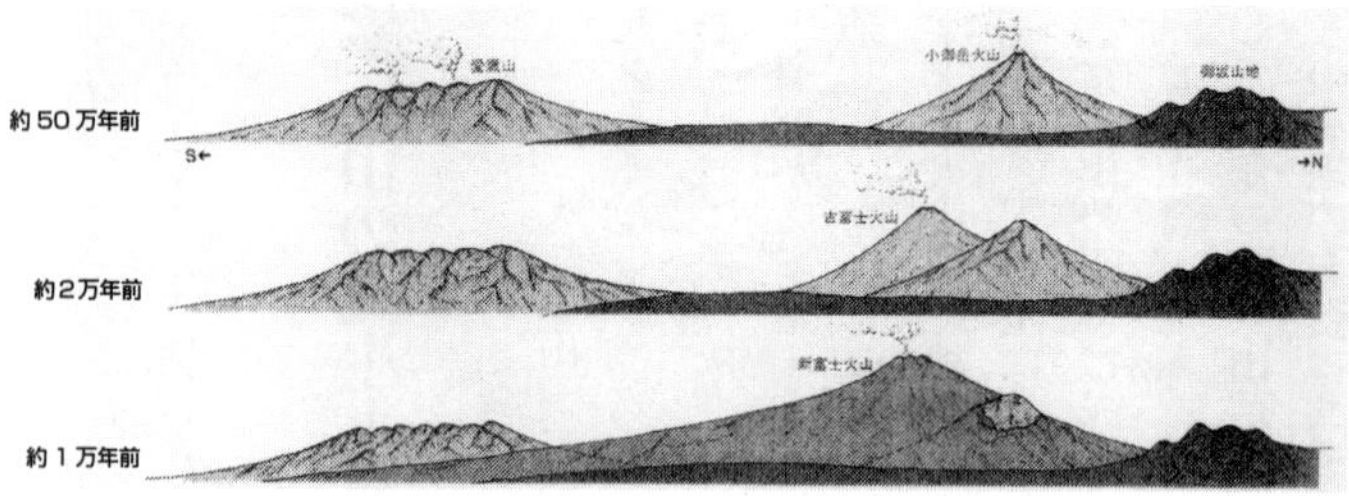

富士山の生いたち
（出典：大木靖衛ほか編著『日本の自然第5巻　日本の火山』平凡社）

は約百万年前から二百万年前にかけて降起し、いまの富士・箱根地帯は駿河湾につづく盆地をなしていた。数十万年前、その盆地の北方にまず噴火が起こった。富士火山の誕生である。いま北斜面のスバルラインを登った終点、五合目の小御岳神社のところを火口とする小御岳火山である。いま小御岳火山はその後の富士山の変容で覆われて見ることができないが、小御岳神社は、自然誌上からも火の山の信仰心を知るうえからも、富士山の原初の姿をしのぶ貴重な場所である。小御岳が活発に活動しながら成長しているころは、愛鷹山も箱根山も火山活動の盛期であった。

その後、円錐火山小御岳は長い休止期に入った。そして八万年前ごろ小御岳の少し南寄りの斜面に噴火口が開いて活動が始まった。古富士火山といわれる活動である。八万年前から一万年前にかけて断続的に大噴火はつづき、厖大な噴出物を御殿場や富士宮などの周辺に流し出し、火山灰を遠く関東平野に降らせつづけた。噴火を繰り返しながら古富士火山は成長しつづけ、海抜三千メートルほどに達した。古富士火山はその上を新しい火山活動の噴出物が覆ったため、現在その火口の場所はわからないが、白糸や富士宮、御殿場にその泥流を見ることができる。泥流は粘土化して水を容易に透さない地層、不透水層に

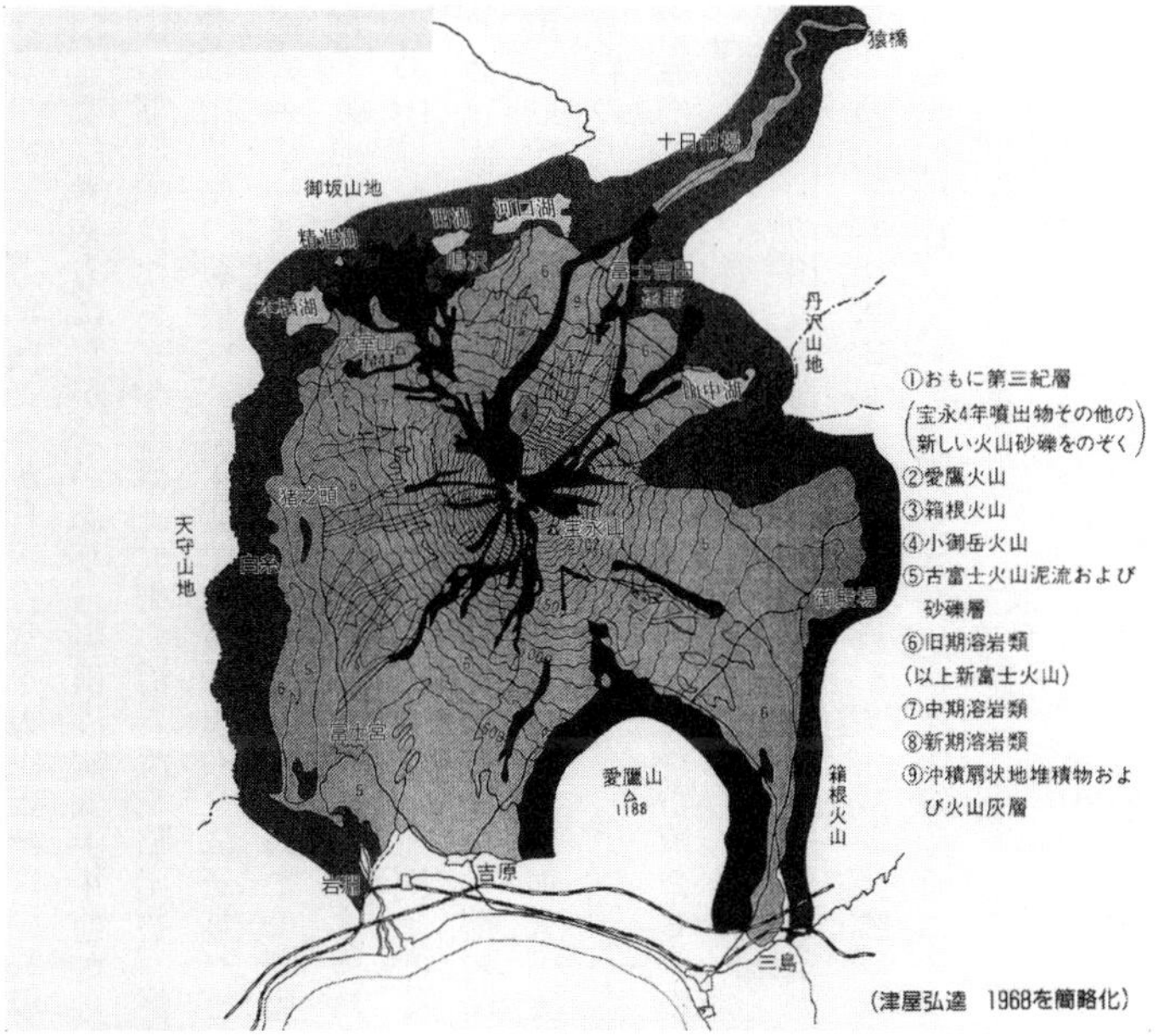

富士山の噴出物の分布図
（出典：前掲『富士山自然大図鑑』）

なり、その上をさらに噴出物や火山灰が覆うと、その間に地下水が通る水路が形成された。その覆われた不透水層の上を流れ下った地下水が地表に現れたのが富士山本宮浅間大社の湧玉池であり、白糸の滝である。古富士火山は火山の威力も大きく、火の山富士山の大土台になったが、水の富士山の基礎もつくった。

古富士火山の降らせる火山灰は厖大で、武蔵野ローム層や立川ローム層といわれる広大な赤土層もつくった。古富士火山は水の富士の基礎をつくると同時に、遠く関東一帯の土質をも決定づけ、火山の力の強大さを見せつけた。火の山富士のベースはこの八万年前から一万年前にわたる活動によってでき上がった。

つづいて一万年前ごろから、古富士火山とほぼ同じ場所から新しい火山活動が始まった。津屋と町田とでは考え方にちがいがあり、町田は約五千年前から新富士火山は活動を始めたとする。新富士火山の溶岩類はたちまち古富士火山の溶岩流や噴出物、泥流を覆ってさらに遠方へと流出し、北東方向では山梨県の猿橋へ、南東側では黄瀬川沿いに三島へ、西側では猪之頭や富士宮の先にまで至った。ちなみにいま三島市に点々とみる湧水、小浜園やこも池、白滝公園の水泉園、清水町の柿田川の湧水群や丸池などは新富士火山の溶岩流のつくる不透水層によって運ばれてきた地下伏流水の湧水である。火の山は地上に壮烈な暴力をふるうと同時に、地下深くでひそかに水を涵養してもいたのである。

新富士火山活動の初期、八千年前くらいまでは溶岩流が多く、それが新富士火山の骨格をつくった。第二期の四千五百年くらい前になると溶岩流から火山灰の噴出に変わり、第三期の三千年前には再び溶岩の流出となり、第四期（二千年前まで）は再び火山灰の噴出となった。このように新富士火山は溶岩の流出と火山灰の噴出を繰り返しながら成長し、膨大な溶岩は山肌を覆い、古富士火山をすっぽり包み込み、噴出物は火口から中腹、山麓まで流れ下って、円錐型の山容をつくり上げた。今日目にする富士山の出現である。富士山はこのように小御岳火山に発し、古富士火山がそれを覆い、その上をさらに新富士火山がすっぽり覆う形で生成し、孤峰の典型としてのいまの姿をつくり上げた。縄文期から弥生期の人びとが仰ぎ見た富士山の姿である。空高く噴煙を上げつづける山は、そのフチ（淵）のところでは水をもたらしてくれる大地母神のような慈悲相を見せたが、仰ぎ見る姿ははるか遠方まで噴煙を運ぶ畏るべきフチ（火）の山であった。近寄りがたい「神さび」た忿怒相の威厳ある山であった。こうして富士山は以後、歴史資料や文芸に書きとどめられる時代に入った。

猛威をふるう火の山

いまから二千年ほど前の新富士火山活動の第四期は溶岩流は少なく、火山灰の噴出が多かった。頂上の火口からだけでなく、寄生火山からの火山灰もあったが、その後、富士山は大きな噴火もない時期に入った。富士山が文献記録に登場するのは、『古事記』や『日本書紀』ではなく『万葉集』においてであった。巻三、山部赤人の「不尽山を望む歌」では「高く貴き」と詠まれ、高橋虫麻呂歌では「燃ゆる火を　雪もて消ち　降る雪を　火もて消ちつつ」と詠まれ、富士山はまず「神さび」た「高嶺」として称えられ、ついで時をわかたず白雪の降る火の山として称えられた。

白雪を戴く高峰火の山は、同時にこの世を超越した仙境ともすでに目されていた。『常陸国風土記』には、神祖《みおや》の尊《みこと》が富士（福慈）山に宿を乞うたところ断られ、それを恨んで尊は夏も冬も雪降り霜置き寒さきびしく、人も登らない山になると告げる。一方、筑波山では快く泊めてくれたので、のちのち人びとが集い食物も豊かで千秋万歳に楽しみの尽きない山になるだろうとほめた。だからいまに富士山は雪にとざされて人も登れず、筑波山は人びとの歌舞飲食の風習があるのだ、と語り伝えている。

富士山は人を拒絶する山、人に拒否される山であったが、それは至りえないはるかなる異境という意味でもあった。『日本書紀』皇極天皇三年七月の条には富士川のほとりでの妖しい事件が記録されている。富士川（不尽河）辺の大生部多《おおふべのまさる》が橘の樹などに付く幼虫を常世神と称して村びとたちに祀らせ、村びとたちから財物をまき上げたというのである。橘の実は天皇の命で田道間守《たじまもり》が常世の国へ取りに行ったといわれる不老長寿の妙薬である。富士川のほとりは気候温暖で橘も生育していた。常世の国の妙薬が育ち、清浄な水の流れる地からは、白雪を戴き俗塵を拒否したような富士山が間近に仰ぎ見られた。富士山は仰ぎ見る常世で、そこから常世神もやってくるように思われたのかもしれない。大生部多は秦河勝《はたのかわかつ》に討たれたが、富士山を仰ぎ見る地域はこういう巫覡《ふげき》の祭りが語られ信じられるところでもあった。道教を騙《かた》るこういう怪しげな巫覡を、正統な道教の信徒秦河勝は怒ったのである。富士山には道教でいう不老長寿の常世とか神仙の住む仙境とかいうイメージが、火の山の神同様に、古代からすでにあった。日本ではじめて「蓬萊」という名がつけられたのも富士山であった。

そんな近寄りがたい「神さび」た山が一転して、国に、人びとに、危害を加える山になった。奈良時代末期、七八一年（天応元年）は三月から六月にかけて地震が頻発し、七月には富士山麓に灰が降ってきたと駿河国（静岡県）から朝廷に報らせてきた。富士山の噴火である（『続日本紀』）。十月から十二月にかけてもこの歳は地震が続いた。火山活動はその後しばらく沈静化していたが、平安時代に入って再び活発になった。八〇〇年（延暦十九年）三月十四日から四月十八日まで一ヵ月余にわたって噴火が繰り返され、昼は噴煙が空を覆い、夜は火炎が空をこがし、雷鳴がとどろき、火山灰は河川を赤く染めた。大噴火は八〇一、八〇二年になっても続き、膨大な砂礫を降らしつづけた。東斜面からは側火山も噴火し、火山の泥流は東南方向におびただしく流れ、足柄道をふさいでしまった（『日本後紀』『興福寺年代記』）。延暦の噴火である。八〇一年の噴火で流出した溶岩流は、北面の山梨側の

富士山麓、青木が原の樹海

桂川渓谷に沿って遠く猿橋まで至った。八〇二年の噴火のときには朝廷は卜筮によって、駿河と甲斐の両国に災いを謝して読経して災いを攘《はら》わしめた。火の山の怒りは山河を破壊するだけでなく、民家や田畑などにも多くの災殃をもたらした。「国の鎮め」の山の怒りに朝廷はうろたえた。

ついで八六四年（貞観六年）五月、駿河国から「富士郡正三位浅間大神大山」が噴火したという報告があった。「火勢盛んで、山を焼くこと一、二里、火炎は二十丈余も上がり、雷鳴とどろき、地震も三度に及び、十余日たっても火は消えず、岩を焦がし嶺を崩し、砂礫を雨のように降らし、煙雲蒸して人は近づけない。北西の本栖湖に溶岩が流れ込んで遠く三十里、幅三、四里、厚さ二、三丈ほども埋めてしまい、ついに火炎は甲斐国境に及んだ」（『三代実録』）。甲斐国からも被害の知らせが入ってくる。「溶岩流や土石流は八代郡の本栖と剗《せ》の海を埋め、熱火で魚は死に、百姓の居宅も埋没した。河口湖にも火炎は及んだ。大噴火の前に大地震があり、雷とどろき暴雨があって、視界は暗くなり、その後にこのたびの災害があった」（『三代実録』）。大噴火は年を越えてつづいた。貞観の噴火である。このとき、本栖湖も河口湖も溶岩で埋められ小さくなった。富士山の北側面にある側火山の長尾山から流れ出た溶岩流は大きかったせの海を埋めて精進湖と西湖の二つの湖をつくり、焼けただれた溶岩の焼土があたりを覆った。そこが長年月をかけて今日見る青木が原の樹海に育った。また噴火以前、北東方向にはいまの山中湖から忍野八海にかけて宇津湖と称する湖があったが、それも溶岩流が流れ込んで埋められ、山中湖と忍野湖に分かれ、さらに忍野湖はのちに干上がって忍野平野となってしまった。いま忍野八海の湧水群がわずかに昔日の姿をしのばせる。

延暦噴火の記憶がうすれるころに襲った貞観噴火が現地の住民と朝廷に与えた衝撃は大きかった。原因を求められた甲斐国で亀卜で占ったところ、駿河国の浅間名神社の禰宜や祝《ほうり》たちが祭祀を怠ったからだと出た。朝廷はすぐに奉幣して神に謝するようにと命じた。しかし噴火は鎮まらなかった。八六六年十二月には甲斐国に命じて八代郡に浅間明神の祠を建て、官社とし、祭りをとりおこなわせた（『三代実録』）。貞観の噴火は浅間明神の斎敬を勤めなかったからだというのである。ここにはじめて浅間明神が文献に登場する。

延暦・貞観の噴火は中心火口だけでなく、側火山からも膨大な溶岩を流し出し、土石や砂礫は山肌を覆い、麓を埋め、富士山とそれをとりまく景観を、五湖を誕生させ溶岩の焼原をつくるなど、大きく変えた。火の山の威力をまざまざと見せつけ、火山のこわさを上下に思い知らせた噴火であった。想像を絶する猛威を、住民も朝廷も、天災を超えてカミの力と見るしかなかったのである。火の神浅間神社がクローズアップされてくる。

以後、富士山は噴煙を立てながらも爆発を起こさず、休止の時期を迎える。貞観の大噴火のしばらくあとの富士山の様子を描いたものに都良香《みやこのよしか》の「富士山記」がある。そこでは「頂上に平地あり、広さ一里ばかり」で、中央の窪みには池があり、つねに蒸気が出ており、遠くからは噴煙と見える、などと実景をしのばせる記述がある。しかも八〇二年の噴火では東斜面に新山が出現したという土俗の話も伝え、これは『日本紀略』の記載とも一致する。都良香の記述は富士山の実景を伝える貴重なもので、そのころ富士は噴煙を上げていたのである。ただしこの「富士山記」では富士山は「神仙の遊萃《すい》する（集まり遊ぶ）ところ」で、官民あげておこなう祭りの日には、頂上に白衣の美女二人が舞うのが見えたといい、都の人、良香にとっては火の山富士よりも神仙の住む蓬萊山のイメージが大事であった。

富士山はその後、九三七年、九九九年、一〇三三年、一〇八三年と小噴火があって溶岩を流出したが（『興福寺年代記』『本朝世紀』『日本通記』『扶桑略記』）、大噴火はなかった。しかしときには『更級日記』の記載に見るように、噴煙のなかに火が見えることもあり、噴煙は立ちのぼっていた。平安時代末期から鎌倉時代にかけても、「富士のけぶりの空に消えて……」と西行の歌にあるように、煙は見えた。噴煙の有無を和歌や紀行から詳しく調べたつじよしのぶによると、煙は南北朝のごく短い時期や、室町時代末期の一五〇〇年前後の時期にも見られ、そして江戸時代に入ってしばらくの間は見えたという。富士山は和歌などで見るかぎり、静かな山でありながら断続的に噴煙を上げていたのである。延暦・貞観の大噴火で猛威を見せつけられたあと、しばらくは火の山を畏れて浅間明神を祀って鎮火を祈っていたが、しだいに畏れは消えて、聖徳太子や役行者などの登頂の伝説はさておき、平安時代半ばからは実際に登頂を試みるものも出てくるようになった。恐るべき火の山富士から、修行の山富士へと、中世から近世にかけて変貌していくのである（信仰の山富士については章を改めて語ることにする)。

富士禅定や富士参詣が定着して火の山の記憶が消えるころ、富士山は突如、大爆発を起こした。一七〇七年(宝永四年)十一月二十三日(旧暦)、頂上の少し下、南東斜面から噴火、噴煙はたちまち成層圏に達し、東へ流れた。風下の東麓では火山礫が降り注ぎ、火事も起こった。噴煙は江戸にも達し空は闇につつまれた。わき上がる噴煙のなかでは火山雷がつづき、噴火による空振は江戸にまで達し江戸市民は異変におびえた。夜になって噴火は激しさを増し、火口の上空には火柱が立ち、真っ赤に燃える火山弾が飛び散った。東麓では降り注ぐ赤熱の火山礫によって火災が広がった。翌日になっても灰は降りつづき、大きな地震もあった。二十五日にはまたしても大噴火があり、噴煙は空を覆い、江戸でも目をあけられないほど火山灰が降りつづいた。火山灰は東麓の須走村では三・六メートル、小山では一メートル、山北で七十センチ、横浜で二十センチ、江戸で一センチ積もったという。噴火と小康状態を繰り返しながら、十二月八日、ようやく鎮まった。宝永の噴火である。この大噴火で東南斜面に宝永山が生まれた(『伊東志摩守日記』『折たく柴の記』)。富士山は山容を大きく変え、五合目に三つの火口をひらいた。

災害は甚大で、壊滅した村も多く、田畑の復旧はめども立たなかった。富士山周辺の住民はもとより、太平に慣れていた江戸市民も、火の山富士の畏るべき威力に震え上がった。富士山は火の山だったのである。

浅間神から木花咲耶姫へ

平安時代に入って富士山は延暦・貞観と、大噴火を起こし、地域住民と朝廷を震え上がらせた。先に見たように、延暦噴火では、この爆発は疾病の兆だとして、駿河・甲斐両国に命じて火の山富士に陳謝し、読経して災殃を攘わしめた。八五三年（仁寿三年）七月には「以㆓駿河国浅間神㆒、預㆓於名神㆒、壬寅特加㆓駿河国浅間大神従三位㆒」（『三代実録』）、すなわち浅間神を名神とし従三位にするなどあつくもてなした。浅間神の登場である。浅間神とは富士山の霊そのものである。火の山の霊威そのものをアサマ神とし、浅間明（名）神として丁重に崇めたのである。八五八年（天安二年）にはまたしても世を驚かす異変があったのか、朝廷は諸国の神々を官社に列せしめ、駿河国浅間神も官社とされた。浅間神は火の山の畏るべき霊でありながら、同時にそれを守る神ともなった。度重なる地震におびえてか、さらに翌八五九年（貞観元年）には浅間神に正三位を授けた（『類聚国史』）。八六四年（貞観六年）には「正三位浅間大神大山」そのものが火を噴いた。先に述べたように、原因は浅間名神に仕える禰宜や祝の怠慢によると占われた。浅間神の怒りがそのまま大噴火となったというのである。浅間神の怒りは鎮まらず、貞観七年には甲斐国にも浅間明神の祠を建て官社に列して祝と禰宜を置いて祭りをとりおこなわしめた。きっかけは浅間明神が伴真貞という者にとりついて、甲斐国の斎祭を得たいと託宣を告げたからであった。大噴火は国や土地の者の火の山への崇敬の心の欠如によるものとし、火の山は国をあげて尊崇され、適切に祀られなければならないと要求したのである。そこに火の山の霊としてのアサマ神、富士山の霊としての浅間神が呼び出されたのである。一連の国史の記事は、富士山の異変が火の神の怒りによるもので、神をなだめるために朝廷のとった方策を語るものである。

浅間神とは火の神であり、富士山そのものの霊であった。噴火はその「浅間大神大山」の怒りであった。富士山の神霊浅間神をなだめ祀るために、はじめに祭祀場、すなわち富士山をご神体として拝む場所が設けられた。いま富士山本宮浅間大社の五キロほど上方にある、磐座だけで祠のない山宮がそれである。富士信仰の原初の姿がそこにある。そこから噴煙を上げる火の山、火の神浅間を遥拝したのである。ついで明神のために祠が建てられた。その祠をまた浅間神、浅間明（名）神と称した。祠は火の神浅間神であり、かつ浅間神を祀る祭祀場であった。

浅間神とは畏るべき火の神であり火の山の神である。同時にそれは、身近な祠で親密に祭祀をとりおこなうことで、猛威をふるう火の神を鎮める神ともなった。神威をなだめるために駿河国から甲斐国にも祠がつくられ、さらに富士山の噴火による災害の及ぶ地域にも浅間神は広がっていった。富士山周辺から富士山の噴煙の見えるところまで、噴火の神、それを鎮める神としての浅間神が祀られ、こうして浅間信仰は広がり定着していった。

浅間神社の成立と展開については別の伝承もある。富士山本宮浅間大社には次のような社伝があるという（以下、遠藤秀男の「富士山信仰の発生と浅間信仰の成立」による）。富士は三国無双の霊山で、神代より頂上には火があり煙は絶えなかった。孝霊天皇の時代、頂上が噴火して天を焦がし、人民は四散し、国中は数年間、荒廃した。垂仁天皇の時代、万民の困窮を憐んで「山足之地」に浅間神を祀った。景行天皇の時代、日本武尊が東征の途次にさらに社地を遷した。いまの山宮の地である。下って平城天皇のとき、坂上田村麻呂が東国平定の帰路、いまの大社の地に壮大な社殿を造営した。いまの浅間大社の地はかつては福地明神の社地であった。福地明神とはいまの富知神社で、神体は大山祇命である。これが寛政年間（一七八九―一八〇一年）に富士大宮司の書いた社伝である。

神話時代のことは言うまでもなく、これも事実に基づくところはないが、祭祀場を「山足之地」（麓）から山宮の地へ遷し、ついで大社の社地へ遷したというところに、浅間神社変遷の古記憶をしのぶことができる。はじめは山麓からはるかに仰いで遥拝していたが、祭祀場として山宮を設け、ついで現在地に社殿を建立したという記憶である。さらに坂上田村麻呂の名をかりたところにも浅間神社の変容の意図を読み取ることができる。征夷大将軍坂上田村麻呂による東国平定に見られるように、このころ都の政権は国内統一を推進しており、武力による平定と同時に、各地の主要な神々を統率して人心を掌握しようとしていた。浅間神社の社殿づくりも著名な坂上田村麻呂の名を利用して中央の力のほどを見せつけようとするものであり、地方から見れば中央からの強力な認知にあずかることであった。地域の有力神を掌握することは最も確実な地域支配の方法で、富士の浅間神社もこうして中央に統括され、式内社に組み込まれ、中央の官位を授けられてその統制下に入った。地域神から地域と国の政治に尽くす国の神社への変容である。噴火がおさまり静かな富士山になって、火の山富士の神たる浅間神から畏るべき火の神の要素はうすれていった。

平安時代中期以降、火の神浅間神の怒りはなく、ときに煙を上げながらも富士山は落ち着いた山容でありつづけた。美しい不動の姿で鎮座しているところは、まさに世界をあまねく照らす大日如来の姿であった。火の山は暴力をふるわなければ、一転して世界を照らし抱き取る慈悲の如来と映じた。仏教の浸透につれて富士山は火の山から変じ、また道教でいう神仙の住む蓬萊山からも変じて、ちょうど総国分寺である東大寺の毘盧遮那仏が日本国中をあまねく照らすように、日本国の中心、宇宙の中心たる大日如来そのものになった。火の山の忿怒相から仏の慈悲相への変容である。

火の山でなく万民を摂取してくれる大日如来となれば、仏教に帰依する者がそこににじり寄ってくる。そこで修行しようと頂上をめざしていく。富士禅定である。富士山が大日如来であると同時に、登山道に点在する多くの側火山が諸仏諸菩薩となり、山頂の八葉の峰々が薬師如来や不動明王、釈迦や観世音、文殊菩薩などの顕現となって、富士山全体が仏曼荼羅と化した。そこを登ることがすなわち禅定、仏を究める修行になり、富士禅定は中世大いに流行した。富士山は火の神ではなくなり、大日如来をはじめ諸仏の在す本地垂迹の山になった。

一方で火の神の消えた山は和歌に詠みつがれて歌枕と化し、紀行でその美しさと伝承を称えられる名所になった。中世以降、実景にふれる機会が多くなったとはいえ、文芸のなかでは富士山は、『万葉集』や『竹取物語』『伊勢物語』に描かれた山上の燃ゆる火や消えることのない山上の煙だけが大事にされ、その固定したイメージに添って燃ゆる恋の思いを託す山になった。富士山は火の山でないときは恋と風流韻事の対象であった。

そんな風雅、文芸の対象としての富士山が定着すると、浅間神社も火の神浅間神という自然神をご神体としていては、ふさわしくない。火の神浅間神社が泰平の世の風潮につれて変貌していく。猛々しい自然神から優美なコノハナサクヤヒメ（木花咲耶姫）へと祭神は変わった。コノハナサクヤヒメが浅間神社の「社記」に登場するのは時代も下った江戸時代寛政年間である。しかし伝承としてはもう少し前からあり、たとえば江戸初期の林羅山は本宮浅間神社の祭神を木花咲耶姫と「丙辰紀行」に記している。姫の父は国神《くにつかみ》、大山祇神である。美人コノハナサクヤヒメは『古事記』では天孫ニニギノミコトに見そめられて一夜にして懐妊する。国神の子ではないかと疑ったニニギに、ヒメは身のあかしをたてるために火中で出産する。無事三児を産んで潔白は認められた。燃えさかる産屋のなかで出産しえたことは、火の力をも鎮める力があることのあかしである。ヒメは水徳の神で、よく火を鎮

富士山の絵札、木花咲耶姫命
（出典：『富士山の絵札』富士吉田市歴史民俗博物館）

める神として山麓に祀られた（「社記」）。神社のなかの美しい女神は、美しい山富士の鎮火の神、水徳の神として祀られると同時に、その美しい女性像は『竹取物語』などに語られてきた頂上に舞う天女の姿とも重なり、また和歌に詠まれてきた恋のイメージとも通じ合った。たおやかなコノハナサクヤヒメの姿はそのまま白い肌を見せるたおやかな富士の姿であった。安泰な時代には火の山が荒魂《あらたま》から和魂《にぎたま》へとこんなにも変貌し、定着していったのである。

火の山の修辞学

たおやめの富士像は古代、日本人が富士山を仰ぎ見はじめたときからあった。『万葉集』には富士像はすでにほぼ出尽くしている。先に引用したように巻三の山部赤人の「望不尽山歌」では「神さびて　高く貴き……富士の高嶺」「時じくぞ　雪は降りける」（三一七―三一八）と称え、真白に雪降るさまを田子の浦から歌った。つづいて高橋虫麻呂も「詠不尽山歌」で「燃ゆる火を　雪もて消ち　降る雪を　火持て消」す「くすしくも　います神」と称え、石花《せ》の海をつくり富士川の流れをつくる山を「日の本の　大和の国の　鎮とも　います神かも　宝とも　なれる山かも」と仰いで、その高嶺を「見れど飽かぬかも」と寿いだ。そして反歌では「六月の　十五日に消ぬれば　その夜降」る白雪と、「天雲も　い行きはばかり　たなびく」神々しい高嶺を詠んだ（三一九―三二一）。高さゆえの神々しさと秀麗さ、日本の鎮め、白雪、火山が富士の特性である。

このような特性を称えるのが以後一貫して富士を眺める基本姿勢になるが、同時に『万葉集』にはもうひとつの富士像も詠まれた。巻十一の寄物陳思に載せる二首で、

我妹子《わぎもこ》に逢ふよしをなみ駿河なる富士の高嶺の燃えつつかあらむ（二六九五）
妹が名もわが名も立たば惜しみこそ富士の高嶺の燃えつつ渡れ（二六九七）

ともに恋の思いを火の山富士に寄せて歌ったものである。さらに四首富士の歌がある。巻十四の東歌「駿河国相聞往来歌」である。

天の原富士の柴山木の暗《くれ》の時ゆつりなば逢はずかもあらむ（三三五五）
富士の嶺のいや遠長き山路をも妹がりとへば気にあはず来ぬ（三三五六）
霞ゐる富士の山びに我が来なばいづち向きてか妹が嘆かむ（三三五七）
さ寝らくは玉の緒ばかり恋ふらくは富士の高嶺の鳴沢のごと（三三五八）

ここでは噴火の富士に恋を託してはいないが、富士の山麓での男女の恋が土地の民謡や伝承のように歌われている。富士を仰ぎ見る土地では恋人たちにとって富士はいつも互いの思いを託せる山であった。とりわけ巻十一の富士に寄せて恋の思いを陳《の》べる歌は、その後、富士のイメージの主流になった。絶えず立ちのぼる噴火や噴煙は内に燃ゆる思いのまことに適切な表象になった。

『万葉集』の富士に託して恋を陳べる修辞法は、『古今集』仮名序に「富士の煙に寄そへて人を恋ひ」と記されるように、そのまま受けつがれ、それに則った歌も五首収録された。

人知れぬ思ひを常にするがなる富士の山こそわが身なりけれ（五三四）
君といへば見まれ見ずまれ富士の嶺の珍しげなく燃ゆるわが恋（六八〇）

切ない思ひをするわが身は燃ゆる火の駿河の富士の山であり、わが恋は燃えつづける富士の嶺であると歌う。他の雑体三首も、「わが身はつねに天雲の晴るる時なく富士の嶺の燃えつつ永久《とわ》に思へども逢ふことかたし」とか「富士の峰の燃ゆる思ひ（火）」（一〇〇二）とか、頂上を覆う雲や火に寄せて恋を訴え（一〇〇二）、「富士の嶺のならぬ思ひ（火）に、燃えば燃え神だに消たぬ空し煙を」（一〇二八）と、火と噴煙につのる思いを託して訴えるものである。富士山頂の火と噴煙は恋情を託す表象として定着した。というよりも『古今集』が富士山＝火の山＝恋の思ひ（火）というステレオタイプを定着させたといっていい。以後、続々と編まれる勅撰集で富士山はほぼこの定型どおり歌いつがれた。その若干の例。

我のみや燃えて消えなん世とともに思ひもならぬ富士の嶺のごと（後撰集六四七）
富士の嶺をよそにぞ聞きし今はわが思ひに燃ゆる煙なりけり（同一〇一四）
年を経て燃ゆてふ富士のやまよりも逢はぬ思ひはわれぞ増される（詞花集二〇五）

しるしなき煙を雲にまがへつつ世を経て富士の山と燃えなん（新古今集一〇〇八）
富士の嶺の煙もなほぞ立ちのぼる上なきものは思ひなりけり（同一一三二）

こういう富士の火を思ひとかけた修辞がうんざりするほど繰り返される。その他には、富士の景を詠むもの、心境を託す歌などが時代とともに少しずつ増えていく。たとえば、

夜もすがら富士の高嶺に雲消えて清見が関に澄める月かな（詞花集三〇三）
天の原富士の煙の春の色の霞になびく曙の空（新古今集三三）
風に靡く富士の煙の空に消えて行方も知らぬわが思ひかな（同一六一五）

のような歌である。しかし『古今集』以降、中世半ばまでつづく勅撰集では、富士山はやはり燃ゆる火、燃ゆる煙の山で、それはすなわちわが燃ゆる恋の思ひ（火）の表象でありつづけた。火の山富士は思ひの山富士であった。とりわけ京都にあって富士を実見できない貴族たちにとって、火が燃え煙が立ちのぼる富士山像は、つのる恋の思ひを託すにまことにふさわしいものであった。こういう富士山も、バーチャルながら、火の山富士にはちがいなかった。

恋の火の山から自然の火の山へ

一七〇七年（宝永四年）、富士山は大爆発を起こした。祭神コノハナサクヤヒメの水徳による鎮火の力は無力であった。富士周辺はもとより江戸の住民たちをも震え上がらせた。忘れられていた火の山富士、火の神浅間神が泰平に眠る世に鉄槌を下したのである。富士山は、神さびた国の鎮めの山、火の山、水徳の山、蓬萊山、大日如来を中心とする仏の山、燃ゆる思ひを託す山など、いくつにも姿を変えながら、再び火の山として立ち現れたのである。甘ったるい富士像は吹っ飛んだ。火の神の怒りに国をあげてたじろいだ。火の山の再確認であった。

そのころ富士山は大日如来を本地仏とする禅定の山であった。その伝統は平安時代半ばにはじまる。平安時代半ば、末代上人は数百度も富士に登山し山頂に大日寺を構えた。末代上人以降、登頂して自らを鍛え仏道修行する富士禅定者、富士道者が時代とともにしだいに多くなっていった。荒々しい山を登ること自体が仏道修行であり、諸仏諸菩薩の在す富士曼荼羅中での回峰行、修験の行《ぎょう》であった。

戦国時代末期に富士修験の行者長谷川角行が現れ、自らの富士修行体験をもとに、旧来の富士禅定をより庶民にも親しめるものに変えた。富士山こそ元の父・母、われらの根本神だとして、現世の幸せを求める庶民の声に応えて、厳しい禅定修行から誰でも参加できる富士講へと導いた。角行の富士信仰は日珥や月珥などの弟子へと継承されて、富士参詣は定着していった。仏者や修験者中心の富士禅定から庶民の富士信仰へ、である。富士信仰の庶民化である。富士山は講を組んでみんなで登る身近な道場になっていった。富士がそんなふうに大衆化されていくなかでの宝永大噴火であった。富士道者たちは浅間大菩薩の怒りにふれたようにおののいた。世の不浄、自らの不浄をとがめる業火と映ったかもしれない。

大噴火のころ、角行の信仰を継承する食行身禄《じきぎょうみろく》が江戸で布教に活躍していた。身禄は一六八八年（元禄元年）、富士信仰に入信、大噴火のときは熱心な信者であった。噴火の十年後、一七一七年には六世行者になった。身禄は角行のように自らの験力によって布教するのではなく、正直、慈悲、情けなど、日常の生活心得を信者がそれぞれ律していけば、仙元《せんげん》大菩薩たる富士の神意にかない、おのずから救いがあるとすすめた。富士山の神体、仙元大菩薩に歩み寄り、その神意に応えることが富士信仰で、それによって人間としてまともな生活ができる、とするのである。仙元大菩薩の御心《みこころ》とは正直であり、慈悲、情けである。ときあたかも宝永大噴火のあと、富士の神の怒りにふれたとおののいた人びとは、一人一人のいたらなさが神の怒りをよんだと思い、富士の神、仙元大菩薩に懺悔し、身禄の教えを改めて見直し、神意に応えようと努めた。身禄の教えは自らを浄めること、自らの生活を律すること、すなわち自浄である。各自が自浄すれば世もおのずから浄化されるだろう。世直しである。身禄は「乞食身禄」と蔑まれながら、世を救うミロク、弥勒菩薩の化身として、世直しの布教に尽くした。仏教とはちがう、世俗的な新しいミロク信仰である。富士の大噴火が導いた世直し運動である。

身禄にとって富士は登山が目的ではなかった。富士は清明正直の山であった。神が清明正直そのものであるように。身禄の信心は、自らの生活を律し、富士山に入るときは六根清浄となり、心身の自浄に努めることが富士の神、仙元大菩薩の神意に応えることであり、応えることで自らの刷新と世直しができる、というものであった。六根清浄を期して富士に登る富士講の人びとにとって、山全体が自浄の道場であった。山は麓から二合目までの草山、五合目のお中道《ちゅうどう》までの木山、そして頂上までの焼山と三つに結界され、それぞれ俗界、山内、御山と見なされて、結界を越えるごとに心身は歩一歩清められていった。山容も富士道者の意識のままに、やさしい自然の相から、木に覆われた慈悲相へ、火に焼き尽くされた忿怒相へと姿を変えた。火の山に向かうことはきびしい大菩薩に向かうことにほかならなかった。

宝永の大噴火のあと、富士は再び静かな山にもどった。富士講も江戸の町中をはじめ身近なところに富士塚を築いて、その小富士で富士登頂を済ますことが多くなった。身禄のような真摯な信仰はうすれ、富士山は日常に接して存在する卑近な山になり、富士信仰も講員の親睦会めいてきた。富士山と富士信仰の世俗化、通俗化である。本山である富士山からもきびしい火の山の威厳はうすれていき、またしても大噴火以前の歌にうたう山、お国自慢の山、国のお守りの山など、親しみやすい富士へと回帰した。そして富士に火の神を見ることもしだいになくなって、近代を迎えた。

明治新政府のもとで富士山は国の鎮め、国の宝という万葉時代のイメージが強調され、火の山富士は研究者以外に問題とされることもなかった。日清戦争下、ナショナリズムの高まるなかで、志賀重昂が『日本風景論』で富士山の美しさを世界に冠たるものと称え、富士は抜きんでた秀峰ゆえに日本国のシンボルとされ、小学唱歌に歌われて天皇制の表象ともされるに至った。暴威をふるう火の山という見方はすっかり遠ざけられてしまった。

富士山が再び火の山として見直されるようになったのはつい近年のことである。

先年、『富士山大爆発――運命の一九八三年九月X日！』（相楽正俊）という俗書が出版され、観光客が大幅に減少したことがあった。専門家を除き富士を活火山と見る者は少なかった。富士山は宝永大噴火後三百年も安穏である。観光業にとって富士噴火は禁句であった。ところがそんなとき、雲仙岳や有珠山、三宅島の噴火が相つぎ、大きな災害を起こした。しかも近年、富士山では低周波地震が観測されるようになり、二〇〇〇年には月に最大二百回を超え、大噴火の前兆かと世間を騒がせた（「生きている富士山」「朝日新聞」二〇〇四年六月二十五日付）。大地震の前ぶれともいわれた。

たしかに宝永大噴火の際には、四年前に南関東沖を震源とするマグニチュード八・二の元禄関東地震があり、大噴火の四十九日前にはマグニチュード八・四の東海沖を震源とする宝永東海地震があり、大噴火の直前には群発地震や鳴動があった。地震が引き金になってマグマの上昇を引き起こす可能性もあり、低周波地震を含め、近い将来に予測される東海地震との関連がにわかに注目されだした。専門家以外の人も富士山を活火山と見直すようになったのである。活火山とは気象庁の定義によれば「過去一万年以内に噴火した火山及び現在活発な噴気活動のある火山」ということである。その定義によれば日本には百八の火山があり、富士山ももちろんそこに含まれる。

富士山は噴火するか。富士山に起こっている低周波地震は何の予兆なのか。東海地震との関連はあるか。火山富士への関心の高まりから、火山防災対策が周辺県市町村の大きな課題になって、近年、ハザードマップづくりも進められてきた。防災対策上、火の山としての富士山の研究調査は必須とあって、一般の関心の高まりのなか、総合的な富士山学がいろいろな専門分野の協働で進展してきた。

火山は爆発すると大きな災害を起こす。そのためのハザードマップは重要である。しかし災害を強調するあまり火山の魅力を消去してはならない。富士は何度も大きな災害をもたらしたが、火山そのものが大きな恵みをもたらしもした。噴火の休止期は長く、その間は火山のもたらす恩恵に浴してきた。火山活動が美しい「神さび」た山容をつくり、国の宝とされる秀峰をつくった。度重なる噴火が周辺に豊かな水をもたらした。富士五湖、忍野八海、樹海、溶岩樹型や風穴・人穴、湧水など火山活動による独特の貴重な景観もつくった。それらは火山富士山の生んだ自然遺産である。こういう貴重な火山による遺産をふまえて、自然の山富士を見守り、富士山をとりまく自然を破壊しないよう留意したハザードマップづくりをすすめなければならない。

富士山は火の山である。ハザードマップは火山や地震による危機管理のためだけのものでなく、火の山富士を見守る指針でもなければならない。自然は生きている。富士山は生きている。生きている自然の動きを見つめ、その威力を仰ぎ見ることが、自然との共生、自然との敬虔なつき合いである。今日、富士山とのつき合いに必要なことは、かつて噴火を目の当たりにした人びとと同じ富士に対する畏敬の姿勢である。

第3章　蓬萊山富士

自然神から神仙の山へ

富士山はいろいろな顔をもたされてきた。さまざまな役割を託されてきた。時代とともに変わったし、富士とのつき合い方によっても変わった。とくに富士に寄せる思いは、富士の姿によって、富士の見方によって、どのようにも変わり、それが富士への思い込みになり、信仰やそれに伴う修行という形をとって、実に多様な展開を見せた。富士山は日本きっての高峰だけに、どの時代にも、どんな人びとからも、富士山を実際に見たことがない人びとからさえも、それぞれの思いをこめたイメージで眺められてきた。そんな富士山への思いが古来、いまにいたるまで富士信仰というものを生み、育ててきた。富士山への思いとイメージが万華鏡のように多彩ならば、それに応じて富士に託する信仰も多彩になり、富士山に託する信仰はあらゆる神仏を包容した曼荼羅の観を呈した。富士山は、山そのものへの素朴な畏敬から生じる自然信仰に始まり、怪しげな教義で装われた創唱宗教にいたるまで、とりどりの神仏を包容したパンテオンを形成し、宗教曼荼羅を描き上げるに至った。一つの山でこれほどまで多様な顔を有する山は他になく、これほどまでいろいろな思いや願いを託されてきた山はなかった。さすがに日本の最高峰であった。

現富士宮市の千居遺跡の地に居住して富士山を遥拝していた人びとには富士山は神々しい霊山であり、かつ生活と農耕のための水を恵んでくれる水神、農業神であった。富士山をとりまく裾野からは富士の山中深く潜流して浄化された清水が湧き出、水に招かれて人びとはそこに住みついた。朝日に夕陽に、白く赤く黄金に輝く山容は荘厳な神そのもの、神山だったし、真白に山体を包む雪は豊作を予兆し、春の深まりとともに雪が解けて山肌を現せばその姿が農事暦となり、農作業の導きとなった。自然の山容がそのまま神の現れであり、かつ四季に見せる表情が農業神であった。そして絶えることなく湧き流れる清水がそのまままいのちの水神であった。たとえば、いま富士山の南西麓、富士山本宮浅間大社の南隣に鎮座する富知《ふくち》神社は「延喜式」神名帳に記載されている「富知《ふぢ》神社」と考えられ、富知は淵であり、水神である。そして水神は豊かな富、豊作を約束してくれる福神であった。

富士山本宮浅間大社で毎年七月七日におこなわれる重要な神事、御田植は大社が農業神でもあったことを示すものである。当日、大社での修祓のあと神職から御田植祭の主役の田長《たおさ》に稲の苗束が授けられ、田代役には萩の若枝の束が渡される。ついで祓役を先頭に太鼓、伶人、田代役、田長、早乙女、神職が道楽を奏でながら神田へと行列をなして進む。神田では田長が「こがひわざ田つくる道も久方の天津御神ぞ始めたまへる」と稲づくりの始祖天津御神を称える神歌を唱えたあと、ひなびた田植歌となる。つづいて華かな衣裳をまとった早乙女たちが伶人たちの笛に合わせて田舞歌をうたいながら田舞を奉納し、そのあと境内の神田で田植となる。まず田代たちが萩の束を撒き神田のなかに肥草の萩を踏み込んでいく。実際の農事と同じことが演じられたあと、みんなの見守るなか、田長の田植歌に合わせて苗束が田に投げ込まれ、早乙女たちの田植となる。古式ゆかしい神事でありながら、することは実際の農事と同じである。本宮浅間大社も水神であり農業神であった。水神・農業神としての富士山を称え祀る神社は富士山の周囲に数多く、見上げる崇高な富士山がすなわち富を致す致富の神だったのである。

水神富士山は、前章で詳しく見たように、また火神富士山でもあり、それは火の神アサマとして駿河国、甲斐国に祀られ、さらに富士の煙を仰ぐところに次々と祀られた。火神は畏ろしい神である。富士山の厳しい山容は襟を正させる崇高さ厳粛さがあり、仰ぎ見、拝することで地域が浄化された。水もその土地を、また人びとを浄化してくれたが、火もまた厳しく人びとを、土地を、浄化してくれた。きびしく毅然と聳立する富士山の姿がそのまま土地を浄化する土地神であった。崇高なものに対する畏敬畏怖の念、これを古代日本人はすでに身につけており、その念こそが宗教心の原点であった。

この崇高な富士山がさらにもう一つの富士山像をつくり上げた。『万葉集』で「神さび」た山と山部赤人が称え、高橋虫麻呂が「くすしくもいます神」「大和の国の鎮」と歌い、この国の「宝」と見た富士山は、「天雲も　い行きはばかり　たなびく」ばかりに高い霊山とあがめられた。雲上に高く聳え、雲をまといつかせる富士山を仰いでは、そこにこの地上を超えた世界を見た。雲上の世界に地上界から隔絶したこの世ならぬものを人びとは幻視した。たとえば八六〇年（貞観二年）五月五日、富士山上に五色の雲が見えたと報告された（『三代実録』）。八七五年（貞観十七年）十一月五日、駿河国吏が祭礼をとりおこなったとき、快晴の山頂に白衣の美女二人が舞う姿を目撃した。山頂から離れること一尺余だったという（都良香「富士山記」）。これらは土地の者の話を記録したものである。富士山をつつみ隠すかと見れば陽ざしを浴びてとりどりの色に輝く頂上の雲、富士山頂から風になびいてさまざまに姿を変えて立ちのぼる白煙、季節により時刻により天候によって富士山は多彩な姿を見せた。五色の瑞雲は舞う美女とも見えたし、白雪の峰上、雲中にただよう煙は美女たちの舞いとも映った。美女たちは天からの使者とも見えたし天上界へ舞い昇っていく天女とも見えた。天上界にいちばん近い富士山頂は天への通い路であり、地上界の駿河国に在りながら富士山は天と地を結ぶところ、天上界のものの行き来する異境と見られた。

平安時代の最も精確な富士山の記録である都良香の「富士山記」には、さらに刃物で削ったようなするどい山で、まっすぐに聳え立って天に達するとし、「霊基」つまり連なる裾野も広大無辺で、「神仙の集まり遊ぶところ」と描く。平安時代初期の承和年中のこと、山頂から珠玉が落ちてきたことがあった。玉には小さな孔があいており、仙境にある簾《すだれ》の玉ではないかと伝えている。仙女の舞う富士山は神仙たちの栖む仙境で、仙人たちが天上界へと登仙する霊山とみられていたのである。

平安時代中期の『竹取物語』にも富士山を不老長生の霊山とみる考えが映し出されている。竹取の翁が竹の中から見出して育て上げた女児は、長じて輝くばかりの美姫、かぐや姫になって五人の貴公子から熱烈な求婚を受ける。それぞれ難題を課して求婚を退けたが、最後、かぐや姫のうわさを聞いた帝からも求婚された。しかしかぐや姫は月を見ては物思いに沈むようになった。帝の執心の強いことを知り、ついに姫は、自分はこの国の人間でなく月の都のものであること、仲秋の名月の夜、月から迎えがやって来て帰ることになっている、と明かした。かぐや姫を帰すまいと、翁の家を帝の軍勢がものものしく警固するなか、輝くばかりの光につつまれて月からの迎えの天人たちがやってくる。せかせる天人たちを制して、かぐや姫は帝に文を書き天からの不死の薬を残して、天人の持参した天の羽衣を着て月へと帰っていった。食事ものどを通らず、音曲も止めるまで嘆き悲しんだ帝は、天上界に最も近い富士山に登り、かぐや姫からの文と不死の薬を山頂に並べて燃やすようにと命じた。かぐや姫なきあと、不死になって生きながらえても致しかたない、というのである。不死の薬を焼いたので「不死の山」という、という地名の由来を語って物語は終わった。富士山は仙人や天女が往来する不死の山になっていたのである。

富士山を仙境とみようとする者はもっと古い時代にすでにいた。六四四年（皇極天皇三年）七月、不尽河（富士川）のほとりで奇妙な出来事があった。そこの住人大生部多《おおふべのまさる》という者が、「これは不老不死の神仙境の神だ、この常世《とこよ》の神を祭ると富が得られ長寿となる」と言って、虫を祭るよう村びとたちに勧めた。虫は橘の木に付く緑色に黒点のある蚕に似た虫である。結託した巫覡《ふげき》らも神がかりして「この常世の神を祭ると貧しい者は富を授かり、老いたる者は若返る」と告げたので、大生部多はますます力を得て、村びとから財を出させ、酒や肴や肉類を路ばたに並べ、「新しい富がやってくる」とはやし立てさせた。都でも田舎でも人びとは常世の虫を取ってきては浄めた祭壇に安置し、歌い舞い、福を求めて珍宝を提供した。しかしなんの利益もなく、出費ばかりで被害は甚大になり、ついに秦河勝によって大生部多は討たれた。巫覡たちも祭りをやめた（『日本書紀』巻第二十四）。

次々と脱皮を重ねて大きく変貌していく虫を、財を捨てることで次々と新たな富を招くものと見立て、常世への橋渡しの新しい神をつくり上げたのである。富士川のあたりには渡来系の秦氏の開拓地があり、道教の教えは古くから伝わっていた。この地には養蚕も伝わっており、倭文部《しどりべ》がいて中央に織物を献じる下地もあった。「延喜式」神名帳に富士郡（現富士宮市星山）に「倭文神社」と記された神社があり、倭文の神を祀る星山郷には倭文部が住んでいて、祭祀に用いる倭文布を生産し朝廷に貢調していたことが「延喜式」に記録されている。倭文部は朝廷の部民で、たぶん秦氏と同類の渡来民であった。『義楚六帖』に、不老不死の薬を求めてやってきた秦の徐芾《じょふつ》（徐福）が富士山に登り、のちその末裔が秦氏を名のってこの地に住みついた、と記しているのも全くの伝承とだけは言えないかもしれない。このように常世神を祀る原始道教を信じる人びとがこの富士山を望み見る地域に住みついていたのである。これらの人たちが富士山を神仙の山とあがめ、また山頂に天女の舞いを幻視していたのである。

蓬萊山富士山

道教に親しむ人びとが日々富士山を仰ぎ、その表情を読み、そこを仙境として崇拝するようになって、富士山は蓬萊山とも名づけられた。富士山は奈良時代からすでにわが国の神仙信仰の中心になっていた。不老不死の神仙の集う蓬萊山であれば山頂には玉の簾をかけた宮殿があり、天の羽衣をつけた美女がそこで舞うことも不思議ではなかった。「駿河の国吏」が「旧に似せて祭を」とりおこなったと「富士山記」に言うのは、おそらくこの地に浸透していた道教の祭のことだろう。その祭の当日、富士山頂で白衣の美女が祭典に呼応して舞ったのである。富士山は晴れの日には天女が羽衣の舞いを舞う道教の祭祀の場だったのである。道教の霊山蓬萊山らしく「頂上には平地あり、広さ一里ばかり。中央はせいろのような形に窪んでおり、底には神《あや》しい池があって、うずくまった虎のような形の石がある。池からはつねに青い蒸気が立ちのぼり、池底には熱湯が湧き立っている。遠くからは山頂につねに噴煙が見えた。池の周りには紺青の竹が巡っており、一年中雪は消えない」（「冨士山記」）山であった。実景と想像が描く仙境である。

富士山を蓬萊山とする信仰は中国古代の史話とも関連して語りつがれた。秦の始皇帝の命で徐芾《じょふつ》（徐福）は蓬萊山にあるという不老不死の薬を求めて東の海上にあるとされる山をめざした。中国では蓬萊山、方丈、瀛《えい》洲という三つの神山があるとされ、そこには黄金と白銀から成る宮殿があるという。徐芾は東へ東へと航海し、日本の紀州（和歌山県）に着いたとされる。あるいは日本の孝霊天皇の時代、富士山を蓬萊山と見て登頂したとされる（『和漢三才図会』）。高山は天の神の地上における都、下都で、天神は高山を天と地を結ぶかけはしとして天地の間を往来した。高山は天界への通い路で、そこは下界、地上界での天神の居所、駐在所である。だから高い山に登ることは天の霊気を得て生命を刷新することになり、不死に近づくことと見なされた。高山から立ちのぼる白煙、たなびく白雲は天上へと運んでくれる乗りもの、天の羽衣とも映った（伊藤清司『死者の棲む楽園』）。長生や不死を願うものは高山に憧れ、そこに不老不死の妙薬があると信じた。春先に山に登る民俗行事が全国至るところに見られるのも、春を祝うだけでなく春の精気と山の霊気を身につけて心身を更新するためであった。登山だけでなく、高山から立ちのぼる白煙や白雲に乗って昇天すれば、すなわち登仙すれば、天上での永生が約束された。それが火葬の煙とともに高山からの煙に包まれて昇天すれば天上での不死を得るという考えともなった。登遐《とうか》という考えである。富士山からつねに立ちのぼる白煙はまさに登仙、登遐のしるしと映った。『竹取物語』で帝が富士山頂で不死の薬と手紙を焼かせたのも自らの魂を火葬し、白煙となって登遐し、天上のかぐや姫と一体になることを願っての行為だったのである。富士山はこうして不死の山になった。荘厳な高山、不死の山、それに白煙や白雲、天女の舞い、不死の薬などが富士山一つに融合して、神仙の棲む蓬萊山という道教信仰に基づく富士山像が定着したのである。

富士山を道教でいう神仙の山、不死の山、蓬萊山と見る伝承とかすかに関わり合うもう一つの伝説も広く永く語られてきた。『皇代記』『富士縁起』、林羅山の「神代考」などにいう富士山起源譚である。孝安天皇五年、一夜にして近江国に大湖が生じた。すなわちいまの琵琶湖である。その掘られた土がそのまま大山になった。駿河国の富士山である、という。取り上げるに足りない伝説だが、琵琶湖のある近江は古来、大陸から渡来する人の多く居住するところで、とりわけ有力氏族秦氏の一拠点でもあり、広く道教信仰の根づくところであった。近江から駿河へ、秦氏は勢力を拡大し、それが近江と駿河を大湖と大山で結ぶ伝承の基になった。つなぐものは道教信仰文化である。そういえば琵琶湖の北、余呉湖にも富士山や三保松原と同じ羽衣伝説が古くからあった。羽衣伝説も富士山にとって欠かせない要素である。

つねに白雪に包まれ、白雲のなかにあって白煙を上げる富士山はこの世ならぬ別天地そのものと仰ぎ見られた。駿河湾、三保松原、裾野にひろがる山々など、富士山を中央にいただく風光は美しく、不死を夢見る者でなくても、立ちのぼる雲や煙に羽衣をまとって天上界へと羽化登仙していく姿を想像しただろう。富士山をとりまく世界は俗塵を忘れさせるものがあった。美しい富士山の風光のなか、古くからの道教信仰とかぐや姫伝承を背景に、天の羽衣の伝説が育ち、語りつがれた。羽衣伝説を芸能化したものの一つが能の「富士山」であり、「羽衣」である。

そもそもこの富士と申すは、月氏七道第三、天竺より飛び来たるゆへに、すなはち新山と云ふなり。…（この間、本文なし）…帝その後、かぐや姫の教へにまかせつつ、富士の嶺の上にして、不死の薬を焼き給へば、煙は万天に立ちのぼりて、雲霞逆風に薫じつつ、日月星宿もすなはち、あらぬ光をなすとかや。さてこそ唐土の方士も、この山に不死薬を求め得て帰るなれ。これわが朝の名のみかは、西天唐土扶桑にも、並ぶ山なしと名を得たる、富士のよそほひ、まことに上なかりけり。（以下、本文なし）

世阿弥が能楽論「五音」に書きとめた謡曲「富士山」の前場の発端と「クセ」の場である。この部分に見るかぎりでは、たいていの曲が仏教色に深く染まっている世阿弥の作にはめずらしく道教色ある作である。本説、つまり由来出典を大切にする世阿弥らしく、ここには『竹取物語』のかぐや姫と帝の話が踏襲され、さらに中国の方士、徐芾の言い伝えもそのまま取り入れられている。世阿弥作「富士山」は不死の山、蓬萊山としての富士山を称えるもので、本文の失われた後半もおそらくかぐや姫が不死の薬を授けて天女の舞いを舞って昇天して終わっただろう。

それが現行曲「富士山」では、はるばる中国から日本に渡ってきた昭明王の臣下が、かつて富士山で不死の薬を求めた方士の遺跡をたずねる。すると土地の海女《あま》たちが現れ、臣下に、富士山が仙境であることを語り、かぐや姫の物語を語って、自らは浅間大菩薩だと明かして姿を消す。中入のあと、雲が晴れて富士山が姿を現し、光輝くなかに浅間大菩薩と現じたかぐや姫（ツレ）と富士の山神火の御子（シテ）が現れ、かぐや姫は臣下に不死の薬を授けたあと、シテ・ツレの二人は美しい舞いを舞って昇天していく。

こちらは主調音は神仙の山としての富士山で、そこに仏教色と浅間信仰が習合したものである。おそらく世阿弥の後、火の神浅間信仰が広く浸透した時期の空気を反映しての曲である。富士山は中世には、神仙の棲む山、不死を約束する蓬萊山という道教色を、仏教と浅間神との習合した富士信仰に圧されて薄めていった。そういう時期に世阿弥は富士山の本説をたどり、かぐや姫のもとの姿に立ちかえって、めずらしく道教色を湛えた富士山を称揚したのである。

かつて「能本作者注文」などで能「羽衣」は世阿弥作とされていたが、近年の研究によって世阿弥作ではないとされるに至った。しかし「富士山」に見るように、世阿弥はかぐや姫伝説と富士山に関心を寄せており、かぐや姫の昇天に羽衣をまとった天女の舞いを見ていた。天女の舞いは優艶を競う能の舞いにいかにもふさわしく、世阿弥の「富士山」のあと、天女の舞いを富士山に配した曲が生まれる。「羽衣」である。

時は春、ところは駿河の国、三保の松原。白龍という漁夫が釣りに出ると、浜辺の松に美しい色のかぐわしい香のする衣が懸かっている。家の宝にと持ち帰ろうとすると、美しい女が現れ、衣を返してほしいとたのむ。天人の羽衣と聞いて白龍はいよいよ喜び、返そうとしない。羽衣がなくては天上に帰れない、と泣き悲しむ女を見て心動かされた白龍が羽衣を返すと、天女は羽衣を身にまとい、天上界のありさまを語り、返礼に舞いを舞い、空高く舞い上がって富士の彼方に消えていった。

「羽衣」の舞台は富士ではなく三保の松原である。謡のなかに富士山は「三保が崎、月清見潟富士の雪いづれや春の曙」と松原の春景をたたえるところと、「天の羽衣、浦風にたなびきたなびく三保の松原、浮島が雲の愛鷹山や富士の高嶺、かすかになりて天《そら》みつ空の霞にまぎれて失せにけり」と舞いおさめる場面の二カ所である。しかし謡われなくても、春霞たなびく松原ごしに富士山は舞台全体に美しい姿で浮かんでくるしかけである。

天上界と地上界を結ぶかけはしである富士山をたよりに天女は舞い下り、美しい松原の浜辺でひととき休んでいた。ひととき休むに足るほどの地上の景勝である。そこは「東歌《あづまうた》声添へて、数々の笙、笛、琴、箜篌《くうご》、孤雲の外に満ち満ちて、落日の紅は蘇命路の山をうつして」と謡われるように、東国の鄙《ひな》びた風俗歌の声に合わせていろいろな楽器の音が天空に満ち満ち、入日はあたかも蘇命路の山、いのちの蘇りの山富士、蓬萊山を真紅にそめて輝く、と称えるほどの勝地である。丹後由良の海辺とか余呉の湖上よりも、ここ富士山を望む三保松原ははるかに天女の舞い下りてくる地にふさわしかった。天人は大勢至菩薩を拝み、真如の世界を現すなど、仏教色も濃厚ながら、春色いっぱいの富士山をとりまく景はさながら天上と行き交う神仙の世界、地上の仙境である。富士山は能ではやはり仏の山というよりも、神仙の山であった。

富士山を仰ぎ見る地には大陸からの渡来人も住みつき、道教の教えも浸透していたし、富士山を登仙の山、この世ならぬ神仙郷とみる人たちがそこを選んで住みつきもした。富士山を「老せぬ山」「よもぎふ山」「蓬萊山」とみることは富士山の厳しい山容からも導き出され、こういう富士蓬萊山信仰はいかにも土地の生んだ信仰であった。大生部多の新宗教が生まれ、火の神、アサマ神が生まれたのも富士山と向かい合う地だからであった。駿河国や甲斐国ならではの地域信仰の面も強かった。富士山を蓬萊山とみることはそのため奈良や京都など都ではあまり浸透しなかった。やはり美しい山容があっての信仰であった。世阿弥の「富士山」や「羽衣」のように富士を仙境と見るのは中世の中央ではめずらしかった。

仙境思想の導入と拡がり

仏教と同じく古くから道教は伝来し、中央の生活にも考え方にもなじみのものになっていた。信仰や風俗、祭祀などいろいろな面で道教の浸透は見られるが、その一つに仙境への憧憬があった。古代、飛鳥時代から藤原京にかけて大和盆地に都城を築き、そこを生活と治世の拠点としてきた天皇・豪族たちは、都城での俗世の営みに疲れたり倦きたりしたとき、俗世を忘れさせる異郷に憧れた。俗事にすりきれていく心身を癒そうと、この世ならぬ清浄な世界を夢見た。道教のいう仙境、俗界を忘れて生きる仙人たちの栖処としての神仙郷への憧憬で、そこで俗塵を洗いおとし、心身を慰め、長生を期待しようというのである。飛鳥や大和盆地に俗世界を営む天皇一族や官人たちにとって、仙境は盆地の南山を越えたところにある吉野とされた。麗しい山と清浄な川が流れる吉野の地は俗世を忘れさせてくれる「よき野」であり、いのちの洗濯をし蘇らせてくれる浄地、聖地であった。とくに政治という俗事にとらわれている文人官人にとって吉野は身近に心身をリフレッシュできる仙境、登仙の思いに遊ばせてくれるところであった。道教は仏教と並んで知識人層に喜ばれた新思想だったのである。たとえば吉野はそんな文人にこのように捉えられる（『懐風藻』）。

遊竜門山（竜門山に遊ぶ）　葛野王
命駕遊山水　駕を命せて山水に遊び、
長忘冠冕情　長く忘る冠冕《かんべん》の情。
安得王喬道　安《いづく》にか王喬が道を得て、
控鶴入蓬瀛　鶴を控きて蓬瀛《えい》に入らむ。

吉野の竜門山に遊ぶ詩で、竜門山は吉野離宮のある宮滝と吉野川の清流を見下ろす山である。車を命じて吉野の山水に遊べば、宮仕えの俗事など忘れてしまう。仙人の術を会得した王喬のように、鶴に乗って仙人の住むという蓬萊山や瀛洲に行きたいものだ、というのである。清浄な吉野に遊べば俗界を絶った仙境にある思いがしたのである。

遊吉野宮（吉野宮に遊ぶ）　中臣人足

惟山且惟水　惟《こ》れ山にして且《かつ》惟れ水
能智亦能仁　能く智にして亦能く仁。
万代無埃所　万代埃無き所にして、
一朝逢柘民　一朝柘に逢ひし民あり。
風波転入曲　風波 転《いよいよ》曲に入り、
魚鳥共成倫　魚鳥共《とも》に倫を成す。
此地即方丈　此れの地は即ち方丈、
誰説桃源賓　誰か説かむ桃源の賓。

吉野離宮をとりまく清冽な山水を見るにつけても、智者は水を楽しみ仁者は山を楽しむという孔子の言はむべなるかな、である。ここ吉野は古来、俗塵のないところで、かつて仙境に住む柘枝媛に逢った民もいたという。ここでは風や波の音も音曲に加わり、魚も鳥も仲間に入ってともに楽しむ。ここは仙人たちの栖む方丈で、桃源境の話などここでは無用、ここがまさしく仙境である、と吉野を称える。「遊」とは俗世を離れること、俗事をしないことである。「遊」ぶことができるところが即ち仙境で、それが「よき野」吉野であった。

この他にも吉野をうたう作品は多い。吉野は「玄圃」(仙境)に近く、「霊仙が鶴に乗って去る」浄地で、「神仙の迹《あと》を訪《と》」おうと人びとは吉野川のほとりに集まった。また吉野は「仙霊の宅《いえ》」で、ここにいれば別に藐姑射《はこや》に栖む仙人たちを必要とせず、まさに「神居深くまた静《しず》けく、勝地寂けくしてまた幽《かそ》け」き神仙の居所であった。この「河廻《めぐ》りて桃源深」いところにいれば「自らに幽居の心」を得ることができた。この調子で『懐風藻』では、吉野が心身を浄め蘇らせてくれる浄地、仙人の栖む方丈、神仙郷の蓬萊山であることが強調される。『懐風藻』には百二十編の詩があるが、そのうち吉野を詠んだものは十六編もあり、そのすべてが吉野を仙境と称えるものであった。

『懐風藻』とほぼ同じころまでの和歌を収めた『万葉集』でも、吉野を詠む歌は他の地にくらべると圧倒的に多く、そこでも吉野は美しい土地として詠まれるだけでなく、詩と同じくいのち洗われる仙境吉野であった。「見れど飽かぬかも」とか「またかへり見む」とかと繰り返し歌われるのは、美景のせいだけではなく、永劫のいのちを約束される地、俗塵を忘れさせてくれる清浄の地だったからである。

富士山もまた吉野同様、『万葉集』で「見れど飽かぬかも」と歌われた。その崇高で清浄な姿から、人はもちろん「天雲もい行きはばか」るような仙境と見なされていたが、しかし富士山は吉野のように漢詩では仙境と称えられることはなかった。吉野は都城に近く、離宮を設けてそこに遊び、俗塵を祓っていのちの更新をはかるところである。仙境と称えることは吉野を寿ぐことで、それによって自らと国の永遠であることを祈った。吉野は国と天皇と官人たちの身近な更生装置であった。しかし富士山はシンボルとして「国の鎮め」ではあっても訪れるには遠く、中央の知識人たちはそこを心身更生の仙境と実感することはできなかった。彼らにとって富士山はあくまで伝承の浄地、神仙郷であった。神仙郷も蓬萊山も理想の地だと知りながらも、そういう雰囲気が近くで実感できるとき、そこはさながら現世の桃源境になった。飛鳥や大和盆地に住む知識人たちには知識で得た仙境がここ吉野に出現したかのように感じられたのである。比喩でなく吉野ではさながら仙境が体感できたのである。

しかし、まだ見ぬ富士山にはそんなことは体感できなかった。中央の知識人たちには想念のなかの仙境以上にはなりえなかった。富士山はあくまで仰ぎ見てその崇高さを実感できる地域の人たちにとっての仙境であった。

都が奈良から平安京に遷ると吉野も仙境吉野でなくなり、風光の吉野としてだけ遠く眺められるところになった。雪の吉野や花の吉野である。大海人皇子を先例として、ときに追われる者が潜み再起を期していのちの更新をはかるこもりの聖地になることはあったが、都から遠ざかるにつれて仙境吉野は衰退していった。ちょうど富士山が都から遠いために仙境富士が実感されなかったように。

吉野を詠む歌もすっかり変わり、「見れど飽かぬ」「またかへり来」る吉野讃歌でなく、雪と花の歌だけになった。富士山も『古今集』以降は仙境富士はもちろん、「見れど飽かぬ」富士も「国の鎮め」の「神さび」た富士も歌われることはついぞなくなり、陳腐きわまりない歌、煙や火につられての「もゆる思ひ（火）」の恋歌として歌われるだけになってしまった。かつての毅然と崇高に聳立する姿を称える歌などは以後永く歌われることはなくなった。そんな変化を招いたのは、名所や歌枕を固定イメージ、ステレオタイプで捉えようとする和歌の美学と方法だったが、同時に、知識人たちの仙境思想や道教への関心の風化も大きかった。それらに代わる思想が彼らを捉えた。道教思想をすっぽりと覆いつくす思想が知識人だけでなく貴賤上下を捉えたのである。平安時代以降の仏教思想の浸透である。仏教は道教の思想を包み込み、不老不死の願いを欣求浄土の教えのなかに摂取し、仙境への憧憬を山中隠遁や往生極楽の浄土思想で覆った。それによって吉野は仙境吉野から隠遁の山里になり、富士山はかすかに残存していた仙境富士から禅定富士や修験の山へと変わっていった。仏教色に圧されて仙境は遠のいたのである。

仙境富士のよみがえり

平安時代以降、とくに中世、吉野はすっかり意味を変えたが、富士山も全山仏教色と浅間信仰に覆われ、崇高な神山や国の鎮めの山としても崇拝されなくなり、絵画にも和歌にも型どおりの山に押し込められてしまった。そんななかで能「富士山」や「羽衣」にかろうじて仙境富士の余韻をとどめてきた。富士山を神仙境とみなしたのは古代では漢詩文にたけた知識人たちであり、中世では世阿弥と能を好むわずかな上層階層の人たちであった。京鎌倉間を往還する五山僧のような知識層にも仙境富士がよみがえることはなかった。

富士山が神仙の山と改めて見直されるようになるのは近世初頭で、そこでもやはり一部の知識人層によってであった。おそらく近世初頭から朱子学を幕府の基本学とすることによる中国学と支那趣味の流行によるもので、藤原惺窩が禅から儒学に転じたように、世を覆っていた仏教思想にかわって儒教思想が規範とされ、中国の文物を身近なものにしようとする風潮に乗っての富士観の変容である。たとえば幕府の儒学の指導者林羅山は、十世紀ごろの中国の書『義楚六帖』を引用して、富士山をこう語る。「東北千余里のところに富士山あり。別に蓬萊山ともいう。山険しく三面は海で、頂上からは噴火あり。秦の時代、徐福がここにとどまり蓬萊と言ってより今に至るまで子孫は秦氏を称している。そこは古今侵奪者なく、竜神の守護するところだからである」。中国に傾倒する知識人の中国趣味で捉え直そうとする富士山像で、それが詩では次のように詠まれた。

富士山二首　林道春

一山高出衆峯嶺
炎裏雪氷雲上烟
太古若同㆓仁者楽㆒
蓬萊何必覓㆓神仙㆒

一山衆峯嶺より高く出で、
炎裏雪氷、雲上の烟。
太古、仁者の楽しむに同じくして、
蓬萊、何ぞ必ずしも神仙を求めんや。

士峯左股是蓬丘
溟海漫々弱水流
烟際飛仙開㆓薬籠㆒
空中羽客築㆓瓊楼㆒

士峯の左股、これ蓬丘、
溟海漫々として弱水流る。
烟際の飛仙、薬籠を開き、
空中の羽客、瓊楼《けいろう》を築く。

まるで古代の富士山像の再誕で、『懐風藻』の詩と同工である。仁者は山を楽しむという教えのように、ここ蓬萊山たる富士山では山を楽しむ者はすなわち神仙たりえたし、富士山上には煙のように仙人が飛来して不死の薬籠を開き、羽客が空に浮かぶ月のなかの宮殿のような楼閣を築く。富士は神仙の棲む霊峰である、と称える。

その後、たとえば孤高の隠士、洛北詩仙堂主人、石川丈山が「仙客」が雲外の嶺に遊ぶところで神竜が栖むと称えるなど、富士山は支那趣味の文人官人には中国の伝説の霊山、蓬萊山、方丈、瀛洲を想像させ、小さい趣味的世界ながら仙境富士は少しく復活した。

富士山は超俗を気取ってみたい知識人好みの山になった。俗世にあって政治に関わる官僚学者にあっては、俗塵にまみれまいとする思いを託す霊峰であり、隠遁の士には孤高を保ち俗界を睥睨《へいげい》できる蓬萊山であった。どんなに深く俗界にとらわれていてもつねに離俗のポーズをとろうとする知識人や文人官人にとって、雲外に聳える富士山はまさに俗外に生きることを願う自分の絵姿と映った。近世、富士山が俗信の山になり、江戸自慢の山になって急速に世俗化していくなかにあって、富士山を清浄な神仙の山と見る流れは、こうして漢詩文に遊ぶ文人官人とごく少数の南画家、文人画家によって継承された。そしてますます富士山の卑俗化通俗化が進むなかで、この富士蓬萊山の観点を守りつづけた流れの棹尾を飾るのが幕末から明治大正にかけて生きた富岡鉄斎であった。鉄斎によって近代、富士山は新しい相貌で力強くよみがえった。

近年、富士山を自然遺産として世界遺産に登録を求めるのをあきらめ、文化遺産として申請しようとする動きがある。富士山をとりまく自然、富士山を仰ぎ見る諸宗教の歴史と設備、富士山を描く文学や芸能や芸術、富士山の恵みとそれによる諸風俗、民俗などをひとまとめにして、富士山自然文化曼荼羅をつくろうというのである。できればそういう富士曼荼羅の中央高く、鉄斎の描く雲外に清々しく立つ仙境富士山があってほしい。天女が天の羽衣をつけて、浅間神社の古社や三保松原や清見寺、駿河湾の美景の上に、ひらひらと舞う夢幻の富士山曼荼羅である。人知や人間の欲望、つまり俗塵に汚されない清々しい富士山、いわば仙境富士、俗塵外富士山こそ、よみがえらなければならない富士山像だろう。それが本道の遺産である。

第4章　富士神仏曼荼羅

自然神の山から雑密の山へ

古代、富士山は登る山ではなかった。仰ぎ見る霊山、神さびた姿を拝する神体山で、とぎれることなく水を恵んでくれる水神の山、邪悪なものを祓う畏れ多い火神、浅間神の在す山であった。人間の足で穢してはならない禁足の聖山であった。

そんな霊山に登ろうとする者が現れた。文献記録に残るものとしては、『日本霊異記』(平安時代初期の編)にある役小角がまず先駆である。修験道の先達、役小角は大和葛城の人、深く仏教に帰依しながら、かつ、五色の雲に乗って虚空に飛び、仙境にいる神仏と交わって仙術を習得しようと巌窟にこもり修行、その功あって奇異の仙術をマスターした。讒言によって伊豆大島に配流になった。昼間は皇命に従って島にいたが、夜は富士山に飛んで修行を重ねた。のち許されて仙人になって天界に飛んだ、という。役小角は富士山に日に日に飛んで仙術に磨きをかけ、登仙するに至った。富士山は仏者役小角には仏道修行の山でなく、道教修行の山であり、仙境への掛け橋であった。

仙境譚らしい奔放な話である。難解な教義のうるさい仏教を超越しようとする山岳修験者たちや雑密の徒のつくった伝説で、中央政権に協力する仏教者たちとは全く異質の宗教者、そして、仏教や道教の他に土着の信仰をも呑み込んで、土民たちに生活の糧《かて》も提供しようとする民間の呪術師、それが下層に生きる庶民たちが願いをこめてつくり上げた役小角像であった。富士山の周辺に道教の信仰と習俗に生きる土民がいたことも、こういう伝説のつくられる背景にあった。

荒唐無稽な話といえば、役小角につづいて聖徳太子が富士山に登ったという伝承もある。『日本霊異記』に少しおくれて書かれた「聖徳太子伝暦」にある話である。推古天皇六年（五九八年）、聖徳太子は諸国に善馬を提出するよう側近を通じて命じた。貢調の馬のなかに甲斐国からという黒毛に白い脚の馬があった。太子はそれを神馬として大切に飼養させ、それに試乗して側近を従えて東国に向かい、雲中に消えた。三日後に帰って来た太子は、その間、富士山頂に登り、そこから信濃を経て帰って来たと語った。熱心な仏教崇拝者である聖徳太子がなぜ神馬に乗って富士山に飛んだか、その意図するところははっきりしない。わが国の鎮めとされる霊峰富士山に登ることで常人ならぬ神通力のあることを示し、かつ仙境富士から帰還することで富士の霊力を得てきたこと、すなわち仏教の力のうえに神仙の神通力を身につけ、さらに国を鎮める力をも体得したことを示そうとする話である。仏教を国の鎮めとしようとする太子は、国の鎮めである富士の霊力を身につけることで真に倭（和）国の指導者たりえた。富士山は聖なる仙境として、国の鎮めの山として、そんな聖徳太子像づくりに利用されたのである。

役小角も聖徳太子も自分の足で富士山に登らなかった。ともに飛行したり神馬に乗って山頂に至った。富士を足で汚すことはなかった。富士山はなお禁足の山であり、神仙たる者だけが到達できるところであった。二人ともに俗人でなく、神通力をもつ験者であり、聖人であった。

俗人でありながら富士山をめざす者が、その後、空想の伝承譚でなく現れる。富士神仙境という信仰は『竹取物語』などの物語でも広がり、また都良香が「富士山記」を書いたころまでは唐志向、道教憧憬として残っていたが、平安初期のたび重なる大噴火によって富士山のイメージは激変した。仙境ではなくおそろしい火の山、火神富士、浅間神の富士山になったのである。それに当時の都の文化状況も加わって富士山像の変容は加速した。平安中期以後、それまでの唐志向の唐風文化からしだいに国風文化へと朝廷も貴族も重点を移すにつれて、道教は民衆のなかにしみ込んで土着化し俗習となり、また隠遁に遊ぶ少数の文人気質のなかにわずかに残存するだけになり、仙境への憧憬は消えていき、仙境富士山像も急速にうすれていった。仙境への登仙や盤遊にかわって、仏教風の隠遁、遁世志向への推移である。

仏教の浸透につれ、そして噴火の沈静につれての火神富士の衰退に伴って、仏者で富士山頂をめざす者が現れた。役小角は山中の巌窟にこもり山林を抖擻《とそう》して修行し験術を身につけた。役小角のあとを追う者が大和の葛城や吉野山、北陸の白山や立山などの霊山を山林修行の場とし、雑密練行の道場として活動しはじめる。富士山もそういう修行者の練行の場、道場になった。都良香の「富士山記」に、中腹以下には小松があり、それより上には木もなく白砂だけで登攀できなかったが、役小角が登頂してからは、山腹に頭を打ちつけ打ちつけ登った、と記しているように、富士山を道場として頂上をめざす山岳抖擻行者が現れた。その富士登山体験が「富士山記」にも取り入れられ、富士の実景になっているのである。しかし都良香が富士山を記録するころは、仏者の登攀というよりは、役小角に追随するような秘境富士での身体の鍛練行といってよかった。

仏教修行の山富士

ようやく富士山が本格的に仏教修行の山になっていく。仏者の富士登攀の最初の記録は『本朝世紀』に見ることができる。「久安五年四月十六日、院において素縕多くの人びとの大般若経の書写があった。これは駿河国の富士上人といわれ、名を末代という僧の求めによるものである。末代は富士山に攀登することすでに数百度に及び、山頂に大日寺という仏閣も建てた。末代上人は白山にも登って修行を積み、関東の民庶に勧進して一切経を写させたり、その行業は清浄であった。五月には鳥羽法皇に大般若経の書写をすすめ、それをいただいて富士の山体に埋経しようというのである」。一一四九年（久安五年）以前から関東を拠点に富士上人末代は広く布教活動と修行を展開し、朝廷の信用まで得るにいたった。平安時代半ばから高野とか吉野、白山などの霊山に埋経の風習は広まっていたが、富士の修行僧末代は山頂に大日寺を建てるだけでなく、富士山中への埋経も広めるにいたった。富士山はそれ以前の道教の山、不老不死の仙境から、役小角の流れを汲む山岳修験の山として、仏教の山、世界をあまねく照らす大日如来を頂く山へと転身していくのである。

鳥羽法皇にも近づきえた末代上人だが、その素姓、行業ははっきりしない。鎌倉時代の成立とされる「地蔵菩薩霊験記」には「中古不測の仙ありき」とされ、富士山の垂迹である浅間大菩薩が男体と女体二様に示現するため、民庶の間に末代上人への不信がつのったとある。そのため末代は富士の中腹の樹下石上に百日間の断食禅定をして富士山の神体を拝して疑問をはらさんとした。その後、富士の山裾、村山に伽藍を設け、そこに即身仏として入定し、山の守護神になった、とされる。末代は「仙」ともいわれ、ミイラになるなど、仏僧であると同時に、登山数百度、断食行などいろいろと奇特を示すところをみると、山中で験力を得ようとする雑密の山岳修験者というのが素姓だろう。この不思議な行者末代によって、富士山は仙境でありながら、仏教修行の山へと大きく転化した。富士への登山がすなわち仏道の修行とされ、富士山が仏道の道場とされるようになったのである。

富士山頂に末代によって大日寺が建てられ、長い年月をかけて徐々に富士山は世界を遍く照らす大日如来の示現と仰がれるようになった。大日如来のご威光を拝むこと、そのご威光に浴すこと、雑密の教えに従って即身成仏を遂げること、それらが富士登攀の目的になった。富士に登ること自体が即身成仏に導いてくれる行、禅定になった。富士登攀、即、富士禅定である。こうして人びとは富士に登りご来光に接したとき、全世界を遍く照らす大日如来の降臨を体験した。富士山は日本の中心にあって地上から天界へと貫く宇宙軸たる聖山、須弥山になった。富士は大日如来そのもののご尊体であり、その知恵をそっくり体現したものとして「般若山」とも呼ばれ、その美しい山容から「芙蓉峰」とも称された。密教の聖山である。

さらに末代は鳥羽法皇らの如法経をいただいて頂上に埋経した。埋経は、末世が続き仏法がすたれたあと弥勒菩薩出世のときに、なお仏典が残るようにと地中に埋め、仏経を保全するのが主たる意図であったが、実質はそれぞれ個々人の追善や逆修供養のためであり、また解脱や成仏、極楽往生の祈願であった。吉野金峯山や高野山に多く埋経されたのも、そこが往生極楽を約束してくれる霊地であったからで、富士山もその願いに応えてくれる山であった。富士は不老不死の神仙の栖む仙境で、仙人の集う蓬萊山だという信仰がまだ残存しており、そこに埋経することは、『竹取物語』で帝が不死の薬を山頂で焼かせて魂を昇天させたように、霊の不死や成仏を夢見させてくれた。蓬萊山は不滅の霊の集うところである。俗世から遁れて霊の久遠の安らぎを約束してくれるところである。道教では天をつく高山は死霊がのぼる山とされ、死霊はそこで不死となって昇天した。登仙は煙となって天にのぼる登遐によってかなえられるとされた。そんな山を崑崙《こんろん》山とも称し、不死の山として崇められた。富士山はこの国の最高峰、いや三国一の霊山であればまさに不死を約束してくれる崑崙山であったし、同時に、往生極楽を保証し死後の安らぎを約束してくれる死者の山、浄土の山であった。死後の安穏と極楽往生を導いてくれるのは阿弥陀如来である。富士山に登り、埋経すれば、即身成仏となり、極楽往生が約束されるのである。前者は大日如来が受け持ち、後者は阿弥陀如来が保証した。富士山は大日如来と阿弥陀如来の示現した山、二尊の垂迹の山になった。大日如来によって現世の安穏を見守られる密教の山、阿弥陀如来によって来世の安穏を保証される浄土教の山になったのである。山頂に阿弥陀、勢至、観音の三尊を描く富士山牛玉《ごおう》は山頂を阿弥陀仏の極楽浄土と見るところからつくられたものである。同様に大日如来を描く富士山牛玉は山頂を密厳浄土と見るからである。さらに仏教色は富士山を覆い、ご神体は火の神浅間明神だったのに、浅間明神も浅間大菩薩と変えられた。道教や自然神の影を引きながらも、仏教一色の山になった。

それればかりではなかった。埋経によって弥勒菩薩出世時のために仏経を保全しようとすることは、個々の願望を超越したこの世界全体の保全と永続を願うことであった。弥勒はよみがえりの菩薩である。個々の人間のよみがえりだけでなく、世界のよみがえり、世直しを期待される仏である。富士山は禅定によって個々人の心身の刷新と生命の更新をはかるだけでなく、頂上での埋経によって世界の刷新と更新を期待する山になった。富士山は弥勒信仰の山ともなったのである。そして弥勒の山富士は江戸時代になって大きく成長することになった。

富士上人末代のあと、富士山は下界から仰ぎ見るだけの山から、自ら登攀する実体験の山になった。苦行によって即身成仏をめざす登山もあれば、山中の立体曼荼羅の抖擻によって心身鍛錬を期す登山もあり、不死や極楽往生を願う登山、世直しを期す登山もあった。こうして多くの人びとがいろいろの願いをこめて富士山に登りはじめると、村山口に寺社や宿坊ができるように、山麓を中心にそれらの富士行者や富士禅定者を迎える施設ができ、そこに登山の先達をつとめる修行僧も現れた。そんなさまざまな登山者のなかには、狂言の太郎冠者のようなごくごく平凡な庶民もいた。太郎冠者は勤めを無断で休んだ。冠者の帰るのを待って主人は冠者を成敗しようとする。冠者はたった一人の下人なのでとても許されまいと、無断で富士禅定に出かけたと弁解する。主人は富士禅定と聞いて怒りの鉾をおさめる。富士は霊場で、そのご威光をいただいて帰った冠者を成敗すれば神罰を蒙るからである。許すかわりに主人は富士山の名物、山腹に生えている縁起ものの富士松をせしめようとする（狂言「富士松」）。

中世から近世はじめにかけては太郎冠者のような下人層も出かけるほど、富士登山は広まっていたのである。しかも富士松が富士土産になっていることにも、富士山が不死長生の山、久遠成仏の山と見なされていたことがわかる。常緑の松は久遠のいのちのしるしであり、弥勒の出世を待つしるしであった。このように富士山は阿弥陀仏もいれば大日如来も在し、弥勒菩薩も待機している山になり、山岳修験の行者や先達もいれば遊山の禅定者もいるという山になり、仏教の諸派はもちろん、道教、修験道を擁して、どんな祈願や修行にも応えうる八宗兼学の山になったのである。国の鎮めから、俗信も含めての諸宗の総本山への転身である。

心身の修行と鍛練の山へ

富士山は役小角の伝説や『竹取物語』の話以来、仙境だったが、平安時代末期、末代上人の活動のころから修験の山、大日如来や阿弥陀仏の在す山とされて、実際に修行登山する山になった。平安末期の院政期の成立である当時の流行今様歌集『梁塵秘抄』には、「四方の霊験所は、伊豆の走り湯、信濃の戸隠、駿河の富士の山、伯耆の大山、丹後の成相とか、土佐の室生戸と讃岐の志度の道場とこそ聞け」とあり、富士山はすでに四方に聞こえた霊験所に数えられていた。末代上人は今様に唱う霊験所、富士山や伊豆山走り湯など東国で修行を積み、仏法と修験道の弘通《ぐつう》にあたっていたのである。

末代によって登山の道を開かれ、村山に拠点となる寺を置かれてから、富士山はいよいよ修験の山へと転換していく。富士修験道の本格的展開である。鎌倉に幕府が開かれてから京鎌倉の往還も繁くなり、富士山は風光としても新しいものになったし、また鎌倉幕府が箱根山や伊豆山に篤い信仰を寄せ箱根、伊豆の二所権現を特別視したこともあって、富士信仰は東国に広まり、かつ、富士山麓の広々とした原野が巻狩りなど東国武士たちの恰好の武芸習練の道場とされたこともあって、富士山はさらに身近な存在になった。たとえば物語「富士の人穴草子」によれば、一二〇三年（建仁三年）、源頼家は富士山麓の狩倉での巻狩りの際、仁田四郎忠常の主従六人に人穴の探索を命じた。それ以前にも頼家は和田平太に探索を命じたが失敗、それについでの下命である。仁田四郎らの一行が人穴に入っていくと大蛇が現れ、浅間菩薩に姿を変じて仁田らを案内する。三途の川や六道の辻を経、さまざまの地獄を遍歴して浄土へ案内されて帰還した。物語ではあるが、富士山は山中深くに地獄・浄土をもつ霊界、山中の他界として畏怖の対象だったことが知れる。

村山浅間神社。巨木や水垢離場があり、古風をとどめる。

　富士登山が進展するにつれ登山道も整備されてくる。富士山の東側（東口）の須走口、南側の大宮口、村山口、北側の吉田口、河口口などである。これらの禅定口をとって行者たちは富士山頂をめざした。なかでも末代上人が入定して富士山の守護神になったとされる村山口は中世の富士禅定の主たる道であった。富士山の山麓、俗界とその上の聖界との境界に位置することもあって、村山には中世、末代ゆかりの興法寺に大鐘坊、池西坊、辻坊などの諸寺坊が建てられ、宿泊所をかね、富士禅定の導師をもつとめた。大宮から村山を経て山頂をめざすのが中世のメインルートであった。そのルートによる富士登拝の様子を描いたのが国の重要文化財「富士参詣曼荼羅」である（他にも富士宮市指定文化財など同種の、室町時代から戦国時代にかけての曼荼羅があり、ほぼ同じ構図である）。

「富士参詣曼荼羅」は、画面中央天上部に富士山を大きく描き、頂上の三つ峰には中央に阿弥陀如来、左に薬師如来、右に大日如来を配する。頂上の下方には雲をただよわせ、富士山の左右の雲中に日輪と月輪が皓々と浮かんで富士の山容を照らし雲を輝かせ下界の社や寺、登山する道者たちを明るく浮かびあがらせる。画面中軸には、本宮浅間社から村山浅間社へ、さらに山頂への登山道と道々に祀られた拝所を配し、その間を大宮の湧玉池で水垢離をとり村山社で水に打たれて潔斎した白衣の道者たちが連なって登る姿が描かれる。大宮の下方には駿河湾と三保の松原、清見寺の美景もあり、海には帆かけ舟も見える。最下部の海景から、大宮、村山社の聖俗の境である山内を越えて中腹の拝所をたどり、最上部の聖所、山頂へと至る美しい曼荼羅である。中心の本尊は極楽浄土へと昇天させてくれる阿弥陀仏で、富士山は阿弥陀浄土である（なおこの曼荼羅を御山・山内・俗界の三世界を表わし、山頂には大日如来が降臨し、その下に阿弥陀三尊が示現しているとする見方もある。そうであれば、富士山は大日如来を本地とする密教世界になり、密厳浄土ということになる）。

「富士参詣曼荼羅」は中世期、富士山が全山仏教色に染まったころのもので、画面から立ちのぼってくるのは大日如来や阿弥陀仏などの神々しい諸尊の教えで、心身を潔斎して登っていく白衣の道者た

狩野元信印「富士曼荼羅図」富士山本宮浅間大社蔵

ちの「六根清浄六根清浄」という掛け声と祈りの声が沸き立ってくるようである。おそらく太郎冠者もこんな荘厳の気の立ち込めるなかを富士禅定し、心身のよみがえりを体験し、よみがえりのしるしとして富士松を戴いて帰ったのだろう。ここにみなぎっているのは末代上人からつづく熱烈な山岳修験と富士禅定と欣求浄土の信仰心である。富士山は仏教色に覆われても、いや、仏の山となればこそさらに一層汚してはならない清浄の山になった。白衣は清浄身のしるしであるとともに阿弥陀仏に迎えられる死者の姿である。現世の欲望を捨離し浄身と化して山頂の極楽浄土の不死の世界へと道者たちは導かれていく。富士はこの世に出現した阿弥陀浄土であり、すべての人びとを摂取する大日如来の曼荼羅界であった。

「富士参詣曼荼羅」に描かれたこういう清明な富士信仰のあと、混乱の戦国期を経て江戸時代に入ったころ、末代の流れとはちがう富士行者が現れた。長谷川左近という行者である。長谷川左近の行業は弟子日行日珀《にちぎょうにちがん》が編述した「御大行の巻」にある伝記によるしかなく、多分に伝説に包まれたものである。それによると、左近は一五四一年（天文十年）、長崎に生まれ、一五五九年（永禄二年）、十八歳のとき、「父母の御恩に報いるため、天下万民のために大行を行う」と決意して、諸国の霊場を巡る修行に出た。遠く東北の陸奥の国の達谷《たっこく》の窟で断食修行中、役行者が現れ、富士山の登拝と山麓の人穴で大行をおこなうよう告げられた。富士の人穴にこもり七日間の不眠の行ののち、四寸五分四方の材木の切り口に爪先立ちする爪立行を一千日つづけた。角材の上での行から角行と称するようになった。大行の後、富士から各地へ修行巡礼し、再び富士の人穴に戻った。人穴はつねに角行のよみがえりのためのこもり場、聖胎であった。一六二〇年（元和六年）、庚申の年に江戸に出、そのころ大流行していた疫病を呪術によって祓って一躍有名になり、江戸の人びとの心をつかんだ。人穴に帰って一六四六年（正保三年）、百六歳で死去したという。たしかな足どりを語るものではなく、伝説でつくられた生涯で信じがたいが、これが庶民たちが信じた角行で、こういう伝説にこそ人びとの角行に寄せる思いがこめられていた。人間技とも思えない破天荒な修行を積んで験力を得た者はもはや人間の評価や想像を超えた存在である。富士山の胎内にある深い地獄・浄土の冥界での荒行でつくられた行者はもはやただ者ではなく、人穴という富士山の胎内から出生した富士の申し子と庶民には映った。役小角も謎めいた超人だったが、ここにまた富士山中から妖しい行者が、待たれている弥勒菩薩のように、よみがえり出たのである。

角行は仏教を学んだことも仏教の修行をしたこともない。神道も儒教も道教とも関わることなく、ただ各地の霊場といわれる山を巡り、洞窟にこもり、断食や不眠、奇行などただ自分流の行をしたにすぎず、その修行には何一つ儀軌もなく、まして導きとなる教義教典もなかった。富士山麓の人穴にこもったときも、十五センチ四方の角材の上に爪先立ちするという奇行といっていい行であった。一本足の天狗まがいの技は諸国巡歴で鍛え身につけた得意技だったのかもしれない。あるいはあの正体のつかめない役行者が手本で、当人は役行者の再誕を夢見ていたのかもしれない。

角行は富士山の胎内での千日のこもりの修行のなかで、富士山の神の導きによって自らの思想・教義に開眼した。富士の神は角行にとって「仙元大日神」となって現れた。浅間は仙元に転換された。火の神浅間は道教の仙と、ものごとの根元とに転じられ、大日如来は大日如来でありながら天を照らす大日の神、太陽神とされた。富士の神「仙元大日神」は、道教も、中国思想でものごとの根元とし

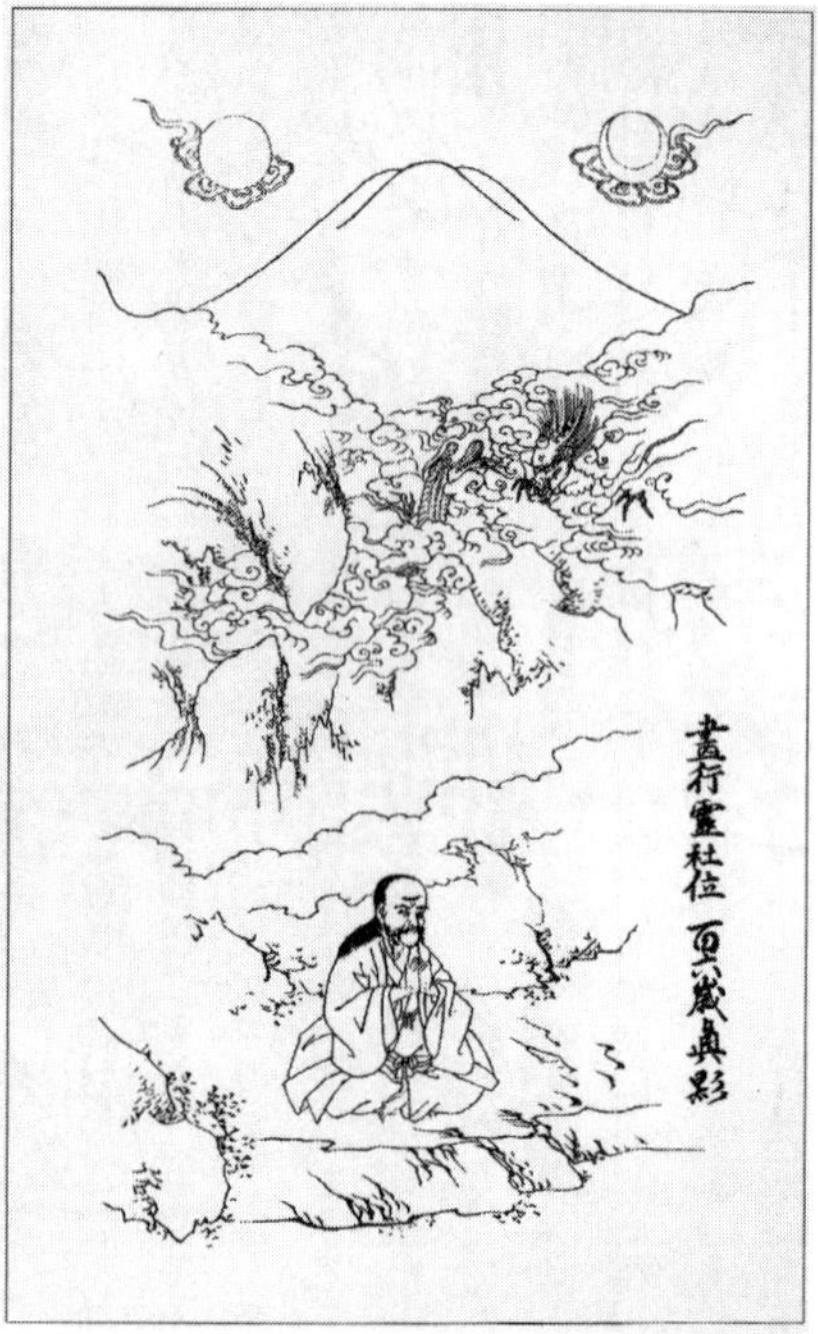

富士信仰の御影、角行藤仏
（出典：前掲『富士山の絵札』）

て重視する五行も融合し、さらに密教も天照大神をも含み込んだ諸神諸仏併合のふしぎな神になった。

富士山は天地開闢《かいびゃく》以来、国立《くにたち》の御柱であり、万物出世の根元である。いまだ万物が生《な》る前に富士が波間に成り出で、天の御中主《みなかぬし》になった。まさに神話にいう「国常立尊」と同体である。富士は木火土金水の五行の神となり、一切万物の生成する根元の神となった、というのである。こういう「仙元大日神」から角行はさらに教義をすすめ、一国の乱れは天子の行いによる、汝に天子の名代を申しつけるので天子に代わって大行を勤め、国の乱れを鎮めよ、とのお告げをいただいたとする。そこから万民救済に向けて特異の実践活動がおこなわれた。上から押しつけられる沈滞と閉塞の時代状況のなか、下積みの庶民階層から生まれた呻き声のような思想であり、実践であった。何かにひたすら耐えながら、世直しに挑もうとするのである。

ここにはもう本来の仏教色はない。それにかわるのは苛々した世直し待望である。弥勒待望である。富士山は末代の開いた富士禅定からも、さらに「富士参詣曼荼羅」に見られる神仏習合世界からも大きく逸れて、教義も実践も何一つ旧来のもの正規正統なものでなく、どんな神仏だろうと庶民に役立ち力添えしてくれる神仏なら何でも取り込んだ神仏世界になった。庶民らしい猥雑ともいえる富士山である。教義とか伝統とかにとらわれず、なりふりかまわず、ただ世直しが期待できればよしとする現世的富士信仰がこうして開かれたのである。

食行身禄から富士講へ

角行の開いた庶民的な富士信仰は富士講として日珏《がん》、旺《がん》心、月珏《がん》へと受けつがれた。月珏のあとは二派に分かれ、一つは月心、その弟子の村上光清へと継がれ、光清によって富士講の組織化がはかられて村上派となって発展した。もう一つは月珏の弟子月行劊仲《そうちゅう》へ、そして劊仲の弟子食行身禄へと受けつがれた。身禄もまた富士講の組織を大きくし、身禄派の祖となった。

食行身禄は本名、伊藤伊兵衛、一六七一年（寛文十一年）、伊勢国の農家に生まれた、とされる。十三歳で江戸に出、呉服雑貨商に奉公。のち独立して油の行商に携り、勤勉倹約に努め、のちには少しく産をなした。行商をしながら十七歳のとき江戸に広まりつつあった角行の富士信仰に入り、そののちは毎年富士登拝を重ねた。富士信仰が行商の支えであった。その間には宝永の大噴火もあり、富士山の火神の畏ろしさを改めて実感もした。一七一七年（享保二年）、四十七歳で師の富士講五世月仲の死にあい、六世行者を継いで、食行身禄を名のった。熱烈な富士信仰を貫き、富士講の組織化と拡大に努め、五十九歳で教義書『一字不説の巻』を著した。翌一七三〇年（享保十五年）、富士山に登拝し、富士の神、仙元大菩薩に直接まみえたとして、八年後、その場所で入定することを決意した。角行同様、エキセントリックな神秘体験であり決断であった。江戸に戻って家産を身内と縁者に整理分配し、さらに決めた年まで油行商に精励しながら、布教と講の組織の拡大に努めた。欲得を捨離した激烈なまでの行業を見て人びとは乞食身禄、油身禄と称した。一七三一年（享保十六年）、六十一歳のとき、江戸巣鴨の自宅前に、身禄（弥勒）の世の到来を告げる高札を掲げ、決意の年の近づいたこと、世直しに尽くすことを世人に知らせた。翌年には、世の救済が緊急だとして入定のときを早めることに決め、一七三三年（享保十八年）、富士山に登拝、中腹の烏帽子岩の上で断食行に入った。そして北口吉田の御師である弟子、田辺十郎右衛門父子に遺教として最後の教えを説いた。「三十一日の巻」である。行に入ったままに一ヵ月余で終息した。即身入定である。齢六十三。

角行は富士山の人穴にこもり、富士の神、仙元大日神のお告げを聞き、人穴の中で入定した。身禄は山中の烏帽子岩の上で仙元大菩薩にまみえ、のちその岩上に坐して入定した。一方は洞穴にこもり、一方は岩上に禅定したままの入定で、ともにそれによって富士の神と一体になって、教えは完成した。身禄は毎年のように富士登拝したが、登拝それ自体が目的ではなかった。富士の神、仙元大菩薩を体感し、それを内面化して実生活の支えとすることが身禄自身の生きる支えであり、教えの眼目であった。富士の神にすがり祈るのではなかった。そこから、富士登拝と祈禱を重視する村上派への批判も生じ、対立も生じることになった。

身禄にとって最も基本の大事なことは日々の生活であった。生活をきっちりと営めばおのずから福はかなえられる。富士の神に祈っても福は得られず、自分を律し自分の生活を改めることで、自分も改善され、世間という「世」も改善されていく。世直りも起こる。生活が乱れしっかりしていなくて世の中がよくなるわけはない、という極めて庶民的な信条が身禄の教えの原点にあった。自分と生活をきっちりととりしきるためには、まず生活態度がしっかりしており生活倫理がまっとうでなければならない、のである。だからその教えは日常道徳に限りなく近づいていく。他人に迷惑をかけず、世の邪魔にならず、日々つつましく充足して生きるにはどうすればいいか。「父母への孝心は、仙元大菩薩様御感応なしたまふひとつ母なり。父母へ孝を尽すこと、これ我を尊むの本なり」とか、「慎しみ日々に三度我が身をかへりみて、ただ正直、慈悲、情け、堪忍、不足、中道、柔和を心がけ、内外洗ひそそぐの二つなり」とか、教えは当時上方ではやっていた石門心学の教えとも似てくる。克苦精励と自律が基本である。

身禄の教えは通俗道徳めいており、正直や慈悲、孝行や堪忍など、下積みの庶民教化のための消極的教えのように見えるが、そんな我慢や勤勉の勧めのなかに前向きに積極的に自分と生活に立ち向かう教えも貫徹されている。これら日常を生きるうえで欠かせない徳目を遵守すれば、自分も周りもしっかりと自立し、安心を得ることができる。そうして地道に歩一歩前に進むことを身禄は「生《うま》れ増《ます》」

と言い、守るべきこと、なすべきことを着実に営めばおのずから「生れ増」して充実していき、それを怠れば「生れ劣」り、自分も生活も世も停滞し、退行していくというのである。「生れ増」によって現実は安定し、かつ未来に向かって向上していく。日々の堅実な営みがそのまま現実を、さらに未来を切り拓いていくのである。

生きることは懈怠なく諸事を勤めることである。「生れ劣」ることがないように日々精進すれば、人も日々も「生れ増」していくだろう。そういう精進をさせるもの、「生れ増」をさせるものは何か。それが富士の神、仙元大菩薩である。仙元大菩薩は人間にとって最も大切な米を授けてくれる神であり、万物を生み出す神、万物の祖神である。米こそ菩薩である。米は水から育ち、日月の恵みと露で生育する菩薩で、その尊い菩薩を日々摂取するわれら人間も体の内に菩薩をもった存在である。自分の内に富士の神、仙元大菩薩が存在する。そのことを身禄は「一仏一体」という。仏教ではそのことを「仏性」という。人の内に、衆生の内には「仏となる性」「仏そのものの性」が内在しているという仏教思想と通じ合う考えである。われら人間は「菩薩」を内在し、ひとりひとりの内に「仏」があると教えるのである。われらは内に「菩薩」をもつゆえに外に向かって菩薩を拝む必要はなく、内なる菩薩「一仏一体」を自覚して、日々の営みをきっちりとおこなうことが生きること、すなわち「生れ増」である、というのである。

仙元大菩薩も未分のとき水から生まれ、万物の祖神になった。それがこの世に示現した姿が富士山である。水神富士山はその表れの一つである。だから富士山に登拝することはすなわち仙元大菩薩の神威、神霊にふれ、それと一体になることである。そのためには内なる「一仏」の汚れを祓い、心身ともに精進潔斎しなければならない。登拝の際の精進だけでなく、日々、内を清め、正直、孝行、慈悲などの諸徳目を守り、家業を怠らず、精進これ努めることが、自分すなわち「一仏」のつとめである。そこに堅実な幸せと未来が約束されるだろう。富士山の威徳を内面化すること、それはまず日々の営みの健常化である。そこに現世の安穏だけでなく、たしかな未来が開けるであろう。世直しがもたらされるであろう。それが身禄の教えの肝要であった。

つつましく生きる庶民層にこの庶民感覚あふれる地道な教えは広く浸透していった。元禄時代の急成長のあと享保に入って世は倹約、質実の時代となった。堅実ではあるが沈滞の気の漂う時代であった。明るい未来が展望できる世情ではなかった。そんなとき、「生れ増」すことで現世を堅実なものとし、かつ未来の展望を予感させてくれる身禄の教えは、その日暮らしの下層社会の人びとに大きな光明、導きになった。宝永の大噴火の記憶はまだ江戸を中心に深く広く残っており、それは元禄の浮わついたムードへの富士の神の怒りとも映り、富士山の威力、こわさを思い知らせてくれるものであった。大噴火のあと富士山の神威はさらに高まった。仙元大菩薩は万物の祖神である慈悲の神であるだけでなく、まちがった人間、邪道をゆく世に鉄槌を下す忿怒《ふんぬ》の神でもあった。富士山仙元大菩薩は邪を正す崇高な神であったと改めて身禄も自覚し、人びとも思い知るところとなった。そんな鉄槌の下った時代、しかも先の見えない沈滞の空気のなかに、身禄（弥勒）は出現したのである。

身禄がすすめる富士講はまたたく間に広がっていった。現実の生活に足をつけた教えは、現実の生活から一日たりとも離れられない庶民の求めるもので、その渇きに応えるものであった。身禄の富士講は村上派富士講を圧倒する広まりを見せたが、しかし世の中は明るくなるきざしを見せなかった。

そこに身禄の捨て身の決意があった。弥勒出世のときをいたずらに待てない。身禄は富士山と一体になって富士山の内から、富士山の化身として生まれ変わるために捨て身の行に入ったのである。身禄は富士山の岩上に死し岩上に出世した。身禄は弥勒となって沈滞と混迷の世の中に出世した。身禄の入定をきっかけに身禄の富士講はさらに力をつけることになった。講も「生れ増」した。

角行から身禄へと富士信仰が展開し、富士講の組織化が進むにつれて、近世での仏教の世俗化、体制化に抗するように、富士信仰から仏教色は薄れていった。信者や登拝者に配られる富士山牛玉でも、山頂を阿弥陀浄土として阿弥陀仏・観音・勢至（ときには薬師）の三尊を描いたものから、近世末ごろには木花咲耶姫命を主神とする三神に変わってしまう。富士山は水神、火神の山から道教の山、蓬萊山はもとより、あれほど全山を覆っていた仏教の山でもなくなって、俗神俗仏を含め、さらに陰陽道、心学、道学などの俗学をも取り込んだ山へと変わっていった。

富士講の成長と富士登山

角行は自分の教えを図と文章とで一枚の紙に書きしるした「御身抜」を数多く残した。それは教えを集約して図示した角行の分身で、角行の信者になったものでなければ解しえない文字もふんだんに使われ、読み方も特殊で秘教の呪符のおもむきさえあった。それを信者は角行の「御身抜」すなわち分身、あるいは角行その人の示現と仰ぎ拝んだ。密教における曼荼羅ともいえる角行富士教の精髄であった。

身禄もまた多くの「御身抜」を残した。教えの根本は、「参明藤開山天徧大䙝《ごうたいそく》妙王日鬼王王万」という一行を中央にして左右に二行ずつを配した「五行御身抜」とよばれるものに集約され、それがこの派の最も重要な本尊ともいうべきものになった。ここでも妖しい造字が多く用いられ、信者以外は読めず、同信者の結束を固める秘密の呪符のように見える。この「五行御身抜」を身禄の分身、身禄の教えの垂迹として信者たちは大切に保持し、行事に際しては講の本尊として祭壇に掛けて礼拝した。富士登拝するときも必ず持参し、山頂に掛けて「拝みの行」をおこなった。角行の講も身禄の講も彼らの死後、これらいかにも秘かな護符を思わせる「御身抜」を本尊として、弟子たちによってより強力に組織化がはかられ、富士講は広まっていった。身禄派に圧倒されたとはいえ村上派にももちろんその教えを保持すべく村上光清が自筆で「神語」を記した独自の「御身抜」がある。これらの「御身抜」が富士講仲間の支えになり、個々の信者の護符になって、富士講は地域ごとに固い結束の輪を殖やしていった。仏教の布教にはなかった新しい布教方法で、教祖の分身を媒介としての信者の輪づくりであった。富士信仰はこうして仏教色をさらに希薄にし、集団による日常の相互助け合い運動の感を呈するに至った。

富士講は地域の結束を固めるだけに、それが拡大し強力になることは為政者にとって不快なことであった。警戒心も生じた。身禄の死後、拡大する富士講に対し町触《まちぶれ》が出される事態になった。たとえば一七七五年（安永四年）には、「修験之袈裟をかけ、錫杖を振り、家々之門に立って、奉加を乞い、病気祈禱をしたり、その他いろいろな場に臨み、いろいろ物乞いなどする輩が町なかをうろついている。今後こういうことは堅く禁ずる。町中残らず知らしめよ」という町触が出された。そして二十年後、一七九五年（寛政七年）には、安永四年に町触を出したが、「近年、富士講と号し、奉納物建立を申し立て、俗にて行衣を着、いらたかの珠数を持ち、家々の門に立ち、祭文を唱え、或いは護符守などを出し、その他安永の際と同様の儀を致す者あり、不埒の至りに候」として、堅くこれらのことを禁じる旨、町触を出した。同様の富士講への町触は一八〇二年（享和二年）、一八一一年（文化八年）、一八四一年（天保十二年）とつづいて出された。江戸の町内には富士講と称して、俗人でありながら行者の体となって布教し、護符を強要するなどの連中が徘徊していたのである。

現今の新興宗教と同じく、富士講はもともと俗人の信仰結社である。聖職とも俗人とも見分けがつかないこういう輩が町内をうろつくこと自体、町の治安上も民情安静のためにもよからぬことで、為政者はやっきになって民心を煽る信者や行者をとりおさえようとする。妖しげな幻術で民心をそそのかしたとして役小角が権力によって排除され、乞食の私度僧行基が妖術で人心をかどわかしたとして断圧されたのと同断である。宗教活動はとかく天下国家の政事や地域の行政の批判になり、政情を喜ばない民衆にとっては彼らの動きは世直し運動と映ることもあった。世直しは為政者、権力者のつねに嫌うものである。

富士講は町触によって布教活動を制せられるほどに目立つ存在になっていたのである。江戸時代後期、内憂外患の世情不穏の時期に、結束が固い富士講の動きは世直し運動へと拡がる危険もあり、幕府にとっても見捨てておけないものになっていた。その動きの根本に、天子の政事を批判し自ら天子を代行しようとする角行の思想、世直しを為政者に代わって計ろうとする身禄の教えがあるだけに、富士講の動向には神経質にならざるをえなかった。

　富士講もまたそういう不安定の世の願望を吸収して、仏教色を払って、富士の神を世直しの弥勒として表に立てて布教し、そこに生きがいとエネルギーを見出そうとした。富士講は下層の庶民たちの静かな世直し運動であり、富士山はそれを見守る神、万物の動きを司る仙元大菩薩で、集団の護符、町内の守護神と期待された。それにつれて富士山は仰ぎ見る山、阿弥陀三尊が来迎する阿弥陀浄土、宇宙を照らす大日如来の世界でなくなり、庶民の心身の依りどころとする身近な山へと日常化されていった。

角行から身禄まで歴代の富士行者の御影
（出典：前掲『富士山の絵札』）

富士山の日常化、通俗化には富士講を支えるもう一つの加勢もあった。各登山口にある宿坊で、そこにあって登拝の先達をつとめる御師たちの活動である。御師たちは宿坊にあるだけでなく、江戸や各地の町場へ出向いて富士へ富士へと誘った。富士講ごとに契約し団体ぐるみ富士山へと斡旋した。ちょうど江戸の町で北斎や広重が「富嶽三十六景」や「名所江戸百景」その他、各種の浮世絵シリーズのなか、いたるところに富士山をあしらって、「江戸の山」として富士山をあおったのと同じ流れである。富士山は江戸の町のあしらいもの、江戸っ子の自慢の山へと通俗化された。同様に、富士信仰もむずかしい教義無用の通俗信仰になっていった。そしてその流れのなかに、富士山をさらに身近に矮小にする動きが生まれた。ミニ富士づくり、富士塚づくりである。

富士塚の第一号は身禄の直弟子、藤四郎によるものとされる。一七七九年（安永八年）、江戸の高田（現、新宿戸塚）の造園師藤四郎が高田の水稲荷社の境内に富士山の形に盛り土し、表層を持ち帰った富士山の溶岩で覆って小さな富士山を造った。富士の溶岩で富士塚を築けば小富士であっても本場同様の神格があるとされた。いわば富士山の勧請である。身禄追善の意を表したものであった。富士塚は一合目から頂上まで本物の富士山にならって造られ、行事も山開きなど本場の富士山に準じてとりおこなわれた。遠路富士山まで行けない者でも、町内の小富士で本場同様の行事をし祈願をすれば富士登拝と同様のご利益が期待できるとあって評判を呼んだ。とくに婦女子に身近なわが町の富士として迎えられた。富士塚が富士講の隆盛をあおり、以後、藤四郎の高田富士にならって、江戸を中心に富士講ごとにミニ富士山が次々と造られた。高田富士の十年後の一七八九年（寛政元年）には江戸千駄谷の鳩森八幡宮の境内に富士塚が造られた。千駄谷富士である。翌年には築地の鉄砲洲稲荷境内に鉄砲洲富士が築かれた。その後も講ごとに競うように、わが町、わが講の小富士が造られ、江戸から広く武蔵国全域へ、相模へ、下総へと広まった。江戸時代後期、幕末までの間に江戸とその周辺だけで四十三基も築かれた。明治に入っても築造はつづき、東京とその市外、埼玉、千葉、神奈川県などで築造年がはっきりしているものだけでも二十三基造られたという。それらのいくつかは国指定、

高田富士山（高田稲荷のうしろ）
（出典：市古夏生／鈴木健一校訂『新訂 江戸名所図会』ちくま学芸文庫、筑摩書房）

都や県、市の指定文化財である。

江戸土産の浮世絵のなかに富士山がいろいろな姿で描かれて人気を呼び、富士山は江戸市民はもちろん江戸周辺の人びとにとっても単なるランドマークにとどまらず、心の支えとして自慢の名物山になっていった。身近なところに造られた小富士も、浮世絵中の富士のように、町や講の自慢の名物になった。角行や身禄の教えを図示した「御身抜」が祖師の分身として大切に拝まれたように、富士山から溶岩や砂礫をいただいて築造された小富士も本物の富士山の「御身抜」であり、分身として崇められ、親しまれた。浮世絵が富士山を通俗化し日常的なものとしたように、いたるところに散在する小富士が富士山を畏敬の山でなく、身近な日常的な山へと変えた。こうして富士山は、神山、蓬莱山、大日如来の山、阿弥陀仏の山という崇拝する山から、身近に接して親しむ山になり、ついには銭湯にまで進出して裸のつき合いをする山になった。富士山は本場、富士塚を問わず、身近になった分だけ、諸宗の世俗化の風潮も手伝って、いろいろな願が掛けられる諸神諸仏一切を併せ集めたご利益神の山になったのである。

近世、全国各地に伊勢講がつくられ、伊勢御師や伊勢太神楽のはたらきかけもあって、伊勢の神が親しいものになると、伊勢の本宮に参ることが生涯の夢になった。お伊勢参りである。同様に、日常に小富士に親しみ富士山が身近になればなるほど、本物の富士山登拝は憧れになった。いつかはあの本場のお山へという願い、夢である。その願いをかなえてくれるのが富士講であり、誘導してくれるのが御師宿と御師たちであった。身禄の教えに忠実に日常の勤めを懈怠なく励行していれば、身禄が富士山へと導いてくれるのである。講は忠実に講に参加し教えを遵守する講員を順番に山頂へと導いた。機会均等の平等世界がここにはあった。仏教の諸宗派が遠忌や法会など折あるごとに本山参りを勧め、門徒壇信徒もそれを生涯の願いとしたように、富士登拝はまさに本山詣でで、富士講員の楽しい夢であった。そういう流れをつくり出したのが富士講、富士塚、そして御師や宿坊という装置だったのである。お山へお山へと人は導かれていく。

富士登山道の神仏曼荼羅

見てきたように近世後期から富士登拝はさらに活況を呈した。「富士山道しるべ」というような案内書が次々とつくられ配られた。それに導かれて、試みに富士山に登拝し、富士山の実景をたどってみることにする。今日の登拝の手引書は、万延元年庚申の富士山御縁年につくられた「富士山道しるべ」を富士吉田市歴史民俗博物館が現代語訳して刊行した『「富士山道しるべ」を歩く』（二〇〇一年）である。それに同じく同館の企画展「富士山明細図」の図録をも併せて参照しながら登山することにする。

富士山北口、吉田口で刊行された道案内のため、吉田口からの登拝である。江戸から上吉田へは、まず鉄砲洲の富士塚に参って日本橋へ出、そこから出発である。麴町、四谷を経て新宿に出、高井戸、布田、府中、日野へと甲州街道を下り、一路、八王子から駒木野、小仏、小原、与瀬、吉野、関野、上野原、鶴川、野田尻、犬目、鳥沢、猿橋、駒橋、大月へ出、ここから甲州道と分かれて吉田への道に入る。分岐点の目じるしは大月宿の三島神社の大欅である。そこから田野倉、谷村、小沼へとたどる。小沼からは暮地を経る道と、明見廻りの道との二つがあり、それらを通って下吉田から「三国第一山」の扁額がかかる銅の鳥居をくぐって上吉田に到着する。上吉田には御師宿が大道の両側に八十六軒もあって賑やかである。吉田で決まりの御師の宿坊に入って、いよいよ先達に導かれての富士登拝である。

まず、大山祇命、木花咲耶姫命、ニニギノミコトの三柱を祭神とする浅間社（北口本宮富士浅間神社）に詣で、浅間神社の地主神、諏訪社（諏訪神社）に祈ってから、浅間神社の西隅にある「三国不二山」の扁額がかかった富士登山門をくぐって諏訪森のなかの登山道を進む。登山門から三百メートル余のところ、諏訪森のなかに大塚山という小丘があり、日本武尊が富士山を遥拝した古跡とされ、日本武尊を祀る石祠がある。

登山道を進むと中の茶屋に出る。そこに江戸の御町内にあるのと同規模の四方を石垣で桝形に囲った冠木門があり、一文字屋和兵衛持ちの茶屋一軒がある。このあたりを遊境といった。幽明の境、幽顕の境で、聖と俗との境界の地という意である。ここから道は分かれ、東へ行けば八海巡りの一つ、泉津湖に行く泉津道、西は胎内くぐりをする吉田胎内への胎内道である。中の茶屋から二百メートル余上がれば姥子坂である。

遊境という三途川を越えたところが奪衣婆（姥子）の居所だろう。ここからは延々と五十キロにわたって原野がつづく。裾野である（いまは入会地で、自衛隊の北富士演習場も含まれる）。そのなかに騮ヶ馬場があり、かつては浅間神社の祭礼の際、ここで流鏑馬をおこなった。騮ヶ馬場から急坂となった山路を進むと一合目である。孝安天皇九十二庚申年六月、富士山が湧出、穀の集まったような形だったので穀衆山と名づけ、山路の距離を測るのに穀を量る桝目をもってする、と語り伝える。およそ一里を一合とする。一合目あたりを鈴原といい、ここが登山道の基点で、ここから頂上までを十合とし、富士山はここから上である。馬も登れない急坂のため馬返ともいった。鈴原には茶屋が四軒あり、茶屋から五百メートル余の先に鈴原大日堂があり、天照大御神を祭神とする（いまは鈴原神社、かつては夏場だけ大日如来像を運び上げて祀っていた）。傍らには神明社もある。少し登ると一合五勺目の鳥居がある。

北口富士浅間神社の「三国第一山」の扁額のかかる鳥居

さらに登ると二合目である。そこには小室浅間社（現在は富士御室浅間神社、本殿は勝山浅間神社に移築された）があり、上の浅間といい、山中で最初に造立された「富士之本社」とされる。小室浅間社の傍らには役行者社があり、少し登ると中が窪んだ大きな石、御室御釜石という石がある。ここから女人の入山は禁止で、吉田村の御師が勤番する登山役所（登山改役所）が設けられていた。役所の少し先には道祖神が小屋の内に祀られていた。そこは金剛杖やお中道巡りの中道杖を売る杖屋である。ここから上がって三合目近くに入山禁止の女人のための遥拝所があり、「女人天上（禅定）」と呼ばれていた。

三合目に至る。道を挟んで茶屋が二軒あり、下向と登りの茶屋である。道の奥に、道了尊、秋葉、飯綱の三社を合祀した三宮社がある。元禄年間、富士行者五世月行劊仲《そうちゅう》がお告げによって造立した三神の銅像があったとされる。

四合目にも茶屋が一軒あり、大黒天を祀っている。四合五勺には大きな巖石の上に御座石浅間社が祀られ、その脇には日本武尊祠がある。現在はなく、不動明王を祀る不動堂だったかもしれないという。

五合目は「天地の境」ともいう。山中の茶屋はここまでは板屋だったが、これより上は風が強いため山をうがって柱を立てたものとなる。稲荷を祀るもの、太神宮を祀るもの、不動を祀るもの、手洗水を売るもの、これら四軒の茶屋がある。役銭をとりしきる中宮役所である。茶屋から三百メートル余の上に藤森（富士寺）稲荷の小祠、大日堂、武田信玄も崇信した中宮浅間社がある。中宮三社である。ここまでは草木もあったが、これより上は焼け石ばかりで寒さも厳しく登山も難行となる。木山と焼山の境である。引き返す人も多く、そのため遥拝所も設けられた。中宮三社の先で道は二手に分かれ、左の道は頂上への本道、右は小御岳社への参道で、そこに小御岳一の鳥居が建っている。そこから先を横吹といい、この鳥居の道を進むと二の鳥居から六の鳥居へとつづき、泉が滝もある。その先、富士山北面の中腹に突き出た峰がある。小御岳山で、その頂きに小御岳社が鎮座する（現在、ここは富士スバルラインの終点である)。そしてこの横吹から小御岳への道をぐるりと富士の中腹を一周するのがお中道で、それを巡るのがお中道巡りの行《ぎょう》である。中道巡りの起点は不浄ヶ岳で、そこから東に向かって一周して小御岳を経て下山するのが吉田口からのコースであった。

小御岳道とはちがう頂上への道をたどり、しばらくして二手に分かれる道を左にとると、経ヶ岳である。経ヶ岳は日蓮が法華経を埋納したことによる名で、日蓮が百日間参籠した行場はその少し上の姥が懐という洞穴である。この五合五勺あたりは「砂振《すなぶるい》」といわれる砂礫ばかりの下山道である。砂振の少し上方には大岩を背にした小屋があり、穴小屋といわれる。穴小屋には小屋の本尊、不動明王が安置されている。後年はこの穴小屋が中道巡りの起点とされた。

六合目は休むところがなく、六合五勺に茶屋が六軒ある。このあたりを鎌岩といい、江戸時代末期にはときに煙が立つことがあったという。お中道は古くは鎌岩の岩稜を起点としていたともいう。七合目への登山道はますます険しくなり、七合目の標示の鳥居が建ち、小屋が一軒あった。七合三勺には小屋が一カ所あり、聖徳太子像が祀られていた。このあたりを駒が嶽という。聖徳太子が馬に乗って富士山に上ったという伝説による名である。太子を祀る室の左上方、七合五勺には亀岩という大露岩があり、八大龍王が祀られている。亀岩の少し上に身禄が入定した烏帽子岩がある。富士講の信徒・講員たちの聖地で、烏帽子岩の傍らには身禄殿という小堂がある。七合五勺には太子堂もあった。

八合目は吉田口からと須走口からとの登山道が一つになるところで「大行合」と呼ばれ、甲斐と駿河の国の境でもある。ここから上は駿河国の本宮富士浅間社の神域である。またここはご来光を迎える場所でもある。茶屋は吉田口に五軒、須走口に二軒、いちばん上の小屋には「汗かき地蔵」が祀られており、その下の小屋には「大日の懸鏡」が安置され、他に「釈迦如来像」も安置されていた。

九合目には小屋が一つあり、向薬師（迎薬師、手引薬師とも）が安置されている（現在は薬師を久須志と変えて迎久須志神社となっている）。向薬師の下方には三つのコブをもった岩があり、日の御子岩ともいわれ、この岩に朝の日が射すとき阿弥陀三尊の影が映ることがあるとされた。この日の御子から上が胸突きといわれ、難所中の難所である。胸突八丁の場である。急傾斜の道の崩落を防ぐために石を積み上げ、まるで石の梯子である。そのため御橋ともいわれ、このあたりを鳥居御橋と呼んだ。

いよいよ頂上である。頂上の周囲はおよそ一里（約四キロ）。中央の火口池、いわゆる「お鉢」「内院」を険しい峰々が囲む。「内院」とは弥勒菩薩の浄土兜率天《とそつてん》の内院で、富士山は弥勒浄土とも見なされたための名である。内院を囲む峰を八葉の蓮華に見立て、一の嶽を地蔵、二の嶽を阿弥陀、三の嶽を観音、四の嶽を釈迦、五の嶽を弥勒、六の嶽を薬師、七の嶽を文殊、八の嶽を大日として、仏教曼荼羅の地上への顕現、立体曼荼羅と見た。吉田口から登拝した場合の頂上は薬師ヶ岳である。ここには薬師如来を祀る薬師堂がある。頂上では内院を一周するお鉢巡りをするが、薬師ヶ岳から左に巡るのが正式とされた。薬師堂から「初打場所」（初穂打場）に出、浅間大菩薩への賽銭を内院に向かって投げる。内院の南岸には獅子がうずくまる形の大岩、獅子岩がある。都良香がうずくまる虎のようだと書いた虎石である。虎石のところに鳥居がある。御来光を拝む影拝所である。日の出はまさに大日如来の出現、阿弥陀仏の来迎で、それを拝むことは富士登拝の最も大事な願いであり目的であった。さらに左に進めば「法華塔」という小塔がある。「題目銅塔」ともいう。日蓮登拝にちなんで建立されたものである。

頂上の大日社
（出典：『富士山明細図』富士吉田市歴史民俗博物館）

つづく峰は十一面観音鉄像と大日如来像を祀る観音ヶ岳で、そこを過ぎると勢至が窪。お鉢巡りの難所である。勢至が窪の先は東の賽《さい》の河原と呼ばれ、衆生救済の地蔵が祀られていた。ここは天上界で神々が集まったところ、東安河原《やすのかわら》とも呼ばれ、その先には須山口からの頂上、須山拝所の鳥居が立ち、そこから内院を拝した。拝所から左へ進むと銀名水という井戸のような湧水がある。このあたりは浅間岳とも呼ばれる。銀名水から左方の峰に登る階段を「八ツ子の階子」といい、登ったところは聖徳太子の富士登頂伝説の駒ヶ岳で、傍らには黒駒に乗った太子を祀る銅馬堂がある。

駒ヶ岳を左へ下りたところは表大日堂、すなわち富士山本宮浅間社の奥宮である。ここは表口の大宮口と村山口からの登山道の頂上、大日岳で、末代上人が大日堂（大日寺）を建立したところとされる。ここを表大日というのは、北側の吉田口からの頂上を裏薬師と呼ぶのに対照させたためである。大日堂内には役行者の像、神変大菩薩と不動尊石像が鎮座する。大日堂の参拝のあと西へ進むと山上が岳である。その先には大宮口からの登山者の拝所がある。浅間大菩薩の坐す内院の拝所で、阿弥陀三尊のご来迎を拝するところでもあった。拝所の先には溜り水にコノシロという魚が棲むとされる「コノシロが池」があり、無明橋という橋が掛かっている。橋を渡ると阿弥陀が原で、池の左の峰は文殊が岳である。

内院に向かって急傾斜した険呑な道をたどると、八葉中の最高峰、剣が峰に至る。剣が峰を下りたところが西の賽の河原、西安河原である。ここから道は二つに分かれる。馬背山を右へ行く外浜道と馬背山を左に見て行く内浜道である。外浜道を行けば阿弥陀が窪、雷岩を経て釈迦が岳に至る。釈迦が岳の外側は現在「大沢崩れ」といわれるすさまじい崩落の谷である。内浜道をとれば釈迦が岳を経ずに金名水に至る。釈迦が岳には釈迦の割石という高さ一丈ほどの切り立った大岩がある。釈迦の割石の間をすり抜けて少し下ると、金名水である。金名水は銀名水とともに富士山中の霊水である。「御山水」とも呼ばれ、富士講の行者は御身抜を書くのにこの霊水を用いたといわれる。金名水を最後の巡拝所としてお鉢巡りは完了し、そこから出発点の薬師が岳の裏薬師へ出て、下山となった。

以上、江戸時代末期の「富士山道しるべ」と「富士山明細図」に導かれて富士登拝を終えた。上吉田の北口本宮浅間社を出発して富士山の起点、鈴原から最終拝所金水名まで、その間、一合目から頂上まで、登山道にはおびただしい神仏の社や祠や堂があり、尊像が安置されていた。鈴原の大日堂、神明社、浅間社、日本武尊像（社）、木花咲耶姫命像、役行者社、道祖神、道了尊、秋葉神、飯綱神、弁財天、大黒天、阿弥陀仏、観音、勢至、不動明王、稲荷社、太神宮、日蓮大菩薩、聖徳太子堂、身禄殿、釈迦如来、地藏菩薩、薬師如来、天照大御神など、この国のありとあらゆる諸神諸仏が道々に配され、行者はそれらを拝み、かつそれらに見守られて登山した。頂上にはまた地藏、阿弥陀、観音、勢至、釈迦、弥勒、薬師、文殊、大日と名づけられた峰々がそれら諸仏として示現しており、それら諸仏を祀る堂や祠が内院を巡ってひしめいていた。火口は最も崇高な聖所とされ、弥勒菩薩の兜率天浄土とされ、頂上は大日如来のご来光、阿弥陀三尊のご来迎を拝する至高の霊域であった。

富士山は山麓から頂上まで、日本人がかつて頼りとし信仰してきた神や仏がびっしりと集まった山になった。日本の神仏のパンテオンの観を呈した。熊野大峯吉野修験では抖擻《とそう》する山々峰々がすべて如来や菩薩、明王や神々の示現とされ、諸仏諸神を山々峰々に包容した立体両界曼荼羅とされた。山々を抖擻することは両界曼荼羅に入ること、諸仏諸神とじかに向き合う行《ぎょう》であった。富士山も同様である。登山の道々に仏教の諸仏諸菩薩や明王があり、日本古来の神や神話の尊《みこと》が立ち、実在の祖師や教祖があり、全山がさながら日本の神仏の総曼荼羅の感があった。富士山に登拝することは道々これらの諸仏諸神と向かい合い、それらと結縁《けちえん》することであった。それら富士曼荼羅の神々や祖師や諸仏にふれて自らよみがえるだけでなく、曼荼羅から力づけやご利益をいただくのが登拝であった。描かれた富士曼荼羅を拝むのではなく、登拝は富士曼荼羅中の人となって富士曼荼羅界を体験することである。それは自らのみそぎ行《ぎょう》であり蘇生行《ぎょう》であり、自分直し、世直しの行ともなった。富士山は一合目から頂上まで庶民の願いがつくり上げた神仏パンテオン、立体の富士曼荼羅であった。

富士山に登拝した者は富士山の護符をいただいて帰った。富士山に登らない者も講や御師から御影や牛玉《ごおう》をいただいた。富士山信仰のシンボルである御影や牛玉などの絵札も、富士登山道にあふれる神仏の多様多彩さ同様、実に多様多彩である。いろいろな神仏が描かれた牛玉や御影からも富士山がいかに多くの神仏のあふれ返る曼荼羅であるかがわかる。一九九六年、富士吉田市歴史民俗博物館の展示「富士山の絵札——牛玉と御影を中心に」からもそのことが読み取れる。

富士山の牛玉には、阿弥陀三尊を描くもの、大日如来を描くもの、木花咲耶姫命を主神とするもの、庚申の猿を配するもの、日月神を配するもの、富士山三国第一山と書くもの、富士嶽石尊大権現と書くものなどがあり、雑多といっていいほどの多様さである。ただし浅間大菩薩とか浅間大明神と大書

富士山登拝の記念、牛玉宝印と富士山牛玉
（出典：前掲『富士山の絵札』）

するものは見られない。畏怖すべき火の神浅間よりも、現世利益に応えてくれる諸神諸仏混淆の富士神が庶民の求めるものであった。富士牛玉はそれを映して多彩になった。

富士山の御影も牛玉に準じて多彩で、富士庚申年に出されたらしい日月と猿と五穀をあしらった「庚申大神」を大書するもの、天照大御神以下、神話の諸神を配するもの、猿田彦大神を中央にしてその上に本朝安産大祖木花咲耶姫命と天孫ニニギノミコトを戴くもの、木花咲耶姫命を中央に大山祇とニニギノミコトを配するもの、木花咲耶姫命を中央にその下に角行・身禄を配するもの、開運大黒天や日神之尊を主尊とするもの、富士山の上に三尊九尊を戴くもの、役行者や日蓮、角行藤仏や食行身禄、仙行仲月などの富士行者を描くものなど、富士の御影もこれまたとりどりである。御影にはさすがに浅間大菩薩、富士浅間大神、富士浅間宮を中心に大書したものも多い。

富士山では牛玉も御影も雑多である。雑多ということは信者も雑多であり、信仰も多様ということである。牛玉も御影も信者の願いを反映しており、その多様多彩さがすなわち富士山の顔である。本質である。諸仏諸神ひしめく富士山パンテオンがそのまま多彩な牛玉となり御影となった。ここに庶民のなかに浸透した近世の富士山のありのままの姿がある。仏教のものものしい曼荼羅ではなく、俗神俗仏も俗信も呑み込み、聖俗・清濁併せ呑むのが富士曼荼羅である。富士山はいかめしい山ではなくなった。卑俗になったが、庶民のための庶民の山になったのである。

第5章　定型富士山づくり

かな文化のつくる富士山

「抑《そもそも》富士峯の秀麗たる、本朝に古今賞するのみにあらず、異国の史籍にも又詳也。（略）実に三国第一山といいはんに恥べからず。其神秀たる面向不背にして、児女といへども、其名を知り、見ずして其形を知るは此山のみ」（百井塘雨「笈埃随筆」）

いま小さな子どもたちに富士山の絵や写真を見せ、何て山？と尋ねると、ほぼ全員が富士山だと答える。また、富士山を描いて、と言えば、見たことがなくても、たいていの子どもは末広がりの三角形の山を描く。しかもそれはほとんどみな頂上が三つに分かれた山、「三つ峯型」の富士山だろう。「笈埃随筆」が言うように、近世すでに富士山は幼童も知る山になっていた。たぶんいまと同じように、近世の幼童も三つ峯型の富士山を描いただろう。富士山は実際に見る者は限られており、古くからたいていはイメージを通して人びとに浸透してきた。富士山はイメージの山であり、イメージを共有することで親しまれ、ときには江戸の山、日本の山とされてきたのである。イメージによって富士山は地域の、あるいは日本の共有シンボルになり、遺産になったたし、またイメージによって富士山はいろいろな思想や情念を託され、日本の神山、地域の霊山へと育てられた。富士山はイメージ、表象によっていろいろにつくられた山であった。

イメージをつくるもの、イメージを浸透させるものは、多くの場合、文芸や絵画である。自分の思想や感情を、あるいは国や地域の思惑を富士山に託し、ことばやイメージ、図像で表現するとき、富士山は自然の山であることから離れ、別の山へと変わった。日本きっての高峰富士には、古来、甘えるようにとりどりの思いや想念が託されてきた。そしてそのことばや映像イメージが人びとの共感を得、共有のものになったとき、ことばやイメージで描かれたものが富士山像として定着した。ステレオタイプ富士である。

文学、ことばがどういう富士山のステレオタイプをつくり上げたか、その典型を見てみよう。『万葉集』時代につくられた富士山像は、富士山が見える地域で詠まれた巻十一、十四の民謡風の素朴な歌は別にして、中央の官人、山部赤人と高橋虫麻呂の長歌、反歌で代表することができる。それは周知の「神さびて高く貴き」山、「日の本《もと》の大和の国の鎮」として「います神」「宝ともなれる山」という富士山像である。要は「高く貴い山、大和の国の鎮めの神」である。そういう富士山を荘厳するのは燃え上がる火ではなく、六月十五日に消えればその夜にはまた降るとされる「雪」である。「ま白に」降りつづける雪、純白こそ神にふさわしい。神とは清明正直なものである。真白な雪は景物として眺められるのではなく、清明を本質とする神の表象として強調されたのである。真白は純粋清潔のしるし、純粋清潔は神のしるしである。真白な富士山は神そのものである、「白雪」は「高く貴い」聖山、富士山の表象であるとするのである。以後、真白い雪で荘厳された富士山像が、富士を見たことのない人びとにも浸透していった。それがまず日本人の富士山像のベースになった。しかし、この真白な近寄りがたい聖なる山、富士山像も、もちろん底辺にそのイメージを残しながら、平安時代に入ると急速に変わっていった。その変わりはてた姿を「百人一首」や『新古今集』に見ることができる。「田子の浦ゆうち出でて見ればま白にぞ富士の高嶺に雪は降りける」から「田子の浦にうち出て見ればしろたへのふじのたかねに雪はふりつつ」への改変である。降りつづける雪が山を荘厳するのではなく、書き割りのように白く塗られた富士山になり、神さびた姿はしのびようもなく、雪は単なる冬の景物になり、歌も雪に重点がかかった景物歌になった。「雪はふりつつ」などと改変した藤原清輔のころ、平安時代半ば以降、富士山から聖性がうすれていくのである。

これだけでなく、万葉時代の富士山像は平安時代に入ってさらに変わった。都びとは実景や生な自然物、鄙《ひな》のありさまなどを見ようとせず、都にだけあって、都ぶり、都風であることに専念した。「宮《みや》び」たこと、「都《みやこ》び」たこと、すなわち「みやび」だけが規範になり、歌うものも、ことも、表現するものも、「みやび」でなければならなかった。身辺から「みやび」なことの他はつとめて排除され、そういう都中心の見方、感性だけが推奨されるなか、富士山像も万葉時代のすがすがしさ、神性を忘れ、絵空事のような「みやび」富士へと縮小されていった。

大きく富士山像が変わるきっかけは、平安時代初期、富士山周辺はもちろん、宮廷や都をも震撼させた大噴火である。八〇〇年から八〇二年にかけての延暦の噴火と、八六四年の貞観の噴火である。真白な高貴な姿でゆるぎなく国を見守っていた富士山が烈火のごとく怒り、溶岩で湖を埋め人家を焼き、田畑を埋め尽くした。真白な鎮めの聖山、清浄な水をもたらしてくれる慈母のような水神の山から、火の神へ、慈悲相から忿怒相へと、富士のイメージは変わった。雪の富士山像はうすれていった。

二度の大噴火のあと、富士の火山活動は沈静化し、頂上から雲にたなびく噴煙を出すにとどまった。富士山は山中深くに燃える火を抱きながら、炎はめったに見せることなく、煙をくすぶり出すだけの山容になった。体内に清浄な水を蔵していた富士山から体内深く燃える火を抱える富士山へと変わった。富士山を実見する機会もなく、また見ようともしなかった都びとたちは、怒りの富士を忘れ、それ以前の真白な富士も火によって消し、安堵の思いで、くすぶりつづける富士を思い描いた。国の鎮めとか宝という聖なる山というイメージは富士山から消えていった。富士は公の山ではなくなり、燃ゆる火、燃ゆる思ひ（火）をくすぶらせるだけの山になった。私ごとの情念の山への変容である。

ちょうど貞観の噴火以降は唐風文化から国風文化、都文化への切り替えの時期であった。公の世界の文字、公用語である真名《まな》（漢字）のかたわらにあって、私の世界の文字、非公用語とされていた仮名《かな》（かな）が、宮廷での私的世界、後宮が政治体制に大きな意味をもつようになるのと歩調を合わせて、クローズアップされてくる。いわゆるかな文字の公認で、それによって漢字を凌いでかな文化が一斉に花開いた。文化全体の公世界から私世界への傾斜である。そういう風潮につれて、都びとの富士山イメージも変質した。公の山から私ごとの山へ、国の鎮めの山、崇高な山から私の思ひ（火）を託す山へと矮小化された。たとえば最初の勅撰和歌集『古今集』では、

人知れぬおもひをつねにするがなるふじの山こそわが身なりけれ

と詠まれる。秘めたる「思ひ」を「つねにする」ことが「駿《する》河」の「富士」の「つねに」燃ゆる「火」に託され、聖なる高峰富士山が小さな「わが身」とされるのである。山頂から火を噴く山など見たこともない都びとには富士の大噴火は強烈なおどろきだっただろう。山頂から立ちのぼる煙から山中深くこめられた「火」の大きさ、烈しさを想像し、そこに「わが身」の悶々たる思「ひ」を託すのである。

君といへば見まれ見ずまれ富士の嶺のめづらしげなくもゆる我がこひ
富士の嶺のならぬ思ひにもえばもえ神だにけたぬむなし煙を

『古今集』では富士山はすべて「思ひ」を秘めて煙をくすぼらせる「火」の山である。世をおどろかせる大噴火ではなく、私の内にくすぶる小さな「おもひ（火）」である。富士山はこのように日本の山から私事の山へ、大噴火からくすぶる山へと極端に縮小された。『古今集』は国風文化を宣揚し、倭国の歌、和歌の復権を宣言した日本の文芸思想上、最も重要な和歌集である。都びとの季節や人事などを見る見方と作法を示し、国風文化、みやび文化のサンプルを示した歌集である。『古今集』のモデル化した見方、感じ方、詠み方が、以後、和歌の規範になり、さらには都でのくらしの作法になった。『古今集』の影響は甚大で、そこに詠まれた富士の歌によって富士山のイメージも決まった。「思ひ（火）の山」「煙をくすぶらせる山」というステレオタイプである。そのステレオタイプが以後延々と踏襲されていく。その若干の例。

胸に富士袖は清見が関なれやけぶりも波もたたぬ日ぞなき（『後撰集』）
恋をのみつねにするがの山なればふじのねにのみなかぬ日はなし（『後撰集』）
ちはやぶる神もおもひのあればこそとし経てふじの山ももゆらめ（『拾遺集』）
としをへてもゆてふふじの山よりもあはぬおもひは我ぞまされる（『詞花集』）
ふじの嶺の煙もなほぞ立ちのぼるうへなきものはおもひなりけり（『新古今集』）

恋の思ひの他にも、平安末期から鎌倉初期になると、

世の中をこころたかくもいとふかな富士の煙を身の思ひにて（『新古今集』）
風になびく富士の煙の空にきえて行くへもしらぬわが思ひかな（『新古今集』）

高い志や深い思いを富士の煙にたとえて恋とはちがう「思ひ」が詠まれるが、それでも「煙立つ山」「思ひ（火）の山」のステレオタイプのゆらぐことはなかった。

都びとの「みやび」富士

平安時代は矮小化され、陳腐にされるなど、富士山の受難期であった。「みやび」とは何か、それに答え、みやびの生き方や作法を身をもって表現し、みやびをモデル化した『伊勢物語』でも、いかにも都びとが想い描くみやびな富士山である。「むかし、男」は都を離れてはるばる東国へ向かった。途中、五月末というのに雪をかぶった富士山を見た。

時しらぬ山は富士の嶺いつとてか鹿《か》の子まだらに雪の降るらむ

万葉の時代からあまり時を経ていないせいか、「富士の嶺に降り置きし雪は六月の十五日に消ぬればその夜降りけり」という記憶をとどめて、万葉同様、雪の富士である。しかし万葉の称えた「神さび」た高貴さは全く見ず、富士山を「比叡の山を二十ばかり重ねあげた」高さと都びとらしく喩えて面白がるだけである。都の文物、都の尺度でものごとを見、矮小にするのが都のならわし、みやびで、『伊勢物語』は万葉の富士が都びとの富士へと変わっていく過渡期の富士、かろうじて雪をとどめた富士であった。

『竹取物語』の富士山も、天女の舞うはるかな仙境という古い富士イメージを揺曳させながらも、やはり煙の富士で、過渡期というよりもほぼ都風の富士山である。上述のように平安時代に入ると「思ひの富士」として富士は私的情緒の世界に引きずり込まれてしまったが、さらに平安時代半ば、宮廷みやび文化の全盛期になると、矮小化を超えて富士山は存在そのものも都びとから薄れていく。『枕草子』第十段「山は……」では、都びとの好みの山、古歌や民謡、説話などで親しまれた山を、山城、大和から奥州、北陸、筑紫へと列挙していく。小倉山、鹿背山、御笠山、三輪山、手向山、末の松山、……など、十七の山が挙がるなかに富士山はない。高峰も秀峰も霊山もなく、都好みの小さい山々ばかりである。高貴で峻険な富士山は近寄りがたく、洗練と上品を競う都びとの好みには合わないのである。心の中の小富士は受容できても、大きな姿で聳立する現実の富士山は受け容れられなかった。『源氏物語』でも富士山はあわれである。光源氏が都の北山の景をめでると、「人の国」には富士山など都周辺の山とはちがう山がある、と従者が言う（「若紫」の巻）。都以外は「人の国」、よその国と蔑む都びとの感覚である。都びとには、富士は遠いよその国、東国の山という認識でしかなかった。『源氏物語』ではもう一カ所「鈴虫」の巻に、開眼供養会で香炉からのぼる煙を富士の煙になぞらえるところがある。都文化の全盛期、鄙は視野から遠ざけられ、実在する富士山もうすれ、小さなステレオタイプ富士がかろうじて「思ひ」のなかにゆらぐだけになった。

富士山が実在する山として実感をこめて眺め詠まれるようになるのは、平安時代末期、西行が「風になびく……」という実景歌を詠んだころから、鎌倉時代初めである。

道すがらふじのけぶりも分かざりきはるるまもなき空のけしきに

『新古今集』にある源頼朝の歌である。やはりけぶりの富士だが、それでも富士実見の者の目は、西行歌と同様、たしかにある。しかし依然としてどちらにも、「風になびく」煙といい、「わが思ひ」といい、「ふじのけぶり」といい、富士の定型イメージは強いたがになっている。万葉調の実感あふれる歌もときに見られる源実朝にして、

ふじの嶺のけぶりも空に立つものをなどか思ひの下に燃ゆらむ

と全くステレオタイプの歌を詠みもする。「見わたせば雲居はるかに雪白しふじの高嶺のあけぼのの空」と、題詠でありながら、雪の富士で遠く万葉とつながる歌を詠むことはあっても、やはりみやび富士の定型の拘束力は強かった。

後鳥羽院は勅願寺最勝四天王院を建立し、障子をすべて名所絵とその和歌とで飾った。春日野以下、日本各地から選ばれた四十六の名所には『枕草子』の目とちがい、富士山が入っている。都と鎌倉との往還が頻繁になり、都びとにも富士山が身近になったせいもあるだろう。四十六の名所絵に当代の代表的歌人十人がそれぞれ歌を詠んだ。詠進された歌は合わせて四百六十首、そのなかから四十六の名所ごとに一首が選ばれ、絵を飾った。後鳥羽院のこの壮麗な試みには、鎌倉幕府に対抗して、和歌と大和絵とによって名所を統合し、日本を統一しようとする願いがこめられていた。幕府という粗野な鄙を見下して、これこそ都のみやび心によって統合された日本である、と誇示するもので、鎌倉へ

の挑発でもあった。そういう意図のなかに富士山は復活したのである。つまり、小さな私的世界でなく、日本国という目、公の世界という考えのなかでこそ富士山は場所を得るのである。名所富士山に対して詠進された十名の歌から。

富士の山おなじ雪げの雲間より裾野を分けて夕立ぞする　後鳥羽院
富士の嶺の雪よりおろす山おろしに五月も知らぬ浮島が原　藤原家隆
時知らぬ山とは聞きてふりぬれどまたこそかかる嶺の白雪　藤原雅経

おそらく障子絵が白雪をいただく富士山の夏の景色だったのだろう。一首（けぶりの富士）を除き九首は雪、そして「時知らぬ」という『万葉集』にみえた表現も数首にあり、けぶりの富士ではなく、国の鎮めの富士、かわらぬ白雪の清浄な富士という古いイメージが、後鳥羽院の秘められた願いを察してか、少しくたゆたっている。しかし十首ともに富士山の実景とは無縁で、宮廷でのみやび遊びが想い描いた定型的なみやび富士である。こういう現実、現状へのはたらきかけをこめた歌の場でも、都びとは実景とか実感という粗野なことには目もくれず、みやびの富士づくりに徹したのである。『新古今集』以降も陸続と勅撰集は編まれつづけるが、ときには富士山の実景と思わせる歌があっても、主流はステレオタイプ富士の踏襲であった。明治時代、短歌の新風が試みられるまでその姿勢は変わらなかった。かな文字によっては、ついに富士山は実景を、ごくわずかの例外はあるにしろ、現すことはなかった。かな文字、かな文化圏では『万葉集』に見られた公の富士、崇高な国の鎮めの富士を表現しえなかったし、表現しようともしなかった。かな文字で表現しようとし、しうる富士は、あくまで都びとの想中の富士、私情の富士、みやびの富士でしかなかった。都の周辺の山々を見る目でしか富士山を見ようとしなかったし、見えもしなかった。捉えることもできなかった。都びとは富士山の高貴な壮大さを知らなかったし、そういう勇壮な姿をみやびに求めようともしなかった。富士山にはかな文字は似合わないのである。

真名（漢字）が捉える富士山

鎌倉時代後期には連歌が流行《はや》りに流行り、南北朝の争乱期には合戦の合い間にも侍たちは連歌に興じた。桜の花咲く社寺の境内などでは付句を賭ける花下連歌も大いにおこなわれた。本物の連歌師、にわか連歌師が京鎌倉の往還をはじめ各地を徘徊した。そんな騒々しい時世、鎌倉・京都の五山の禅僧たちも多く旅に出た。旅では名所に接して詩を詠んだ。たとえば五山の詩のなかから。

行路富士山虎関師練
数日行程長似ㇾ随
近無二必大一遠彌巍
山山雖三暫作二遮隔一

過了顧看一翠微

辛亥之秋余居二駿州一与二富峯一

密邇偶作二一偈一虎関師練

（一）

昔日仰望難レ及間

今朝廻顧屋頭山

不下将二遠近一改中吾眼上

頂上雪花旧玉鬟

（二）

蒼青色可レ異凡岑

砂礫燼余丹艧深

新雪此秋未二全覆一

夕陽交射紫麻金

虎関は駿河に逗留して親しく富士に接しただけでなく、富士登山も試みた。

登二富士山一（一）　虎関師練

太易未レ形占二艮宮一
劫灰散後積塵豊
看来大地恰如レ粟
除二却須彌一別有レ峯
雪貫二四時一磨二壁玉一
嶽分二八葉一削二芙蓉一
至高本是無二隣近一
走獣飛禽自絶レ蹤

登二富士山一（二）

二日行レ林少二日穿一
一朝寸草不レ生レ巓
帯レ雲衆嶺同二滄海一
歩レ月吾人上二碧天一
大宝当レ中焼列レ岸
小池微底凍無レ漣
暫時欲レ送登望眼
凜々寒風先聳レ肩

草もない砂礫を登っていけば、頂上は凍りついた小池を巡って八葉蓮華の嶺となっており、禽獣も見えず、寒風の吹きすさぶばかり。虎関（一三四六年寂）は東福寺、南禅寺などに歴住し、後醍醐天皇や後村上天皇の信頼も受けていた学僧である。禅僧には富士山の峻烈な姿にひかれるものがあらしく、また富士登山はやはり禅定と見えたのかもしれない。

富士登頂を志したがはたせなかった僧もあった。虎関よりわずか後輩のこれまた高僧、義堂周信（一三八八年寂）である。夢窓国師の法嗣。建仁寺、南禅寺に歴住。

富山千仭雪峻嶒
幾度思レ登病未レ能
送レ汝錫飛三伏裏
帰来分レ我一壺氷

かつて東福寺に住し、のち還俗して美濃国に在った万里集九は、太田道灌に招かれて江戸に赴いた。道中初めて富士山を見、その感動を詠んだ。

御方原（三方原）望二富士一
天辺万仭似レ看レ形
高呼二奇々一卸レ笠行

猶秘㆓士峯真面目㆒
乱雲送処未㆓分明㆒

天のかなたに富士の形がちらりと見える。笠を擲《なげう》って叫ぶ。しかし富士は雲に覆われて姿を見せてくれない。決して面白い詩ではないが定型にとらわれていないところが快い。総じて禅僧の漢詩は、かな文字による富士山とちがい、旧来の富士山の知識を知りながらも、各自自在である。

豊臣秀吉の朝鮮侵略出兵は七年を費しながら戦果はなく、両国に多大の疲弊を積もらせるばかりで、和平工作が幾度もはかられ、和平交渉に朝鮮から高僧松雲大師が派遣されてきた。

是山耶又是雲耶
亘㆓由旬㆒天一涯
老眼分明看不㆑得
峯頭似㆓霧中花㆒

富士山と題しての松雲大師の詠である。夕方実景に接しての実感だろう。雲中に見えるか見えないかの富士が見るがままに詠まれている。江戸開府以降は朝鮮から使節が江戸にやってくる。道中、富士を見ての詩も多い。そのなかの一例。通議大夫鄭山鄭岦立の寛永元年の「題富士山」。

瀛海東頭第一峯
亭々玉立鎮二鴻濛一
半天不レ霽千年雪
大地長鳴万壑風
稜気遥撑二南斗外一
寒光直射二比溟中一
若為二羽化一凌二高頂一
故国山河眠底窮

漢詩特有の大仰な表現ながら富士の雄大さが、たとえ挨拶の意を含むとしても、日本人の詩よりもすっきりと詠まれている。こういう通信使らを通して富士山は外国にも知られる山になった。

日本でも中世から都と東国との往来が増え、とくに近世に入ると参勤交代制によって江戸への旅が急増し、武士層に富士山を見る機会が多くなった。都から江戸に下り幕府四代にわたる将軍に仕えた朱子学者にして御用学者林羅山もたびたび江戸と都を往還した。編著『丙辰紀行』に東海道筋の名所を詠んだ漢詩をまとめ、自作の富士山の詩も含めて従来の富士山の漢詩も編んだ。自作「富士山」。

一山高出衆峯巓
炎裏雪氷雲上烟

太古若同二仁者楽一
蓬萊何必覓二神仙一

朝鮮通信使とちがい、こちらは火を秘めた煙、神仙の栖む蓬萊山など、旧来の富士山イメージのままである。儒者であると同時に仏者であり、とくにすぐれた古典学者だったため、富士を実際間近に見ながら、定型の富士から離れることができなかったのだろう。都びと羅山に都のステレオタイプはしみ込んでいた。

大坂の陣での失敗で洛北に凹凸窠を構えて隠遁した同時代の気骨ある武人文人、石川丈山の富士を詠んだ詩も人のよく知るところである。

仙客遊盤雲外巓
神竜栖老洞中淵
雪如二紈素一煙如レ柄
白扇倒懸東海天

これも羅山同様、仙境富士、神竜の栖む富士、煙の富士など、旧来のイメージを引きずったままである。ただ一つ富士に典型イメージをつけ加えたのは、白雪を扇の白い絹、煙を柄に見立て、白扇が東海の空にさかさまに懸かっているとみたところである。たわいない見立てながら、一つのアイディアとして富士の一つのイメージをつくった。ただし、当時、煙が立ちのぼっていたかは怪しく、実見の機会はあったはずだが、それよりも定型イメージの方を詩作のうえでは重視した。丈山もまた旧来のステレオタイプから逸脱することはできなかった。それほど深く日本人に富士山の定型イメージは浸透していたのである。

とはいえ、かな文字がつくる富士イメージにくらべれば、五山禅僧の詩、異国の人の詩、武人文人の詩にそれぞれちがいはあっても、漢詩がつくる富士山像は、平安時代以降、柔らかく、かつ矮小化された富士にはない硬さがあり、毅然とした大きさはあった。万葉時代の「神さびた」「高く貴い」「国の鎮め」という崇高さ壮麗さはないにしても、平安初期の『竹取物語』や「冨士山記」にあった神仙の栖む仙境富士、聖なる蓬萊山という富士イメージは復活してきた。かな文字にくらべやはり漢字は生硬で、中国の文字ゆえに中国の思想を喚起しやすく、富士山はそれによって優柔だった山容から少しくきりりと引き締まった姿をとることになった。『伊勢物語』や歴代和歌群がつくり上げた都風の富士山でない富士山を、漢字の積み重ねでつくろうとする試みもあった。かなでない溶岩のように堅い漢字を積み上げて富士山を造るのである。『伊勢物語』で比叡山を二十ほど積み上げた山というイメージにくらべ、同じ遊び感覚によるものでも富士山の山容は堅く端正である。

題富士山　菅玄同

峯下簾珠

峯池竹影染誰

峯頂烟籠千古青拾
峯雲直欲レ繞二蓬丘一日紺得
峯秀山円冠二本州一秋鉤遊
峯腰雪積万今玉仙
峯外桂光垂見
峯天盛世

作者の菅玄同（得庵）は京の人で藤原惺窩の門下。羅山や丈山と同門。描かれた富士山は、頂上にある仙人の住まいの珠簾といい、頂上の池を巡る竹といい、平安時代初期の都良香の「冨士山記」に基づくもので、やはり都の文人にしみ込んだ富士山像を踏襲するものである。見どころはただ一つ。峯々をのせた急峻な左右の山容と平坦にした頂上を遊び感覚で漢字を積み重ねてつくり上げたところだけである。意味するところは旧来の富士イメージのままにしろ、固い漢字の累積があたかも溶岩の累積する富士山の見立てになった。後来の富士塚の文字による先駆である。

上方の文人たちは、近世になって富士山を実見する機会があったにもかかわらず、先の数例の漢詩からも伺えるように、富士山の見方は旧来の定型を逸れることはなかった。都の漢字による富士表現は古来の伝承を重視し、たいていは仙境富士だった。平安時代以来喜ばれた富士観は、都にあることを誇りとする都びとから、漢字表現であっても抜け落ちることはなかった。

このように漢字による特有の富士ステレオタイプは固まらなかったが、しかし漢字がもつ視覚的効果から、かなにはない表現で富士山を新しく形容することはできた。それが近世中後期にかけて富士山に新しい姿を徐々に付与していくことになった。漢字によって富士山はどのように形容されたか。高巓、秀峰、芙蓉峰、霊峰、神州第一巓、雪嶽、名峰、雲外巓、絶巓、神竜、蓬莱、仙巓、……などである。こういう勇壮な表現が積み重ねられていくにつれて、富士山も優雅なかな文字型富士からしだいに男々しい富士へとイメージを変えていった。硬い漢字表現にはそれにふさわしい硬い思想が託された。かな文字のつくり上げた私的な富士イメージは漢字にふさわしくなく、外に向かって肩肘張った富士イメージこそがふさわしい。江戸の地にあっては江戸時代後期、国学の盛り上がりにつれ、陽明学の隆盛につれ、また異国の圧迫を感じるにつれ、富士山は硬い漢字の装いのもとに、遠く古代のイメージ、神州日本の鎮め、三国第一霊峰というイメージへと固められていった。上方にあっても内憂外患の時代となれば富士山を雲外の蓬莱山とか桃源と見て悠然と遊ぶわけにもいかなくなり、古代還りして大和の鎮めの神峰へとイメージを固めていった。漢字による富士イメージづくり、ステレオタイプづくりはすっきりとした像を結ばなかったが、時代の騒然たる空気のなか、かなの軟弱なイメージを振り切って、生硬だが男々しいイメージへと収斂していった。幕末期、国学者などもかなによる新しい富士像を求めており、そこでも古代還りの富士イメージがつくられていた。両者が志向するところは同根で、風雲急をつげるなかで硬派の富士像へと結ばれていった。国粋主義的な富士山像、三国第一霊峰というステレオタイプへ向かっての収斂であった。

三つ峯型富士の形成

文字表現だけでなく絵画でも富士山は古くから延々と、しかも多様多彩に描かれてきた。そして多様な表現のなかにおのずと富士山の定型、ステレオタイプがつくられてきた。「児女といへども……見ずして其形を知る」のは、とりわけ絵に描かれた定型富士のせいであった。富士山の絵画は、定型富士づくりという観点から見た場合、大きく分けて三つの流れがあった。一つは宗教信仰の面から富士山を描く流れである。二つめは、かな文学から特有の富士ステレオタイプが形成されたように、文学作品に描かれた富士の絵画化とそれによる室内装飾絵画の流れである。三つめは景観・景物を描くことを主題とする絵画、とくに実景画から導かれる富士山絵画の流れである。この三つの絵画の流れのなかで、富士山はそれぞれに固有の定型、ステレオタイプをつくり上げられた。幸い成瀬不二雄『富士山の絵画史』という几帳面な労作がある。それを参考に富士のステレオタイプ形成のあとをたどることにする。

宗教・信仰の立場では富士山はどのように描かれ、そこからどういう富士定型がつくられたか。絵画に富士山が現れるのは「聖徳太子絵伝」（現存最古の作品は一〇六九年のもの）からという。聖徳太子が黒駒に乗って富士山に登る場面である。富士山に白雪はほとんどなく、山肌は緑に覆われ、急勾配の山容で、いま富士山の定型とされる姿とは全く異なったものである。聖徳太子の富士登山の説話は、太子を釈尊と見立て、釈尊が出家したとき愛馬カンタカに乗って雪山に登った伝説にならったものである。富士山は雪山の見立てにふさわしかった。しかし絵伝では雪山の神々しさはない。ただ中国では青緑色の山は神仙が集う霊山とされ、ここに描かれた緑の山も仙境を表わすものかもしれないという。富士山は古来、仙境や蓬萊山とされてきたが、青緑色の山に描かれることはほとんどなかった。そのためそういう富士、つまり青緑色に覆われた急峻な霊山という型が定着することはなかった。神仙思想は想念のなかにはあっても、日本では宗教や信仰運動にはならず、近世中期の池大雅や明治時代の富岡鉄斎など、ごく稀にしか絵に描かれることもなかった。

ついで宗教画で富士山が描かれるのは「一遍聖絵」「遊行上人縁起絵」など、一遍の絵伝においてである。そこでは富士山は白雪に覆われ、山頂は三つに分かれ、急な勾配の山容で描かれており、富士山の定型、つまり白雪をいただき、山頂は三つに分かれた峯、とするスタイルである。しかし同じ「一遍上人絵伝」でも富士山は全く同じ姿ではなく、山頂、傾斜度などにゆらぎがあり、一定ではない。富士山の定型形成の過渡期といえる。

富士山が三つ峯という定型に落ち着くのは、鎌倉時代の生成期を経て、室町時代になってからと考えられる。富士山の頂上は実際には三つに分かれていない。それを三つの峯として強調して表現したのは室町期の「富士参詣曼荼羅」(富士山本宮浅間大社蔵、第4章参照)である。これは富士山信仰で最も重要な絵画である。そこでは山頂ははっきりと三つに分けて描かれ、それぞれに仏如来が配され描かれている。三つの峯は、諸説があって一定しないが、中央が阿弥陀如来、右が大日如来、左が薬師如来とされている。あるいは阿弥陀三尊像かもしれないし、頂上に胎蔵曼荼羅の中台八葉院を描いた

「富士参詣曼荼羅」もあり、大日如来を中心とする三尊であるかもしれない。

富士山は中世、仏教思想そのものの表象とされ、富士山自体が諸仏諸菩薩の蝟集する曼荼羅と見られた。ちょうど大峯山中がそのまま両界曼荼羅とされ、山々をそのまま諸仏諸菩薩の化現とする立体曼荼羅と考えて、そこを抖擻《とそう》することがそのまま仏道修行とされたように、富士山も仏たちの構成する立体曼荼羅とされ、富士登山がそのまま仏道修行とされるようになった。富士登山すなわち富士禅定である。寺院の最も重要な本堂に三尊像が安置され、仏画でも三尊像が多く描かれるように、仏教で三尊形式はきわめて重視されてきた。仏教の教えを示す基本型ともされてきた。富士山が仏の山、仏教思想そのものを具現する山とされ、禅定の道場として定着したとき、富士山の山容もそれに合わせて三尊形式で定着した。三つに分かれた峯は三尊である。三つ峯型富士山は仏教思想に裏打ちされて三尊仏として定着したのである。

室町時代後半の富士禅定の広まりが三つ峯型富士の定着と広まりをさらに促進し、近世に入って富士信仰が世俗化するまでに流行すると、三尊形式の富士山の画像、つまり富士のお札や護符はさらに一般に浸透していった。もはやそこに三尊仏などが託されていることなど詮索することもなくなり、三つ峯の山が富士山の定型、ステレオタイプとして富士信仰圏を中心に拡大していった。のちには三つ峯は木花咲耶姫とその父大山祇神、浅間菩薩と見なされるなど、信仰形態に応じて神仏混淆、とりどりに見なされて、ますます庶民化され、信仰を離れた場でも、富士山は三つ峯の山として定着していった。私たちに最もなじみがある富士山の定型、富士を見たこともない「児女も」描く富士山の型、三つ峯型富士という定型は、このように富士山をとりまく信仰、富士山に託された仏教思想、神仏観を背景に、古く鎌倉時代から形成されはじめ、室町時代から江戸時代にかけて、さまざまな富士山信仰の広まりにつれて、ゆるぎないものとして定着したのである。信仰を核とし、神仏を託されたものだけに、その定型の根づきは深く、現代に至るまで、もともと託された意味など雲散霧消したあとも、その富士ステレオタイプは持続しえたのである。

文学からつくられる富士の定型画

宗教・信仰がつくり上げた富士山の定型は強靱であり奥が深かった。では、文学作品からどんな富士山の姿が導き出され、どのように絵画化されたか。文学作品の絵は必ずしも絹紙に描かれるとは限らず、平安時代からずっと室内装飾として、インテリアにも描かれてきた。障子（襖）絵、屏風絵として文学作品の場面や和歌とその名所絵が描かれ、室内を飾った。室内は文学や教養、作法を身につける児女の教育や躾の空間でもあった。そういう文学空間のなかにどんな富士山の姿がつくられ、定着していったか。

古代の室内空間の様子は、どんな建具で、どんな装飾があったか、具体的にはわからない。絵画も仏寺を飾る仏画の他は中国から将来された絵か、中国の題材による唐絵しかなかったともいう。九世紀半ば、いわゆる六歌仙の時代以降、唐風文化を凌駕する勢いで国風文化が宮廷を中心に進展するにつれて、漢詩にかわって和歌が表現の主流になり、それと併行して、和歌に詠まれる景物や題材が絵に描かれるようになった。唐絵にかわる倭（大和）絵である。

宮廷内も貴族の邸宅も寝殿造で、室内の間仕切りは大小とりどりの障子（襖）や屏風、衝立によった。室内は行事や使用目的ごとに、それにふさわしい絵や和歌の描かれた屏風や障子でしつらえられた。それら調度に描かれる絵は、和歌にならって、四季（季節）絵、月次（十二ヵ月の行事）絵、名所（多くは歌枕）絵であった。先に和歌があってそれに絵が付けられる場合、絵が先にあってそれに和歌が色紙のように貼りつけられる場合など、屏風や襖、衝立の制作方法や用途や目的によってとりどりである。たとえば十世紀のはじめごろの代表的歌人紀貫之の歌集に当時の屏風や障子の様子をうかがうことができる。

「貫之集」では冒頭からずっと屏風歌がつづく。まず「延喜五年二月　いづみの大将四十賀屏風のうた、仰せごとにてこれをたてまつる」と詞書のある歌である。祝いごとのために新調する屏風に歌の制作を命じられたのである。ついで「延喜六年、月次の屏風八帖」のための四十五首がつづく。「一月子《ね》の日あそぶ家」「二月初午稲荷詣でしたる所」というふうに月次の行事絵がある屏風に、それぞれ書き込んだ歌である。名所絵屏風では「鶴」「田子の浦」「逢坂山」「かめ山」「白浜」「室生」「松が崎」「秋嵯峨野」「宇治の網代」「かへの社」「梅の原」「吉野山」がそれぞれ十二ヵ月に配されるというものもあり、それに歌が付けられた。祝賀のためにつくられる月次屏風が多く、「若菜つめる所」「人の家に桜の多く咲ける所」「桃の花女どもの折る所」「人舟に乗りて藤花みたる所」……のように十二ヵ月に沿ってほぼ同じ絵柄が描かれる。こんな絵とそれに和した歌が描かれた屏風が、行事に応じて室内を飾ったのである。

「貫之集」は総歌数九百十三首、うち贈答の他人の歌が二十九首入っているので、貫之の作は八百八十四首である。そのうち屏風歌は五百四十五首を占める（他も多くは詠進歌である）。歌人の仕事は宮廷や貴族の行事に応じて歌を詠進して室内装飾に協力することで、どんな注文にも応えうるのが専門歌人であった。平安王朝期の室内はこういう絵と歌が描かれた調度でしつらえられていたのである。つまり、中国でいう詩・書・画を国風に変え、和歌、それを能筆が書いた書、それに絵、という歌・書・絵の空間であった。

これだけおびただしい屏風絵、障子絵が制作されたにもかかわらず、「貫之集」には富士山の歌は一首もない。「田子の浦」の絵に付けられた歌も「吹く風にあかず思ひて浦なみのかずにぞ君が年をよせける」と、左大臣の北の方への賀歌で、絵に富士山が描かれていた様子はない。富士山は少しあとの『枕草子』の「山は……」の段からも漏れているように、都びとには身近なものではなく、平安の貴族社会の邸宅内には入ってこなかった。長い王朝時代にあって屏風に富士山が描かれたのは記録に残るものではただ一つ、藤原伊尹の邸宅の名所絵屏風だけという。『続千載和歌集』に収められた一首に付された詞書「くれの春ふじの山近き所に人の家侍り」という絵である。歌は「草ふかみまだきつけたる蚊遣火《かやりび》とみゆるはふじの煙なりけり」である。富士の煙と蚊遣り火の煙が同類とされるほど矮小化された富士山でしかなかった。歌枕としても富士山はさして都ではなじみある山ではなかった。

室内におびただしく描かれた名所絵・月次絵に富士山は見られなかった。富士山は名所としては貴族社会で認められず、ただ『伊勢物語』の一場面の景物としてだけ受け入れられた。『古今集』と並んで『伊勢物語』を都風、みやびの生き方の指南とする貴族社会では、富士山といえば『伊勢物語』東下り、という連想である。「伊勢物語絵」の遺品は少ないが、鎌倉時代に描かれた「伊勢物語絵巻」では富士山は、「比叡の山を二十ばかり重ねあげた」という原文の喩えどおり、若緑一色の山肌に点々と濃い緑を配し、頂上近くかすかに白を見せる。物語の場面を知らなければとても富士山とは見えない。都で高い山の一つ、比叡山からつくり上げるしかない、いかにも都びとならではの小さなやさしい富士山である。人を峻拒して鋭角に聳え立つ山容ではなく、まるくおだやかなみやびの富士山である。『竹取物語』が絵にされるときも同様で、とてもはるかな仙境という山容ではなく、優しい富士で、富士山が画の中心に聳えることはなかった。

『伊勢物語』が都びとの、そして都に憧れる人たちの「みやび」に生きる規範だとされるかぎり、「伊勢物語絵」は時代を超えて描きつがれていく。もちろん都においてである。なかでも「業平東下り」の場面はよく描かれるシーンの一つであった。いろいろな東下り絵が描かれたが、いかにも都らしい富士山が描かれたのは、色彩鮮かなみやびな大和絵が歓迎された時代、安土桃山時代から江戸時代初頭にかけてであった。その典型が伝俵屋宗達作「業平東下り図」である。前景の騎馬の貴公子と徒歩の従者が、画面いっぱいに描かれた富士山を眺めている図である。富士山頂は三つ峯でなくまるみをおび、中腹まで白雪に覆われ、山裾は緑である。左右の傾斜も弓なりでなく、なだらかでふんわりと柔和な山肌である。「なりは塩尻のやう」と『伊勢物語』が喩えるとおり、白い塩が上からおのずから降り積もったさまである。きびしさ、鋭さ、冷たさなどは全くなく、白もほのぼのと明るく優しい白で、美しい置物のような富士である。富士は実際に在る山ではなく、まるで歌合せのときに中に置かれる洲浜のつくり物のようで、絵全体が室内を飾る屏風、あるいは盆景である。しかもこの絵には「不二の山を見れば、さ月のつごもりに、雪いとしろうふれり、時しらぬ山はふじのねいつとてか　かのこまだらに雪のふるらむ」という原文が、能筆の烏丸資慶によってちらし書きされている。歌と書と絵、詩書画そろった屏風の伝統、みやびな室内づくりの伝統がしっかり踏襲されているのである。都での富士イメージはそうたやすくは変わらなかった。

伝俵屋宗達筆「業平東下り図」概略参考図

宗達でそれまでの都富士の集約のように典型を示されたみやびな富士山像はその後も都の富士の基本型となっていく。いかにも都びとによる都風のみやび絵である琳派はもちろん、大和絵の伝統を引く土佐派もこの柔和で優雅な富士型を描きつづけ、写実を重んじた円山派、四条派ですら、形態こそ狩野派の富士や実景を写した富士に歩み寄るものの、富士山のかもし出す気は優しく柔らかい。都文化にあっては富士山は実在の山として親しむものではなく、基本は『伊勢物語』という「物語」のなかの山として眺め楽しむものだったのである。「吉野はどこにあるか、われ知らず」と中世末期の都の連歌師がうそぶき、実地の景よりも物語や伝承のなかの景をこそ大事にした伝統は生きているのである。それが文学作品からつくられた富士山の定型で、そのステレオタイプは、都が憧れの対象であるかぎり、漆器や陶器、染織や装飾品、さらには建具など、あらゆるところに姿を見せた。文学からつくられた富士山像はみやびなくらしに不可欠なものとして、室内のしつらいや身の周りの器物に取り入れられて、いまもそんな優雅な富士山が流通しているのである。

三つ峯富士が信仰という真面目なところを背景として形成されたのに対し、みやび富士は実在よりもバーチャルなものをよしとする遊びごころから形成された。そしてずっと遊び空間にあって遊びを演出しつづけてもきたのである。遊びとは現実を離れ、別乾坤に入ることである。別乾坤をつくるのは遊びごころ、デザインごころ、風流心である。文学の心をもとにつくられる富士は実在性を問わない風流なバーチャルな富士、すなわちみやび富士に結晶した。

『伊勢物語』を中心とする物語とは別に、羽衣伝説に基づく能や、歌舞伎などの芸能からも富士山はつくられたが、これらも物語からの富士同様に、実在の富士に近づくことなく、天女の舞いを引き立たせるみやびの富士であり、お軽勘平やお石小浪の道行きを明るく飾る優雅な富士であった。バーチャルなものが文学や芸能の世界ではよりリアルとされ、それを楽しむことがその世界に入ることにほかならなかった。そのことがみやび遊び、みやびごころであった。

真面目ごころのつくる「探幽富士」

絵画のつくる三つめの富士のステレオタイプは自然の景観、とくに実景を描くのを重視する絵画から生まれてくる。鎌倉時代になって絵画の鑑賞方法も少しく多様になった。中国から唐絵がもたらされ、武家や禅寺で珍重されるようになった。絵は軸装という新しい形式のもので、画題も自然の景観、すなわち山水が多かった。鎌倉五山や京都五山をはじめとする禅宗の隆盛にあわせて、それら舶来の画も大いにもてはやされ、寺院や住空間での絵画の展示場所も工夫された。押板である。押板はさらに室町時代、床（の間）へと発展した。

住空間の変容も絵画の享受を盛んにした。書院造の形成、定着によって空間は襖や板戸などで小空間に分節された。そのため絵画が描かれる襖、板戸、絵が掛けられる書院座敷の床などが急増し、旧来の屏風などの建具と合わせ、室内に絵画があふれた。画題は宮廷や貴族の邸宅などでは旧来の踏襲だったが、禅宗寺院や新興武家たちの居館では山水を中心とする中国画と、それを見ならう和製山水画が多かった。もちろん絵巻や画巻なども前代から引きつがれたが、その分野でものちの雪舟の「山水図巻」のように、自然の景観をテーマとするものが要求されるようになった。

鎌倉時代から室町時代はじめにかけて、どういう絵画が室内を飾っていたか。舶来の絵画や禅画が多かったが、室内のしつらいの様子ははっきりとわからない。室町時代以降、足利義満が設けた会所という接客施設では襖絵や掛け軸画が多く用いられただろうし、書院造の初期文化を演出した足利義政の東山山荘では、会所や書院の部屋ごとに襖絵に工夫がこらされ、床飾りの演出に意を用いた。室内は絵画を中心として書や器物を楽しむ場、立花や連歌などの諸芸を鑑賞・演出する空間になったのである。

足利義政の東山文化時代は、中国からの帰国画僧雪舟の活躍する時期でもあった。雪舟の中国風の山水画はもてはやされ、都から山口などの地方へ拡がり、関東へも雪舟の流派は拡がった。大きな禅宗寺院や大名たちはこぞって画家・画僧を抱え、寺院や武家の居宅に禅味ある山水画が浸透し、室内は掛け軸画や襖絵によるギャラリーになった。しかしそんなおびただしい画廊のなかに富士山画があったかどうか、いまに遺品は伝わらない。

富士山が室内に入ってくるのは江戸時代になってからである。戦国時代から江戸時代への過渡期、派手な障壁画が武家の大邸宅や寺院を飾った。そこには讃岐の金刀比羅宮に遺された「富士に杉図」という豪華な屛風のような作品があったかもしれないが、他に富士山図の遺品はない。江戸時代、参勤交代制によって大名たちが東海道、中山道をはじめ五街道を往来し、富士山はたちまちその実際の晴れ姿を知られることになった。文人や画人も江戸へと往来した。将軍や大名も前代につづき画人たちを抱え、居宅を飾らせた。そんなお抱え画人の筆頭に徳川幕府の御用絵師狩野探幽がいた。この御用絵師の描く富士山がもう一つの富士定型、ステレオタイプの基本になるのである。

探幽は徳川家康から四代にわたって幕府に仕え、江戸城や二条城などの障壁画をはじめ、将軍家・幕府関係の施設すべての内装を担当し、その権威づけによって、探幽を中心とする狩野家の絵画の様

狩野探幽筆『富士山図』静岡県立美術館蔵

式、技法は江戸時代の支配的様式になった。ちょうど林羅山の朱子学が幕府の御用学になって一世を風靡し特権視されたのと同じである。探幽は京・江戸間を往還すること二十数回、その間、富士山を念入りに写生した。江戸時代後期、司馬江漢が「探幽富士の画多し、少しも富士に似ず」と酷評することはあっても、江戸時代を通じて、探幽と言えば富士山を思い浮かべ、富士山の絵と言えば探幽とされるほどであった。

探幽の富士図は、さすが写生を繰り返しただけに旧来の富士図とは全くちがったものになった。山の傾斜は実景に近いし、三保松原とか清見寺など周辺の景物の位置や様子も見たとおりに近く描かれている。ただしそれでも富士の山頂だけは旧来の定型、三つ峯のステレオタイプのままである。写生ではいくつもの凹凸に描いているにもかかわらずである。この探幽の最も典型的な富士山図、三つ峯の山頂をもつ富士山を上に、下方の左右に清見寺と三保松原を従えた三点セットの構図の富士図は以後、さまざまに細部を変えアイディアを盛り込みながらも、本道のように多く踏襲され、富士山を描く定型になった。現実の富士山鑑賞の定型ともなった。富士を高く聳え立たせ、下方に山々や半島や岬、海浜や海をはべらせる三尊像形式の構図が、絵画はもちろん、のちのちの写真や絵ハガキの定型になったのである。その原点になったのが、旧来の定型にも忠実、実景にも忠実という御用絵師探幽の富士山図であった。何ごとにも忠誠忠実で破綻を見せないことは抱えられたものの守り通さなければならない姿勢である。

探幽は自らつくった定型を描きつづけた。なぜ性懲りもなく定型富士を描きつづけるのか。幕府御用絵師、徳川家お抱え絵師の幕府と徳川家への讃歌と追従である。幕府は富士山を西の神とし、西方の守護神とした。徳川氏、とくに家康は駿河国を本拠とした。富士山は駿河国に鎮座する神山である。群山を周囲にしたがえ、左右に景勝をはべらせた富士山は徳川氏そのものの表象である。それを三尊形式で描いた探幽式富士図はまさに徳川氏と幕府の表象であった。徳川氏の御用達絵師は富士山を全国に聳え立つ徳川氏の家紋とし、三尊形式の富士を定型として全国に浸透させることで徳川氏の威光を徹底させようと尽くしたのである。下方に山々をしたがえた端正な富士図は徳川氏による泰平の治世の表象であったし、国の鎮め、天下の鎮めのシンボルであった。徳川氏のシンボル・護り神としての富士を描きつづけることは御用絵師の大切な役割だったのである。

江戸時代を通じてもちろん狩野派はこの定型に忠実であったし、江戸琳派を除いては江戸の画人画師たちは、時代が下るにつれて富士山の勾配が急になったり頂上の三つ峯がくずれたりすることはあっても、おおむねこの定型に準じて富士を描いた。将軍お膝元の威力もあって、探幽富士は江戸時代、とくに江戸に浸透し、富士山の見方、画き方を決定づけた。代々つづく狩野派富士はさらに端正に形づくられ、ちょうど朱子学が武士の学とされ漢詩文が武士のたしなみとされたように、江戸に居住す

司馬江漢筆『駿河湾富士遠望図』静岡県立美術館蔵

る武士の富士として定着した。探幽富士は、漢学のもつ硬さ、端正さに通じ、武士の要求される姿勢、スタイルにも通じるものがあった。面白くもないが破綻のない真面目な型どおりの富士である。ちなみに江戸町人・庶民の富士は探幽富士に基づきながら突然変異のように成形された浮世（絵）富士である。

定型になった探幽富士に抗したのは先に名の出た司馬江漢である。新しい学、蘭学に関心をもち西洋画を学んだ江漢は、探幽富士を真景ならず、として洋風画によって真景富士に挑んだ。富士山を清見寺の方から、薩陀山から、駿河湾から、鎌倉七里が浜から、房総からなどと、多方面から数多く写生し、真景に迫ろうとした。たしかに探幽富士にくらべて実景の感はある。三つ峯富士の定型に縛られず、遠景の富士山と中景・近景の山々や海浜などの景物との大小やバランスも実際に近く見える。実物の写し絵に見える。しかし、探幽富士同様、生気がないのである。絵の巧拙の問題ではない。定型どおりの絵がもつ面白味のなさである。江漢は探幽の定型には従わなかったが、遠近法や構図の取り方など、西洋風景画の定型を見よう見まねで取り込むのに急であった。新しいはずの遠近法は、結局、探幽富士の三点セットの構図に準じるものになってしまい、探幽の超克を叫びながら、その掌中から脱れ出ることはできなかった。探幽富士の呪縛力は強く根深く、江戸に、とくに武士としてあるかぎりは容易に脱することはできなかった、武士階級の強いられる生真面目さ、漢字文化から求められる謹厳実直さなども、その呪縛力をより強くさせた。

江戸の武士階層文化には遊びごころが乏しいのである。御用絵師探幽と狩野派の遊びのなさはその典型である。探幽は実景の写生を重視し、探幽を批判した江漢も写生を第一義とした。実景から出発しながら、ともに型にとらわれ、生気のない絵に落ち着いた。一方は生真面目な探幽型富士をつくり、一方はその亜流富士に落ち着いた。ともに遊びがないのである。生真面目な杓子定規な写実とか写生とかと、遊びは相容れない。生真面目さから導かれるのは人を教導すること、人の規範、手本になろうとすることである。一方は狩野派として江戸時代の画壇を主導する画派として君臨し、一方は洋風画のリーダーたらんとした。そういう教化とか教導の姿勢から、押し付け型のもの、型どおりのものは生まれても、生気あるものは生まれない。指導し領導しようとするものはつねに破綻のない端正さをこころがけ、逸脱や遊びを封じる。真面目な絵、型どおりの絵、無難な絵がそこに定着し、踏襲されていくことになる。当然、富士山を見る見方が固定し、端正でゆれのない富士山がそれ以後、国学の流行や外圧による国粋主義の擡頭によって、さらに端正に、秀麗に、型どおりのものになっていく。絵に描いたような富士山の出現である。実景に基づきながら、理念によってつくり出した定型で、その路線上にあるかぎり、富士の絵も一応の安定を得たし、富士山の見方も常識として容認された。この堅固な路線、三つ峯と三尊形式の探幽富士を土台に、風景画の作法に則った江漢の洋風写生富士を加味してさらに進められたところに、後世の「絵ハガキ富士」というもう一つの富士の定型ができ上がるだろう。

宗教や信仰から生まれた「三つ峯富士」、文学とくにかな文字文学からつくられたバーチャルな「みやび富士」、漢字文化を土台に実景の写生から生み出された「探幽富士」とその末裔の「絵ハガキ富士」、これら三つが富士山に抱く私たちの共通イメージである。一つは信仰心から生まれ、一つは遊び心からでき、一つは真面目心からつくられた。富士山はずっとこれら三つの心からつくられた三つのステレオタイプで見つめられてきた。そしてこの三つの定型が私たちの富士観の土台を形成してきたのである。

定型から解放されてものごとに接すること、ステレオタイプなしにものごとを見、考えることは容易なことではない。ものごとを見、考えるとき私たちは不知不識のうちにそれらに縛られている。私たちは長い歴史を通じてずっと富士山をこういう定型、ステレオタイプで見てきた。定型に安心して富士山に接してきた。それが富士山とのつき合いであった。定型なしにものをあるがままに見ることができるか。定型なしに富士山を見ることができるか。自然環境、文化環境ともにいま富士山は危機状態にある。そういうとき、私たちが培ってきた旧来の富士の定型をその土台から認識し、そのうえでいまの世代にふさわしい新しい富士山像をつくらなければならない。定型を知ったうえで定型に縛られない目で富士山に接するとき、富士山は本来の新鮮な山容を開示するかもしれない。

第6章　聖富士・俗富士

実景から真景へ

一七六〇年（宝暦十年）、池大雅は友人の高芙蓉（画家）、韓天寿（書家）の三人で京都を出発、富士山に登頂した。その足で信州の浅間山に登り、さらに北陸の白山にも登って帰ってきた。三山を巡る長途の旅であった。大雅はその登山体験を貼付の「三岳紀行図屛風」と「浅間山真景図」に残した。三岳とは三名山といわれていた白山・立山・富嶽で、浅間山を含めていずれも神山とされ、あつい信仰の山々である。

大雅は『近世畸人伝』に伝えられるとおり実によく旅に出た。富士山にも三回登山したとされる。日本の画人に親しまれた中国の画家董其昌の『画禅室随筆』にあることば、「万巻の書を読み、万里の路を行く」という画人の心得を実践したのである。旅に出、山水にふれ、それを親しく写生したが、写生がそのまま絵になることはなかった。門弟野呂介石が「真を描けば風韻うすし」という大雅のことばを伝えている（成瀬不二雄『富士山の絵画史』）ように、実景を見たままに描いた絵には生気が乏しいというのである。大雅は万里の路を行くことをこころがけ、つねに実景にふれながら、それを眼中に納め、胸中に貯えた。そして読みつづける万巻の書とふれ合わせて、内部で発酵し、熟成するのを待った。

大雅は多くの真景図でつねに新軌軸をみせ、名所図でも従来の見方にとらわれない新鮮さを示したが、富士山を多く描きながら富士図にはそのような大胆な新しさはない。登頂しながらも頂上は「夏雲霊峰図」のように定型どおりの三つ峯だし、富士山の山容そのものに特別の魅力もない。それよりも富士の画では、一月から十二月まで月々の風物と営みの移りゆきのなかに浮かび上がる富士を捉えた「富士十二景図」にみるように、富士山をとりまく風光に大雅らしい瑞々しさがある。富士山をとりまくものの営み、富士山を荘厳する周囲の景物、そしてそういう景物のなかに自らをおいて、その景物と融け合って富士山を眺める視線、それが大雅の富士図である。大雅はつねに富士を個、孤として見ず、とりまくもののなかに富士をおいて眺め、その全体の営みのなかに富士を描こうとした。山水画を見ることは、その画中の人になることである。山水画を描くことはその山水のなかに自らをおくことでもある。大雅は十二カ月の自然の変化と人の営みの推移のなかに富士を眺め、自分をおいて、いかにもその月ならではの富士を描いた。「十便十宜画冊」で十の便利な住まいのありよう、理想の住環境を描いたように、ここでは十二カ月それぞれに最もふさわしい富士を実際の体験をもとに描いた。実見した実景が胸中で理想の景へと発酵していくのである。

大雅は真景図を多く描いたが、それは単なる写生画、実景の写しではなかった。実景を眺める自分をつねに意識し、実景のなかに自分をおいて、実景と虚心に向かい合った。そういう実際の景色、自然との向き合いから自然の気や姿が深く体内にしみ透り、読書によって貯えられた豊かな想念とじっくりと作用し合って、時間をかけてたしかなイメージを結んでくる。胸中に山水が醸成されてくるのである。それが大雅のいう「真景」である。実際の景、見たままの景色ではなく、見たまま、感じたままの実景がいったん内部に貯えられ、内部の豊かな想念とふれ合ってアマルガムになったものが、本当の実景、すなわち「真景」であった。真景は外部にあるのではなく、胸中山水として内部にあった。

真景はつねに清新な実景から生まれた。大雅は旅にあって実景の山水を見、その気にふれ、気を深く内部にしみ込ませた。万里の路を行くとは汲めども尽きない千変万化の山水の気を吸収し体得することであった。大雅にとって信仰の山三山に登ること、富士に登ることは、信心からではなかった。神体とも見える清浄な山にじかにふれることで聖なる気を内部深く吸収することであった。

大雅に富士山の頂上、噴火口の様子を俯瞰した図がある。絵画というよりも富士登山のための道案内であり、身につけた護符とも見える。「十二景図」などでは裾野から、ときには遠方から、その場に自分をおいて富士を仰ぎ見、そして頂上に至っては富士の核心、聖なる火口を祈るように拝する。前者が富士山を中心とする富士真景図となり、後者が富士の生気や霊気のこもる護符のような聖なる道しるべとなる。こういう純朴な聖画、ありのままの自然の表情、実景をつかむことで、大雅の画は真景図となりえたのである。

日本の南画は中国文人画の精神を汲もうとするもので、狩野派のような他を教導しようとする公的な姿勢を嫌い、またそれによる規範性や画一化を避けた。自分の関心や興味の趣くままに、文人画の画法に狭くとらわれることなく、描くものの要求する画法に従い、自分の世界をつくることを専らとした。中国文人は描くことに達者であるよりも、まず学ぶことをよくする士大夫だったが、しかし日本では士大夫である南画家は少なく、大雅も士大夫ではなかった。しかし士大夫同様つねに読書をこころがけ、詩書画は渾然一体となっていた。しかも文人は俗世に齷齪《あくせく》することをよしとせず、別乾坤に自らを遊ばせることにつとめた。大雅もそれを実践した。中国文人の画が実景から別乾坤に飛躍していくように、大雅の画も実景をふまえながら実景を超え別乾坤をつくり上げた。実景を超えさせたものが万巻の読書によって内部に熟成されていた別乾坤であり、外部は内部とふれ合って文人ならではの胸中の世界、真景をつくり上げたのである。大雅の富士はおだやかな人柄そのままにおだやかな大雅の内部宇宙の表象であった。そのことは浅間山の山頂から眺めた「浅間山真景図」にもよく表れており、白い雲海の間から、左方遠くに筑波山、右方さらに遠方かすかに富士の白峯、中景に奇岩の妙義山などの山々が頭をのぞかせる図は、俗界を去った天界の別世界のようである。雲上の汚れない世界も大雅のような文人画家の願うところであった。

大雅と並び称される与謝蕪村も俳諧に画に自在に遊んだ。つねに詩のなかに画があり、画のなかに詩があった。文人らしく詩・画は渾然としていた。蕪村の画も詩精神に裏打ちされた真景図で、いくつかの富士図も蕪村らしい真景富士である。蕪村も若年から壮年期にかけて多く旅した。富士山も実見した。

不二ひとつうづみ残して若葉かな

与謝蕪村筆「松林富士図」富山市佐藤記念美術館蔵

という実景によるすがすがしい句も残した。

「松林富士図」は前景いっぱいの赤松林の上に他には見られないゆるやかな勾配の真白な富士がのったりと横たわる図である。頂上は不定形、空は夕暮れ迫る薄い闇色一色である。他に「不二ひとつ」の句そのままの景を描いた一面の若葉の上に横たわる富士の図もある。蕪村の富士山はゆるい勾配、いくつもの小さな凹凸のある山頂など、従来の富士の定型からも、物語による定型富士、漢詩人のつくる定型富士など、すべての定型からも自在で、のどかなこだわりのない俳画の富士である。高さも鋭さも神々しさも感じさせない身近な山、親しげに語りかける富士である。平凡であり、俗にさえ見える。

蕪村は俳諧の要諦を「俗語を用ひて俗を離るるを尚ぶ。俗を離れて俗を用ふ、離俗法最もかたし」と言った。「離俗の説」である。蕪村の富士山には、狩野派の固苦しい端正さも大雅のおおらかな超越性もない。構えも力みもない。若葉や松林の上からのんびりとした恰好で頭を出しているという感じである。のどかな鄙の風情そのままでありながら、爽やかな色調といい簡素な構図といい、俗臭なく、すっきりと俗から離れている。気取りのない俗な姿がそのまま超俗の姿になっているのである。これが蕪村の内部に横たわる富士、真景富士であった。写生とか実景とか、そういう俗事をおのずから超えたところに絵は成った。俳諧の遊びごころが、嘱目するものを捉えながら、こういう俳諧特有の自在の景、真景をつくり上げるのである。教導することもなく、おのずから景に自足する。そこに俗を離れた聖なる別天地が生まれる。

南画での真景とは他者を教導したり思いを述べたりするものではなく、その山水のなかに自ら入って安らぐ景である。それは自分が本来在るべき山水で、多くの書と旅によって培われた聖なる景である。俗世界と交渉せず俗離れした世界、俗の約束や考えを排除した天地、俗世とは別のルールに基づく遊びの宇宙である。大雅も蕪村もとらわれない自在さ、すなわち遊びがあり、その富士にも離俗のすがすがしい遊びがあった。そこに汚れのない聖富士が生まれた。

真景から蓬萊へ、仙境へ

池大雅の南画、文人画の系譜の棹尾を飾るのが富岡鉄斎である。鉄斎は儒学、国学、神道の基本をはじめ歴史や地理など諸学を学び、「万巻の書を読む」ことを土台として、素人画から出発して画業に専念するようになった。つねに学問を主とし、儒者を任じ、画を余技と見ていた。その意味で士大

夫と言ってよく、文人画の本道をいくものという自負があった。しかも文人画の正統でありながら、文人画の世界からも超越するところがあった。小林秀雄はそういう鉄斎を「鉄斎の気質は、疑ひなくわが国の文人画家の気質なのであるが、時代の影響といふものは争はれぬもので、壮年期に明治維新の革命を経験したこの人の気質には、先輩達とはよほど違った、神経の鋭い、性急な、緊張したものがあった様に思はれ」ると見た。

大雅は十六回も富士山に登った（実際は三回）と、鉄斎は自らの「富士山図」の賛に書いて、範とする大雅を称えた。そして自らも大雅のあとを慕って富士登山を試みた。一八七五年（明治八年）、数え四十歳のときである。翌年にはその体験をもとに「登嶽図巻」を制作。その冒頭に大雅と同じ場所からの富士図をおいた。文人画の正統をゆく鉄斎富士で、この系統が鉄斎の真髄である。ところがこれ以前、別系統の富士もあった。三十四歳のときの「富士山図」である。一八六九年（明治二年）、明治天皇の東海巡幸に随行した際に実見した富士を写したものである。そこには明治天皇の御製「東海之天秀気鍾、峻嶮削出玉芙蓉、孰知萬古扶桑鎮、五大洲中第一峰」が画賛として書き込まれている。空高く聳立するきりりとした富士山である。「扶桑の

富岡鉄斎筆「富士山図」六曲屏風一双、清荒神清澄寺蔵

鎮」「五大洲中（世界中）の第一峰」と当時の風潮のままに富士を見るもう一つの鉄斎富士である。愛国主義者としての鉄斎の一面を表わすもので、ときには国粋主義の主張にも利用される富士になった。「登嶽図巻」は登山の行程に従って山麓から山頂までをたどり、異様な峯々に囲まれた火口（お鉢）図で終わる。南画の山水画によく見るように、画中には登山する人物が描かれる。人物は鉄斎自身である。描く人がそのまま画中の人である。鉄斎は三十四歳のときのように富士を「眺める」だけでなく、「体験する」のである。一八七五年（明治八年）の富士登攀が決定的体験となり、以後、鉄斎は眺める富士ではなく、富士山中の人となって、体感する富士をもっぱら描く。

一八七六年（明治九年）の作「富岳絶頂図」の賛には「羊腸万折」の径をたどって峰巓に至り、「清風にまたがって小仙」になった感じを漢詩に詠んだ。登山は登仙を実感させてくれたのである。そして六十三歳、それまでの富士図を集約するような大作、六曲一双の「富士山図」が成った。右隻は山麓からの富士山の全容、左隻は火口（内院）を中心とする山頂図である。図中には富士山中を行く四人の人物が描き込まれた。かつて富士に登って自分を富士へと導いてくれた大先達、大雅と高芙蓉と韓天寿の三人、それに三人からやや離れて描かれる一人、鉄斎自身である。文人画人たるもの、山を眺めるだけでは山の真景は把握できない。山中の人と化して山の気を吸収すること、描く人すなわち画中の人になってはじめて山は真景を現す。大雅はそれを実践した。鉄斎もまた大雅につづこうというのである。

小林秀雄はこの大屛風を三時間も眺めたあと、かつて誰も描かなかった独自の富士全図を、異様としか言いようのない山頂図を、「見て写した形なのではなく、登つて案出した形である。日本人は、何と遠い昔から富士を愛して来たかといふ感慨なしに、恐らく鉄斎は、富士山といふ自然に対する事が出来なかつたのである。彼は、この態度を率直に表現した。讃嘆の長い歴史を吸つて生きている、この不思議な生き物に到る前人未踏の道を、彼は発見した様に思はれる。自然と人間とが応和する喜びである」と評した。

大雅は言うまでもなく鉄斎も「見て写した形」を絵としない。山水のなかに入って感じ体得し「案出した形」が絵になるのである。富士山に登りながら鉄斎は富士山の気を呼吸し、火の山、仏の山、蓬萊山、仙境など、前人たちの富士体験を反芻し、富士山中に融和していった。そこに大自然と長い歴史との融和を感じ取り愉悦にひたった。それが絵になった。「自然と人間とが応和する喜びである」。そして外部と内部とが応和する喜びが、眺めた絵でない体験した絵、真景図になったのである。内から醸成された真景図はその前に立つ者を単なる眺める者、鑑賞する者にとどめない。画中の人物にまた同化させて、ともに山に登り、山の気を吸わせ、山中の人とさせるのである。鉄斎が自然と応和するように、画を観る者も画と応和するのである。鉄斎の「富士山図」はそういう画である。「臥遊」

である。すぐれた画は観る者をして居ながらにして画中に遊ばせる。ごつごつした巨岩、峻厳な岩肌、そこをよじのぼる感触が肉感的なまでに伝わってくる。雲海に洗われて「小仙」になっていく感じもする。富士山中の人になるだけでなく、奇怪壮絶な山巓に至れば別乾坤の住人である。八葉蓮華とやさしく称えられていた富士山頂は、火の山、仏の山を超えて、蓬萊山中の仙境になり、画中の人鉄斎たちも遊仙と化すのである。

鉄斎は南画、土佐派、狩野派、琳派、円山派、さらには浮世絵や洋風画にまで関心を示し、先人を学び多方面から技術と構図を借りたが、結局はそれらの画技にとらわれない自在の方法で、外景を内景とする自在の画境を歩んだ。数多くの富士山図も画境の進展につれて生成していった。登頂前の一八六九年（明治二年）の眺めた富士から、七五年（明治八年）の登頂体験に基づく「登嶽図巻」や「富岳絶頂図」、そしてその体験を内部で永く醗酵させて成った「富士山図」六曲一双屏風絵で鉄斎は富士と応和し登仙の画境を拓いた。胸中富士は蓬萊富士になった。その後も富士山頂を蓬萊山と見る絵はつづき、六十九歳のとき「蓬萊仙境図」屏風に結晶した。六十三歳のときの「不盡山頂全図」に通じる構図で、山頂の峰々に囲まれたお鉢（内院）がここでは山々に囲まれた桃源境、仙境になった。富士山頂すなわち仙境である。これが鉄斎の体験から切り拓いた富士、仙境富士である。

山頂図は登攀感覚をじかに伝えて圧巻だが、鉄斎のもう一つの富士山、仰ぎ見て描いた富士山全図も鉄斎の思想と願いがこめられていて、神聖である。鉄斎は儒者を自認しながら、神官であり国学者でもあった。明治天皇の勅歌を画中に書き込むように、純粋な尊皇派であった。富士山中に入り込んで山気と一体となる体験を大事にする姿勢と同時に、天皇の御製にもあるとおり富士山を「五大洲中第一峰」の聖なる秀峰、国の鎮めの山として眺める姿勢もあった。前者は鉄斎以降追随する者はなかったが、後者は鉄斎を逸脱して弘まったものである。

四十歳代の「富士山図」にも行程ごとに画中に自分自身が描かれ、登山体験が濃く反映している。しかし画中の人物を導きとして、観る者も登頂させようとする鉄斎がこの画にこめた願いと思想は少しくちがう。自らの登山で噛みしめたのは小仙に化する思いであったが、ここでは自分を離れて、山そのものに託されてきた日本人の思いの反芻である。二重の雲海で荘厳された山容は例によって魁偉だが、従来の日本画の富士にない重厚さがあり、観る者を威圧する。山頂も仙境のたたずまいでなく、激しく火を噴いた火口そのままである。そして賛は噴火のさまを詠んだ『万葉集』の高橋虫麻呂の歌である。歌の要は「日の本の大和の国の　鎮とも　います神かも　宝とも　なれる山かも」で、「天雲も　い行きはばか」る秀峰讃である。鉄斎はここで富士山を古日本人の気持になって仰ぎ見、日本人の共通の願いをこめて「国の鎮め」としての「神」、「宝」としての山と称える。鉄斎は仰ぎ見る富士全景図には、この他にも高橋虫麻呂の歌を書き込んだ。同じ『万葉集』の山部赤人の富士山歌は雪の降りつづける高き貴き山を愛ではするが、国の守護神とは詠まない。より有名な赤人歌をとらず、虫麻呂歌を賛としたところに鉄斎の願いと思想があった。神州日本の鎮めの守護神、神山富士である。神山として富士を見直し、五大洲中の第一峰と称えたい、それは鉄斎が明治天皇と共有する願いであった。

その後、鉄斎は、大地に蟠踞するこんな「富士全景図」とちがい、端正な全景図も描いた。七十歳代の「富嶽図」や「富士遠望図」である。ともに十国峠こと日金山頂からの眺望で、低く連なり重なる山並や左右に見える駿河湾と相模湾の彼方にひときわ抜きん出て鋭く聳え立つ秀峰富士図である。資料を博捜し先人の蹤《あと》をよく学んだ鉄斎らしく、この絵にももとになる絵があった。江戸時代中期の画家中山高陽の「八州勝地図」である。高陽は儒学を学び漢詩をよくした武士で、南画の先駆彭城百川に師事した正統文人画家であった。その富士は謹厳な武士らしいすがすがしい秀峰である。高陽は日本を神州と見るような国粋の徒でなく、各地の勝地を訪ね真景を捉えた文人画家であったが、そのきりりと引き締まった富士はさながら八州にわたる山々を従えて立つ八州の神山のさまである。その清明正直さがおそらく神官鉄斎をとらえたのだろう。高陽の富士の構図を借りた鉄斎の富士も諸州の山々に抜きん出て清明であり、神さびた富士のさまである。生涯尊皇派だった鉄斎の日本に寄せる思いが発露した神山富士図である。こういう富士が、鉄斎の純粋な富士思想や思惑から離れて、のち国粋主義者の持ち上げるものとなり、鉄斎の願うところではなかったが、富士山は国粋イデオロギーを体現する神山とされるに至った。

鉄斎の富士はこのように二つの思想や願いのもとに二つの方向をとって現成した。一つは鉄斎個人の気質に基づくもので、儒者でありながら国学や道教に通じ、百巻の読書のもと、脱俗超俗に生きようとする姿勢から生まれた富士、仙境富士である。それは自らの登攀体験に裏打ちされたものだった。もう一つは富士を仰ぎ見る姿勢から生まれた富士、神山富士である。尊皇派にして神官の立場からの富士である。こちらは富士を五大州中の秀峰にして日本国の鎮めの神山とあがめる古来の伝統から導かれた。俗を離れて桃源に遊ぶという個人の願いを表現する富士図と、日本人として日本の国を思い日本を称える心情を表明する富士図、この二つが鉄斎の富士に希求したものであった。個としての立場からの富士と、日本国民としての立場からの富士で、富士山は鉄斎にとって聖なる山でありつづけた。聖富士の伝統は鉄斎で窮まった。

江戸自慢、富士の山

「武蔵野は月の入るべき山もなし草より出でて草にこそ入れ」という詠み人知らずの歌が江戸時代のはじめから知られており、新しい江戸幕府が開かれた地は、三方を山で囲まれた都の人にはこんな認識でしかなかった。ゆるやかな丘陵がいくつも連なる武蔵野の原野に幕府を開くにあたって徳川家康は風水思想にかなうかどうか気にするところがあったという。迷いをふっきったのが、東に筑波山、西に富士山、北に関東平野を限る日光連山などの山並、そして南にひらける江戸湾という蔵風得水の地という見立て、そしてそれらをそれぞれ青龍、白虎、玄武、朱雀の四神に見立て、四神相応の地であるという進言であった。白峰富士は江戸の地から見てたしかに西への大道の方向にあり、白虎にふさわしかった。富士山は江戸幕府にとって当初から欠かせない神山で、江戸という城下町を構想するうえで不可欠のランドマークであった。

全国の藩を従える総城下町江戸をつくる土木工事が幕命のもとに大々的に進められる。神田山など江戸湾に張り出した武蔵野台地を削り、前島などの入江干潟を埋め立てて、武家地が整えられ下町が造成され、年をおって急速に将軍のお膝元らしい町になっていった。江戸の町づくり、道づくりにあたって、富士山は都市計画の動かぬ定点とされ、富士山を基準として多くの道路がつくられた。そして町や道、坂が整備され造成されると、それらの命名にも富士山は存分に利用された。富士見町、富士見坂という地名が富士山の見えるところなら、江戸のいたるところに出現した。

富士山は江戸では何をつくるにも目的、標識とされたし、富士を眺める地に居住することは誇りであった。富士をじかに見ることは、都びとの「西行富士見図」のような絵空事ではなく、上方や西国に対する自慢でもあった。「富士見」は伝統文化の育っていない新興都市江戸の最大の誇りであった。富士山が町づくり、道づくりを誘導し、富士山を標識として計画・整備された町にその名を冠することで江戸の山、富士山を称えた。

江戸城が完成し、天下一の天守閣が江戸の町に聳え立った。堂々たる江戸城を取り囲み、ひれ伏すように武家屋敷が立ち並んだ。入江近くの埋立地には町人用の下町もでき、芝居小屋や遊郭までが連なる盛り場もできた。天下の総城下町江戸を誇示する大鳥瞰図が、「洛中洛外図」に拮抗するようにつくられた。いまに伝わる「江戸図」六曲一双屏風である。豪壮な天守閣を中心に下町のさんざめく繁華街を近景に、美々しく連なる武家屋敷を中景とする新興江戸の晴れ姿である。遠景には聳え立つ天守閣と江戸の町を寿ぐように、くっきりと富士山が立って江戸城下を見守っている。富士山は実見しているにもかかわらず三つ峯の定型富士である。それが神々しさと権威を表わすのにふさわしい徳川幕府御用達の富士であった。この屏風のとおり、江戸幕府と江戸の町は富士山に見守られており、そのために居住民はつねに富士を仰ぎ見つづけるのである。富士山のない江戸はありえなかった。この「江戸図」屏風こそ新興都市江戸の立場、心意気など、すべてを表象するものであった。

「武蔵野図屏風」概略参考図

同じ江戸時代初期、富士山を描いた対照的な屏風がある。「武蔵野図屏風」といわれるもので、類似のいくつかの作品もある。近景には右から左まで画面いっぱいにすすきの原が広がり、そのなかに月が沈んでいく。すすきの背景になる中景には月の光に染まる雲が左右にたなびき、雲の上には赤味のさした暗い空が画面いっぱいに広がる。そしてそのなかに白雲をいただく三つ峯の定型富士山がくっきりと浮かび上がる。一面のすすきと、わずかに見える秋草と、月と、雲と空と、そして富士山だけで、他には景物は何一つない。「武蔵野は月の入るべき山もなし……」という先述の歌を絵にしたものである。「江戸図屏風」が江戸に在る者によって誇らしげに描かれたのに対し、「武蔵野図屏風」はどうやら都の人間によって風流の遊びごころをもって、揶揄さえこめて描かれたように見える。富士山はじかに接する者と、文学や言い伝えで想い描く者とでは、かくもちがった表情をとった。

文学の富士、イメージの富士が依然として都で描かれているとき、富士を居ながらに眺められる江戸では、「江戸図屏風」のような記念制作は別として、富士山はわざわざ描くこともなく、日々眺め挨拶する親しい山になった。あれほどおびただしい富士山図を描いた狩野探幽にも江戸城下からの富士図はなかった。探幽につづく江戸狩野派の画家も東海道や伊豆から見る定型富士図ばかりであった。彼ら御用絵師たちの描く権力のための富士、三つ峯の型どおりの富士は、日々いきのいい富士を見ている江戸市民には面白くなかった。富士は江戸市民にとって絵空事ではなく、目の当たりに仰ぎ見、おらが山と誇りにする山だったのである。

富士山が江戸で頻繁に描かれるようになるのは、江戸へ江戸へと人びとが蝟集し、文化の面でも上方を凌駕して江戸が名実ともに日本一の町になった江戸時代半ばになってからである。そんな江戸の賑わいのなかに生まれた絵画が十八世紀半ばすぎから大流行を見る浮世絵である。浮世絵は従来の屏風絵や障壁画や掛け軸絵のものものしさ、とっつきにくさにくらべはるかに親しみやすく、安直で、庶民的である。引札のような手ごろな大きさと身近な絵柄が伝統を知らない江戸庶民にうけた。浮世絵は都に生まれ大坂でも広まったが、その安っぽさ、気軽さが江戸の気質に合った。しかも浮世絵は浮世のことを描き、浮世の関心に応えることを本領とした。浮世風俗や浮世事情をうがって喜ぶ狂歌や川柳がはやる土地柄である。とくに川柳と浮世絵は思いつきも関心も同じ、楽しむ者のレベルも同じであった。浮世絵は浮世を楽しむ江戸庶民にうってつけの江戸絵といってよかった。

十八世紀後半から続々と、役者絵、美人絵、遊里絵などの浮世絵が江戸特産、江戸土産として売り出される。富士山も江戸っ子自慢の江戸名物として売り出された。富士を売りものにして大当たりをとったのが江戸きっての絵師葛飾北斎である。その代表が、一世を風靡し、富士山の姿態の美しさを大きく宣伝した連作「富嶽三十六景」である。人気を呼んでさらに十景が追加され、計四十六景の富士図になった。四十六景のうちには相模、上総、下総、甲斐、信濃、遠江、尾張などいろいろな地点からの眺望も含んでいるが、中心はやはり江戸市内からの富士である。江戸っ子北斎が、江戸っ子気質で、江戸っ子の富士を、江戸好みの富士にすきっと仕上げたところに溜飲の下がるものがあった。うがった構図、気取った粋な見方、あっと驚かせる大胆なトリミングなど、四十六景それぞれ、川柳がうがちで笑いと驚きをとるように、思いつき、気取り、趣向、うがちに満ちており、北斎は富士山を思いっきり加工し、変形して楽しんでみせる。富士の新しい見方の提出である。新奇な富士、うがち富士である。世に傑作の評判高い赤富士「山下白雨」、波浪中の「神奈川沖波裏」、白雲を背景に立つ「凱風快晴」など、富士は奇抜な思いつきでデフォルメされる。新趣向で桶の中に富士を捉えるなど、斬新大胆そのものに見えるが、大向こうをねらった意図が見えすいてもいる。人目を驚かすだけでアイディア倒れで画格に乏しい。しかしそういう大衆うけをねらった奇矯さ、下心のあるうがちこそ、新奇を求める時代の空気に合致し、また常識や停滞を好まない江戸っ子に迎えられたのである。北斎は、同時代の奇矯の芝居作者鶴屋南北や無類の大長篇で人を驚かせる滝沢馬琴とも通じ、奇矯に奔る時代の申し子、奇矯を求める江戸っ子絵師であった。時代の空気を見るに敏だったがゆえに、富士を奇矯に切り取り、江戸自慢の江戸名物に仕立て上げ、流行をもつくり上げたのである。

北斎は江戸を中心に諸国からの富士山を描いたが、江戸っ子が将軍のお膝元を自慢するように、富士は北斎にとって自慢すべき江戸の表象であった。江戸の町のかなたにすきっと立つ富士山は、色気があり、張りがあり、垢抜けして、恰好よかった。江戸っ子の好む「いき」そのものの表象であった。北斎の描いたのはそんな江戸好みの「いき」富士だったのである。

北斎の江戸土産富士に煽られるように、奇才歌川国芳の「東都富士見三十六景」や歌川広重の「不二三十六景」など、富士山の刷り物がつづく。北斎にくらべると広重の富士は奇矯さがなく、張りもなくおだやかである。大向こうをねらったてらいもなく、品のいい江戸っ子ぶりである。それでも北斎同様、富士を江戸の山と見、三十六景のうち江戸市中からの富士は十二景、いまの都下を含めると十六景もある。広重は「不二三十六景」の他にも、富士山の見えるところには必ず富士を画中に取り入れ、富士を目玉とした。たとえば有名な連作「東海道五十三駅」では、まず江戸日本橋に富士を取り入れ、つづく道中では相模から尾張にかけて富士の望める宿駅にはすべて画竜点睛のように富士を描き入れた。連作「東都名所」でも同様で、日本橋に富士が必ず描かれるように、東都のいたるところに富士が現れ、富士は東都に、画中に、欠かせないアクセントであった。これまた著名な連作「名所江戸百景」でも、浅草田圃や墨堤など、富士山を予想しないところにも富士を取り込むなど、十八景に富士を描き入れた。広重にとっても江戸に富士は欠かせず、富士は江戸の山であった。

歌川広重「不二三十六景」のうち「東都江戸橋日本橋」静岡県立美術館蔵

　江戸末期の旅行ブームに江戸土産として江戸名所絵や東海道道中絵は手ごろで、しかも広重の絵は穏やかで品がよく、広くもてはやされて全国に広がっていった。とりたてて名物がない江戸に富士は自慢の名物だったのである。北斎の「いき」富士と並び、広重の江戸土産富士が富士の定番になって全国に拡散し、富士は江戸の山として定着していった。江戸では富士はかってのような国の鎮めでも国の宝の山でもなく、江戸の鎮め、江戸の宝、江戸自慢の山であった。江戸のことしか見えず見ようとしない江戸っ子の江戸自慢気質がつくり上げた富士山で、こんな無邪気な富士山が歓迎された時代もあったのである。

信心遊びのつくる富士

富士山は中世以降、山自体が修行の道場になった。神山と拝し、仙境蓬萊山として登仙の夢を託す山ではなく、諸仏の在す立体曼荼羅と見て、そこに分け入ること、山岳抖擻を修行とみてきた。一歩一歩踏みしめて登っていくこと自体が修行である。富士修験といい、富士禅定といって、そういう厳しい修行に挑む行者が増えた。しかしそんな行者とは別に、あるいは行者に追随して富士山に登る者も多くなった。太郎冠者もその一人であった。無断で休んだ太郎冠者を主人は折檻しようとする。しかし富士禅定をしてきたと冠者が言い訳するので、浅間権現への畏れもあり許さざるをえない。富士参詣の様子を語らせ、許すかわりに冠者が持ち帰った富士松を所望する。以下は連歌の応酬になって終わる。狂言「富士松」である。富士参詣は中世末期には下人ですら実行できるほど身近なものになっていたのである。しかも太郎冠者の登拝は禅定というよりも富士に生えている松を目的とする物見富士山は、一方では厳しく峻烈な修行の道場、一方では長寿祈願の松を土産とする物見遊山であった。信心堅固の聖山とは別に、こういう物見遊山の山として富士山は庶民層にも浸透していった。ひとりで修行する山ではなく、仲間とわいわい騒いで登る山への変容である。富士山も庶民の仲間入りするのである。

狂言からずっと下った近世末期、富士講という富士信仰の組、すなわち講中の富士代参が大いにはやった。江戸を中心にいまの埼玉、千葉、神奈川県にも富士講は弘まり、それぞれの講ごとに団体を組んで、毎年、御師宿の御師に先導されて富士に登った。落語「富士詣り」はそんな講中登拝の珍道中の話である。江戸から吉田口を通って馬返しまでやってきたところから話は始まる。ここからいよいよ一合目、二合目へとお山入りである。休むときには「行度《ぎょうと》」と言うとか、「六根清浄六根清浄」と唱えて登るとか、先達が山中の心得と作法を教えると、落語になじみの熊さん八っつぁんたちのこと、例によって先達の教えをまぜっ返し、とんちんかんなことを言ったりしでかしたりしながら登っていく。道中、山の中では清浄な心身でなければならないと先達に懺悔をすすめられ、めいめい懺悔を始め、ばかばかしいのろけ話などがつづく。初めて高所に登ったために気分が悪くなったひとりが、「お山に酔った」と言われ、「そうだ、ここは五合目だ」とサゲて終わる。熊さん八っつぁんたちにかかると、富士山も聖山ではありえず、登る道中すべて馬返しから五合目まで、堅苦しい謹厳な富士などごめんとばかり、山中の作法も心得も含め、世俗のうがちや笑いでまぜっ返され、富士山は俗気のなかに引きずり下ろされて世俗の山になった。これも江戸の富士山、仲間のように親しくつき合う江戸ならではの俗富士であった。

富士禅定も庶民が実行するとなると、仲間を組んでの遊山になった。それが江戸時代後半、富士講が江戸を中心にはやると、恒産もなく後ろ楯もない不安定な江戸の庶民は、仲間を求め、つながりを期待して、こぞって講員になった。富士講員になるのに特別の資格は問われず、教義といっても世俗のいましめに近いものであった。ふだんの生活で守らなければならないことはきちんと守る、そうすればおのずから「生まれ増《ます》」、すなわち現世に利益をうる、生活を律していけば仲間に迷惑をかけず、親にも孝となり、ひいては自分の利になる、というのである。特別のことをしないでも幸せになるだけでなく、富士山という大きな守護神に見守られて安心を得られ、しかも仲間もできるとあって、横のつながりの少ない江戸住民には恰好の組織であった。富士講員になれば富士山という江戸自慢のものを介して気持を一つにでき、富士兄弟ともいうべき親密な仲間感をもてた。富士講は身寄りの者の少ない江戸者たちがつくる互助会、親睦会であった。

富士講に入れば順番に富士山に代参する。江戸に住む者に自慢だった富士、江戸の守りたる富士に登ることは庶民の自慢であり、一生の誇りになった。日々仰ぐ富士山中に入り、富士の霊気を「六根清浄」となった心身に吸収することは、富士山と一体となるに等しかった。富士を介して仲間と横につながり、ひたすら上へ上へと登ることで富士と縦に結ばれるのである。連帯感に乏しい江戸者に富士山は、俗縁も神仏との縁も含めて、結縁の山になった。富士山はご利益豊かな縁結びの山である。そんな庶民の富士登拝の様子を書きとめたものがある。

登山者の数はひじょうに多い。ところが不思議なことに、登山には時と金が絶対に必要で、そのうちひとつでも欠くと克服しがたい障害をつくりだすと思われるのに、そのいずれをも手にいれるのがもっとも困難であるはずだと想像しうるような貧しい階級の人びとばかりが登山している。

（オールコック『大君の都』）

幕末に初めて富士登山した外国人の見聞である。富士巡礼に出たいとするオールコックを閣老たちは「いやしくもイギリス公使の肩書きを有する者が、慣習的に下層階級の人びとだけにかぎられている巡礼に出かけることは、ふさわしいことではない」（同）と引きとめたという。これが当時の武士階級の富士登山観、富士信仰観で、富士は武士たちの山ではなく、あくまで庶民の山であった。

富士講は俗信ながら心で結ばれる集まりである。こむずかしい教義もない俗信だからこそ、現世主義の江戸市民に広まった。富士山を中心核として仲間となった富士講も、講員には自慢であった。富士を仰ぎ富士に見守られ富士を介して縁を結び富士兄弟となって富士に救われる、こういう富士尽くしの富士講のありがたみは他所者にはわからないだろう、それが江戸の誇り、土地の誇りでもあった。

富士に登ることは講員の楽しみ、自慢だったが、講同士張り合うのも江戸っ子らしい楽しみであった。講印をつけたのぼり幡を立て、講印をつけた揃いの笠や鉢巻きで代参し、互いに意気のよさ、恰好よさを張り合った。張り合うのは登拝のときだけではなかった。自分たちの講の拠点を江戸の住まいのなかにつくって張り合った。富士塚である。富士山に登拝しては富士のご神体たる溶岩、砂礫を持ち帰り、これで小さな富士山を造るのである。浅草富士、駒込富士、高田富士、千駄谷富士、品川富士……など、自分たちの富士講のために、富士に登れない家族のために、さらに講の力を誇示するために、本物の富士山の霊力を町内に呼ぶために、ミニ富士山を競って築いた。わが富士講自慢、わが町自慢もあった。居住地のなかに富士を造ることで富士仲間の結束、連帯はさらに高まったし、町内に張りも生まれた。富士塚は信仰心のための山というよりは江戸という町特有の張り合いが生んだ富士くらべ、町くらべでもあった。ちょうど町内ごとに山車《だし》や鉾を競い合うのと同じである。富士塚は町の不動の山車であった。富士山は個々人だけでなく町にもご利益をもたらしたのである。

富士山は日本の富士から江戸の富士になり、さらにわが町の富士になり、より身近な存在になった。日本の誇りとする山から江戸自慢の山へ、わが町わが講自慢の山になり、身内の山になった。

富士山は近世になってずんずん矮小化されていった。矮小化とは庶民化であり、通俗化、世俗化、日常化でもあった。仰ぎ見る近寄りがたい神山から登る山に、さらに築造する山にまで縮小され、仲間内の山、身内の山へと身近に引き寄せられた。武士は武士の、庶民は庶民の、おのおの自分の身丈に合わせて富士をつくったのである。富士山は小さくなった。いかにも町人・庶民の時代らしい富士・小富士である。

ミニ富士づくりのはて

明治維新を越えて明治の世になっても、江戸とその周辺の庶民たちは身近なところに小富士をつくりつづけた。西南諸藩をリーダーとする尊皇倒幕派によって徳川幕府が倒され、天皇を頭にいただく国家づくりが始まり、文明開化、富国強兵に奔走する時代になった。かつて徳川氏に親しんできた江戸東京市民たちは新しく東京に入ってきた新参の権力者になじめず、彼らのすることにたやすくは同じることができなかった。江戸っ子にとって西南諸藩の中下級武士は田舎者で、成り上がりの指導者の言行すべてが野暮で我慢がならなかった。そんな無粋な田舎武士がわれらの江戸を蹂躙するという怒りもあった。江戸っ子意識をもつ者のなかには面従腹背の姿勢をとって、ひたすら旧態に生きようとする者もあった。彼らには小富士も拠りどころであった。文明開化は江戸になじんできた者には他所者によるわが町への心ない暴力にほかならなかったから、旧い仲間とともになじみの土地のシンボルを大切に守り立て、あるいは開化の時代をよそに新規に小富士を各地に造営して、旧くからの結縁にすがった。富士山を仰ぎ、自分たちの小富士を砦とすることで、富士になじみのない他所者、新参者にひそかに抵抗する気概を示した。富士山は維新のあとも、仲間内の精神の砦として、縮小されながらも、江戸者には日常の支えとしてなくてはならない山でありつづけた。

仲間内の砦、日常の支えになった大富士、小富士は、遠くに仰ぎ見、近くで登り祀るだけでなく、江戸っ子たちの生活のなかにさらにもっと親しく侵入してきた。外にわが町の富士、富士塚をもち、さらに仲間たちの集まる社交の場にも富士を取り込んでいった。銭湯のなかである。銭湯は庶民の憩いの場、町内の話題・情報が飛び交う会所、互いの健康や状況をたしかめ合う社交場、そして心身の垢を洗い清める六根清浄の聖所でもあった。富士塚が氏神さまと並ぶ町内のシンボル、拠りどころだったように、銭湯はざっくばらんな庶民にとっては、裸のつき合いをして互いのつながりを肌で感じ合う町内のアジールであった。そんな大事な場、銭湯の正面壁、聖画を描く壁面に富士山が描かれた。

とくに明治以降、装いと構造を全く新たにした銭湯の正面の大壁面に富士山が描かれ、聖俗併せもつ町内のアジールを荘厳するのである。湯舟につかれば目の前には白雪をかぶる富士が間近に見られた。ペンキ画のリアルな富士山にひたひたと寄せる豊かな湯は田子の浦や伊豆の海であり、また垢離の湯であった。庶民たちはそこで心身ともに洗浄され、よみがえる思いを楽しんだのである。身近な障壁画を通して日々富士が体内に浸透してくる。裸の浄身にしみ込んでくる。富士はますます縮小されながら身近なものになった。

　富士山は銭湯という町内の公共の場から、さらに「私」の空間にも入ってきた。正月やめでたい行事に際して、富士山は掛け軸になって室内に入り、室内を飾り一家を祝福した。白雪の富士に鶴や龍を取り合わせた図柄がとくに好まれた。古来、富士山は水神であった。富士に降り積もった雪は山肌深く滲《し》み込み、地下伏流水となって山麓に湧き出て人びとをうるおした。山肌を覆う雪は解けて蒸気になって雲をよび、また雨や雪になって下っては生命の水をもたらした。立ちのぼる蒸気は雲と化して空高く舞い上がる。富士山に立ちのぼる雲はさながら龍が空へのぼる姿に見えた。水神は龍神とされ、龍の姿で表される。水神富士山には龍が棲むのである。

　富士に龍、この吉祥図が求められ、御用絵師狩野探幽以下、多くの絵師がそれに応えてきた。もちろん狩野派だけでなく、琳派も南画派も描いたし、浮世絵師やさらには通俗的な近代画家も描いた。龍は生命を恵んでくれる水神の表象である。同時に、龍はタツ（立つ）もの、立ちのぼるものとして立身出世のシンボルとされ、新しい年の立つのを祝い、また一家や男子の立身を願う瑞相とされた。こういう龍がのぼる吉祥図が床の間に掛けられ、一家で祝われた。富士山は一家のなかにもはっきりと位置づけられた。

龍や鶴と組み合わされた富士山図は一家の幸せをよぶ守り神とも、あるいは呪符、護符ともされた。富士山の縮小化、通俗卑小化は進み、夢占にも利用されるに至った。「一富士二鷹三茄子」といわれるように、富士山は初夢の主役になった。扇（末広）をさかさまに広げた形、末広がりの富士型が、すえずえ福をよび幸をもたらす瑞相とされ、夢に末広がりの富士山を見ることが庶民のなかに広く願われた。富士はついに個人の夢の中にも入ってくるまでに縮小された。ひとりひとりの夢中、意中に納まる超ミニ富士である。

吉祥図や呪符・護符として富士山の掛け軸や刷物がもてはやされ、富士山が個人のなかに小さく小さくなって納まり返っていくとき、同時進行のように、その趨勢と全く反対方向に向かって威丈高に大きく大きくなっていく富士山もあった。近代日本国のシンボルとして国威、国の威勢と歩調を合わせていく富士山である。前者は町内やひとりひとりの気持ちのなかで育っていったが、後者は国という大きな機構や権力によってつくられていった。富士山は国家主義、国粋主義の表象として利用され、天皇制国家の象徴となり、ついには超国家主義の標識ともなった。帝国が富士山を国体シンボルにつくり上げ、天皇制国家の霊山として祀り上げていくとき、その趨勢にあやかって力を伸ばそうとする政商、企業、団体も続出した。いろいろな会社や団体の名に「帝国」が用いられたように、「富士」「不二」「富士見」という文字を冠した町や企業、会社や商品が現れた。江戸自慢、東京自慢、おらが国自慢で名づけるときはほほえましいが、帝国主義の国威にあやかるそんな命名が蔓延するとき、日本の国は暗い方向へと急降下していったのである。富士山は実に利用に便な霊山であった。そんな動きがかつてあり、記憶になまなましい。反動思潮が高まれば富士や不二はいつでも復活してくる。そういう怖ろしい霊山富士山にくらべれば、江戸土産の浮世絵富士や富士塚から、銭湯富士へ、呪符富士へと至る、庶民のささやかな願いや祈りがこめられたミニ富士山の方が、卑俗とはいえ、はるかにほほえましく健やかである。

第7章　富士山狂想曲

遊び富士から真面目富士へ

江戸時代後半から明治時代の初期にかけて、富士山は江戸東京の山であり、また地元では甲斐山梨の山、駿河静岡の山であった。それぞれ地元の守り神、自慢の「おらが山」であったし、日々仰ぎ見て挨拶をかわしては自分の願いごとを祈る身近な神山であった。

そんな親しみやすい手頃な富士山が、明治時代に入ってしばらくすると一転して、威丈高な大きな富士山へと急成長していく。

江戸時代初期、幕府御用絵師狩野探幽の謹厳な定型富士山図が江戸を中心に描かれつづけていること、京都では同じ狩野派から出ながら表情を異にする富士山が描かれていた。権力を背景に富士山を権威あるものの表象としようとする幕府指導型富士に対する伝統主導型富士である。狩野山雪の富士図はその一例である。山雪は豪壮な桃山期の障壁画の絵師狩野山楽を養父とし、その流れをくみながらも極めて癖のある画風を切り拓いたことで知られる。しかも京の伝統にありながら、「富士三保松原図屏風」など、探幽の構図と同様、左下方に清見寺、右下方に三保松原を置く三尊形式でありながら、なだらかな斜面をもつ富士は背景の空に融け込むようであり、あるいは横にたなびく雲の間にゆったりと来迎しているようである。仏教的な意味を全くもたず、ただ空中に富士そのものが夢幻のようにたしかに化現する富士来迎図である。そして左隻で富士山が羽衣をまとったような柔和な姿で示現すれば、右隻では愛鷹山がごつごつとした岩肌を見せて富士山に向かって立つ。和風の富士山と唐風の愛鷹山との取り合わせである。ここには探幽画のような思わせぶりな雰囲気も定型による押し付けがましさもない。風変わりな遊びごころが画中から立ちのぼってくる。探幽画が現実の富士の定型による荘厳化であるのに対し、山雪の富士図は三保松原と清見寺をワキ僧やワキツレとして虚空に示現した富士夢幻能、来迎図である。現実よりも幻想・夢幻を大事としてきた伝統がなおも息づく遊びである。

権力に仕えず縛られず、しかも現実の富士山を強いて実見しようともしない立場にある者たちによって、遊びごころによる幻視富士山図が、徳川幕府に生真面目に仕えて徳川家の表象として描きつづけてきた江戸狩野の富士山図の傍で、描きつづけられた。山楽・山雪のあとには、これまた異色異端の絵師が、富士山の定型などてんで意に介さず、努めて実見しようともせず、それだけによけい奔放な富士山図を描いた。長沢芦雪や曾我蕭白である。実見せず、しようともしないだけに、勝手に富士山を夢想し、そこに自在に遊ぶのである。ありえない急勾配の富士や三角の折り紙をずらせて重ねたような実在感のない富士山に、鶴が舞い、雲がからみながら立ちのぼって、富士と戯れる。描く者の胸中の富士というよりも富士との遊戯である。富士山はかつての仙境富士のように、バーチャルな存在、画中にあってともに遊ぶ異界であった。

富士山を実見した者にはとうてい描けない富士図が、徳川家の顔色を直接うかがう必要がない京都でまかり通る。狩野派が富士山を徳川幕府の山、徳川家の表象の山として端正に破綻なく描くのに抗うように、山雪や蕭白ほど過激ではないが、南画の流れにある青木夙夜や野呂介石、円山応挙や松村呉春などが、いずれも実在感の乏しい富士、たよりない富士、軽妙な富士を描く。富士山を描くというよりも、好みにまかせ関心のままに景物としての富士山と戯れる感じである。彼らには富士山は思いとか思想とかを託す山ではなく、ましてや権力や権威を表象する山ではなかった。徳川家とは無縁の彼らには富士も徳川家とは無縁であった。仙境とか桃源とか、古来のイメージに沿って空想裡に遊ぶ山であった。

富士山に遊ぶといえば、富士山を四六時中実見しながらなお富士山と遊戯した禅僧もいた。富士山の裾野、駿河国の原に名高い白隠である。白隠の描く富士もまた実在感乏しく、とらわれを嫌う禅の境地に遊戯するように自在である。九州博多の禅僧仙厓の富士図も同様で、富士山は虚空のなかに変化自在に形を変えてみせる。仙厓自身が捉えどころがない大きな富士山と遊び戯れ、そのとらわれない遊戯気分そのものが絵と化した按配である。虚空に抜きん出て捉えどころがなく、人との長いつき合いのなかでも姿を変えて捉えどころのない富士山、それならば禅の心にあやかって、とらわれなく富士山と遊戯するにしかず、である。そこに軽妙洒脱なこだわりのない浮屠の富士山が生まれた。

これらの富士山図にはたいてい、富士山に何かを託すとか、富士山によって何かを訴えるとか、富士山によって何かを表象するとかいう下心がない。実在の富士に似ていようがいまいがそれぞれ思い思い、自在である。気分のままに、あるいは注文主の好みのままに、富士山と遊び、遊戯するのである。これが権力のお膝元でないところで描かれる富士山であった。そんなところにも、なかには原在中とか原在正のように江戸狩野派とは全く素性を異にしながらも狩野富士のように端正な富士山を描く者もあったが、京都など、江戸や幕府筋でないところでは、このようにたいていは江戸とちがって富士に遊べたのである。

幻視富士、遊戯富士はたいてい伝統のなかのみやび富士の系譜に育った。それらの富士山は、権力に仕える者の描く権力を表象する富士山のような力強さも張りもなく、力みもなく男らしさも乏しい。ますらお富士でなく、たおやめ富士である。江戸のますらお文化に抵抗を感じている者の知らず知らずのうちに吐露されるたおやめぶりである。みやび文化を大事にするところでは、思わせぶりな押し付けがましい表現は田舎ぶり、鄙ぶりとして嫌われた。表現は押し付けではない。思想や倫理、ましてや権力を富士山に託すなどは、粋でもみやびでもなく、ガチでありヤボである。そういうものを託す絵を蔑むようにめいめい自在に富士山に戯れたのが上方富士図であり、禅画富士図であった。思想や権力を託した絵は空虚である。空虚な富士図への反発が表面下にしたたかにあった。優美だが柔和な富士は抵抗を内に秘めた遊びごころから生まれた。同様に、禅の立場で描く逸脱洒脱の富士も、みやび富士とはちがうが、これまた権力にとらわれた富士とは全く姿勢を異にするところから生まれた。

江戸時代半ばすぎから徳川家の権力・権威ともに少しく怪しくなってくる。そういうとき、富士山が荘厳さを薄め脆弱化していくことは、謹厳な武士や学者、とくに親徳川、親幕府に立つ者には黙視していられることではなかった。国の鎮めとして在す霊峰富士の再生を願う空気も高まってくる。徳川家の威光の回復と徹底をはかる焦りも昂じてくる。富士は個々人の胸中や夢中のものではなく、徳川家、幕府のもの、さらに日本のものである。富士を仰ぎ見る地域や親幕府の学者、画人からこういう江戸初期の端厳な富士山復活の動きが生じてくる。個々人思い思いの柔和な富士への反発から、権威を表象する富士、国の期待を集める富士への回帰である。

神がかりの系譜

狩野探幽が京から下って、駿府で徳川家康に拝謁したのは江戸時代初め、一六一二年（慶長十七年）のこと、ついで二代将軍秀忠から土地を拝領して狩野家を興したのは一六一七年、以後、御用絵師として徳川家、幕府の命に従い、またその権威の荘厳につとめてきた。狩野家の得意とする富士山は、第5章で述べたとおり、幕府ならびに徳川家の天下に冠たることを示すイコンであった。

こういう事態は漢学、儒学にもあった。京に生まれた林羅山も江戸に下り、徳川家康に伺候し、幕府の御用学者として林家を立て幕府内に重きをなした。徳川家に忠誠を尽くした羅山もまた富士山を幕府、徳川家の表象とみて、日本だけでなく中華にまで聞こえた秀峰と称え、諸山に抜きん出た富士こそ徳川幕府の姿だとし、その泰然たる威光を漢詩文に詠み称えた。

同様のことが、約百年後にも起こった。こんどは和学、国学の賀茂真淵である。真淵は浜松の神官の家に生まれ、京に学び、江戸に下って八代将軍吉宗の次男、田安宗武の教育係を命じられる。和学の御用学者として、探幽や羅山と同様に、富士山を徳川家の神さびた表象として称える和歌を詠み宣伝しつづけた。何ごとにも大仰な身ぶりの和学だけに、万葉ぶりで徳川家の膝元駿府の富士、幕府の富士を詠んで、古代還りをうながした。幕府お墨付きの和学の総帥として真淵もまた多くの門人を擁し、江戸に聳え立った。そしてその万葉ぶりの富士讃歌、神さびて高く貴き駿河なる富士讃歌は、田安宗武にも加藤千蔭以下の門人たちにも、さらには宗武の子で幕府の重鎮松平定信にまでも深くしみ透っていった。徳川家の富士山から日本の富士山への回帰も見えてくる。山部赤人や高橋虫麻呂が富士山を通して国の安泰を歌ったのと同じ歌ごころである。富士ぼめ、国ほめのための和歌である。久保田淳の著『富士山の文学』に宗武が隅田川に遊んだときの歌が引用されている。

深川を漕ぎ出でて見れば入日さし富士の高根のさやけく見ゆかも
三股を榜《こ》ぎ出でて見れば三股の森の上に見ゆる富士はた似なし

調子は弱々しいがともに万葉ぶりへのおもねりがある。とくに赤人の富士の歌への歩み寄りがうかがえる。三股は新大橋のすぐ下、隅田川の中洲で月の名所であった。ちなみにその川向こうは芭蕉がかつて庵を構えたところで、芭蕉はそこで富士を眺めたが、称えることはなかったし、句にもしなかった。芭蕉は江戸にあって江戸になじまなかった。幕府の威光のとどかないところにつねに身を置き、あるいはそれを避けるようにして生きた。富士を見る目もちがっていた。それに対し真淵はもちろん、その流れを汲む学者、歌びとには富士はただの景物ではありえなかった。幕府のお膝元にあってその威光に浴する者にとって、富士は幕府の威光そのものであり、富士を詠むことはすなわち幕府、徳川家を称えることにほかならなかった。だから宗武にも、赤人に田子の浦に「うち出でて見れば」「ま白に」神さびた富士が見えたように、三股といぅささやかな川辺に「出でて見れば」「高根」「さやけく」何ものにも「似な」い富士が見えたのである。宗武のこころはそのまま赤人につながり、小さな三股が田子の浦に重なった。富士の新しい姿を発見するのではなく、光背をもって立つ尊像のように富士を仰ぎ見、日本に君臨する似るもののない山と称えるのである。富士山は景観として眺めるよりは仰ぐ神体山であった。真淵の流れを汲む和学の神さびた霊峰富士がこうして定着していった。

幕府の御用絵師、儒学者、国学者は当然のことながら幕府を称え、その表現は権威あるものとされ、規範・手本ともなり、広く迎えられた。御用達となれば、権威にあやかろうと弟子入りを乞うて蝟集してくる。門人門下が師を上に頂いて富士さながらに裾野を広げた。本居宣長も真淵を仰いで門人に加えられてその裾野を形成した一人である。

宣長は伊勢松坂の人。京に上って医業と儒学と和学を学び、松坂に帰郷して医業のかたわら古典の学に励んだ。三十四歳のとき、松坂の宿に真淵を訪ね、翌年正式の門人になった。決定的運命的な出会いとして有名な「松坂の一夜」である。このときすでに宣長は「もののあはれ」論をはじめとする宣長古典学を展開しており、この出会いは古代への誘い、『古事記』研究に向かわせる契機になった。真淵に触発されての古代学への傾倒が、山部赤人をまねた万葉調のこころになって多くの富士山の詠歌へと導いた。たとえばこういう歌である。

朝日影さすがに雪のふじのねも外山の花に春は見えけり

画讃の歌という。万葉調などというものではなく、掛詞や縁語を用い類型化された平安王朝風の名所歌である。真淵に私淑したとはいえ、これが宣長の体質であった。朝日と白峰富士と桜といえば、ずっと後世、大東亜戦争下の戦意高揚のためのポスターの図柄である。宣長も江戸に下ったことはあり、富士を実見したはずである。しかし多作された富士詠歌に真景富士はなく、こういう月並みな平安王朝様式の名所絵風の題詠ばかりである。

真淵の下に多くの門人が集まったように、宣長の学を慕い仰いで数多の門人が集まってくる。宣長の古典学、古代学が浸透していくとともに、宣長の名所絵風の富士歌も富士讃歌の典型として広まり定着していく。この国の古い姿、本当のこころ、すなわち大和心を知ろうとする和学、国学の手本として、宣長の歌と学問とは富士山のように仰ぎ見られた。上田秋成のような反対派も少数はあったが、宣長の切り拓いた古代学は一世を風靡し、さらに後世に決定的な道しるべになった。

しきしまの大和心を人とはば朝日ににほふ山桜かな

この大和心と朝日と山桜と、先の朝日と富士山と花とを合わせると、江戸時代半ば以後、とくに後期の富士山の典型像が鮮かに浮かんでくる。旭日に輝き、匂い立つ山桜に飾られた富士山は汚れを知らない古代日本の本来の姿であり、それを称えるのが日本人の純朴なこころであり、かつ、そういうイメージそのものが私たち日本人の本来のこころ、大和心である、というのである。宣長は江戸に在住したこともないし幕府お抱えの学者、歌人でもない。だから真淵のように富士を徳川家の表象と見なければならない強請もなかった。宣長にとって富士は江戸の山、徳川家の山ではなかった。徳川幕府の富士山ではなく、大和という国の山であった。古代に還り「国の鎮め」「宝」と仰ぎ見、それを朝日と山桜で荘厳し名所絵風に称え上げたのである。こうして古代のこころを純粋なものとして称えれば称えるほど、富士山も純粋な大和心の表象になっていった。富士山は古代還りしたが、図柄は実景とはほど遠く、実景から余計なものを排除し想念のなかで純粋に美化された富士山になった。神さびた秀峰は旭日に光り輝き、山桜の匂いにつつまれて、この世のものとは思えない秀麗な幻想富士となったのである。

宣長は古代人の純粋なこころを大和心とした。それは現実にある心というよりは理想の心、本来こうあるべきだとする理念の心であった。そういう大和心をもつものによって古代日本はつくられ、古代では富士山はかけがえのない「宝」とあがめられた。それが日本という国の本来の姿である。朝日のように清明で正直、山桜のように清く爽やか、そういうのが本来この国、大和の心である。そんな大和心に満ち満ちた国はまさに神のように清明正直である。その清明正直を表象したものが霊峰富士山であった。

富士山はこの国の神体山として復活し、この国は神体山富士に見守られる神州とされ、宣長と同じようにこの国を見、富士山を仰ぐ風潮が江戸後期に多く見られるようになった。狩野派とは全く別に富士のあるべき真景を見つめようとする絵師も現れた。実景としての富士に飽きたらず大和心で富士

丹羽嘉言筆「神州奇観図」概略参考図

を仰ぎ見、この国の鎮めとしての富士、本当の富士の姿、真景を知ろうというのである。たとえば名古屋の南画家、丹羽嘉言《よしとき》はその先駆であり、美しい典型をつくった。

「神州奇観図」は、一七七〇年、富士山麓を数日間巡って写生したのち成ったものである。薄青い空を背に、中腹に白雲をたなびかせた蒼い山肌の上に白雪をいただく富士山である。中近景の山々も富士山に従服するのではなくそれぞれおのがじし連なっている感じである。自然の実景でありながら、この絵からは雲のように気韻が立ちのぼる。嘉言は名古屋郊外に隠栖し清明なくらしに徹したという。その清爽な胸中の映発ともみえる。俗気を嫌う画人に富士は俗気をぬぐった姿で立ち現れた。富士を中心としてあたりの山々も汚れのない真景、本来の清明な姿を現した。それを神の在す清明の地、神州とみたのである。ここ神州にすがすがしい景、奇観があるという発見である。それが嘉言の胸中富士であり、かつ、清明心の見出した真景富士であった。ここには先達本居宣長の大和心と通じ合うものがある。清明心が捉えた清明な富士であり、清明心なくして清明な富士は見出せないという姿勢である。

嘉言の神州は後世喧伝された神がかりの神州ではなく、神さながらの清明正直の国、神が見守ってくれる汚れない地という意味だろう。嘉言の邪念俗心のまじらないすがすがしい富士は見る者の心を清明にした。富士本来の真姿の示現として、富士像の一つのモデルになった。名古屋の南画家、中林竹洞は実際の富士山ではなく嘉言の富士図を前にして、同じく「神州奇観図」を描いた。富士山の勾配は嘉言の富士より実際に近く、ただ中近景は左右に見える駿河湾、相模湾ともに実景とはほど遠い。しかしこの「神州奇観図」からは汚れない神州を描こうとする清潔な志が立ちのぼってくる。志によって描かれた富士や山々からは神州の気、神々しい気韻が匂い立ってくるようである。富士山に思想や権威を託そうとする俗気を排斥し、神がかりでなく、汚れない富士真景に迫ろうとする純粋な志がにじみ出たものである。探幽とそれにつづく狩野派の定型富士や司馬江漢の自慢の真景富士とはちがうもの静かな富士、このすがすがしい国に鎮まる饒舌でない富士である。富士に何かを託そうという俗な下心のないところに生まれた富士である。

中林竹洞筆「神州奇観図」概略参考図

丹羽嘉言と同時代に、名古屋文化圏とは何の関わりもないところに「神州奇観図」に通じる富士図を描く南画家が続いた。中山高陽である。高陽は大坂に生まれ、儒学を学び、京坂で正統南画に接したあと江戸に下って南画を弘め、東北地

中山高陽筆「八州勝地図」概略参考図

方を歩いて真景図を描いた。「八州勝地図」は伊豆日金山に登って富士山を眺望して詩を賦し、その詩の心を図にしたものである。まず詩興があった。中近景を埋める山々、左右の駿河・相模湾、眼下に広がる八州の中心に勾配の急な富士山がすっきりと聳え立つ。山海を随える富士ではなく、八州の山海と気を交歓し合っている富士である。これが富士をいただく八州の勝地の真景で、八州を神州とすればそのまま神州の奇観である。高陽も富士に何かを託すことなく、富士とともにある景こそこの国の飾らない真景だとして、すなおな真景図を仕上げた。誰にも制肘されない目、下心をもたない姿勢からもの静かな富士が生まれた。

　嘉言や高陽の少しあと、江戸に近世きっての風景画家谷文晁が出、多くの富士山図を残した。文晁は狩野派を学び、南画の他いろいろな画風を学び、とりわけ写生画をよくした。幕府老中松平定信の信頼を得てその御用絵師として公務で各地を巡り、江戸府内からの他、各地からの富士真景図を描いた。しかし画才豊かな文晁でありながらその富士は探幽定型が多く、富士の独自の発見はない。御用絵師の制約が富士本来の姿を見えなくさせたのである。嘉言も竹洞も高陽も自分の目と心で富士に接したが、文晁は狩野派や江戸儒学者同様、公の目で富士を見るのである。御用絵師のようなとらわれの立場の者には富士は本来の姿、真景を現さなかった。

江戸に居住し徳川幕府に関わる者は、絵師にしろ儒者、国学者にしろ、幕府の富士、徳川家の富士、さらには江戸の富士という見方から離れられなかった。そのことは富士信仰に熱心な庶民でも同様で、富士を仰ぎ見る土地に生きる庶民にとっては、富士は江戸の富士であり、甲斐の富士、駿河の富士であった。富士につねに接するためにかえって富士に拘束され、身内の富士、おらが富士、「ため」にする富士になった。

真淵とちがい、幕府と関わりなく、富士とも親しく接しない宣長は、徳川家や江戸の富士という狭い料簡にとらわれず、一気に古代に還り、日本の鎮めの山として富士山をイメージしえた。丹羽嘉言も、谷文晁とちがい、富士を日常目にすることがないためにかえってとらわれない心と目で富士を見ることができた。彼らにとって富士は徳川家の山でも江戸の山でもなく、この国の山である。とらわれない心と目で見れば富士は誰のものでもなく、この国の山であった。そしてそういうとらわれない目で見れば富士は清明そのものであり、富士をいただく国も清明な神州と映ったのである。下心をもって思想や権威を託し、自分の「ため」にする富士山から、古代富士への回帰は、意外にもこのように富士と親しく接しないところから生まれた。

古代還りした富士山は、しかし、宣長や嘉言のころはまだ純粋な古代還り、純粋な大和心の自覚と志向にとどまっていたが、間もなく大和心も古代富士も大きく変容をはじめる。富士山が巨大になっていくのである。日本第一の山から三国一へ、ひいては五大州中第一の山へ、神がかり富士へと、変えられていく。江戸末期の騒然とした落ち着かない国情もその趨勢の引き金になった。幕府の威光がゆらぎ、幕府の富士も怪しくなってくる。幕府の富士、江戸の富士そのものの権威が踏みにじられる事態が生じるに至ったのである。

異国人の富士の見方

江戸時代も末期になると、アメリカ、イギリス、フランス、ロシアなどの黒船が日本近海に現れ、幕府をはじめ諸藩を脅かし、さらに日本に開国を迫ってくる。諸国は日本をどう見ていたか。何を要求しようとしていたのか。彼らはどんなふうに富士山を見たか。鎖《とざ》されていた日本という国だけでなく、霊峰富士山も異国人の目にさらされることになった。

そういう幕末期のあわただしい動向以前、すでに富士山に関心を寄せるものもあった。鎖国体制下、西欧諸国のなかでオランダだけが長崎を唯一の窓口として交易を許されていた。そういうオランダ人であっても厳しい監視下におかれており、オランダ商館長は四年に一度ははるばる江戸まで徳川将軍にお礼に参上しなければならなかった。一八二六年（文政九年）の江戸への旅の記録が、オランダ商館付医師で博物学者のシーボルト『江戸参府紀行』である。シーボルトの前に富士山が姿を現す。

四月六日（旧二月二九日）、富士山がそびえ立っている富士川の左岸で私は六分儀で測量し高さ八度四分という結果を得た。ある時は雲におおわれ、またある時は雪で明るく輝く山頂は概して視界の雲より低く、西と南で富士山はかなり延び広がり、稲田の平野となって下り、街道が通じていた。（下巻）

四月七日。われわれは今まではたいして困難を覚えずに道を登りながら、箱根山脈の彼方にそびえ立つ円錐形の富士山を望むすばらしい景色を見て楽しんだ。（同）

自然科学者らしくシーボルトは道中、動物を観察し、植物を採集し、地形を調査測量した。それが旅の主たる目的であった。感動を表に出さない冷静な紀行だが、それでも富士山にはやはり心動かされるものがあった。

帰路、五月二三日（旧四月一六日）。夕方疲れて蒲原につく。曇り空のため富士山は見えない。しかし昼ごろ天候が少しよくなり、まだ雪におおわれた富士山のそびえ立つ山頂を思わず感嘆して眺め入った。いうまでもなくこの山の下に向かっている深い山襞だけは雪におおわれていて、長く白い帯状をなして、山頂から山の背の半ばまで輝いていた。この山麓の非常に美しい景色をみるのもまた楽しかった。（同）

シーボルトは富士山を鑑賞するだけではなかった。日本を代表する山、富士の経度緯度、高さ、噴火口の状態など、地形、地質、地理の測量をし、オランダに報告することも目的であった。しかしそれは外国人には絶対に許されないことであった。しかも公務の旅とあっては測量らしい測量もかなわなかった。そのため翌年には日本人弟子の二宮敬作を富士に登頂させて測量にあたらせようとした。こういう学者としての積極性が後年のシーボルト事件を招いたのだが、シーボルトの富士を見る目は外国人によくある旅の好奇心からのものではなく、やはり自然科学者らしいものであった。富士山を自然科学の目で見る先駆けである。

一八五三年（嘉永六年）六月、アメリカ東インド艦隊司令官M・C・ペリーの率いる黒船四隻が相模岬に向かってやってきた。

靄が都合よく晴れたので、今や大富士が相模湾の背後に聳えているのが見え、その円錐形の頂は天空高く聳えて遥か彼方に姿を現わしていた。又その頂には白い帽子をかぶっていたが、それが果して白雪であるか或は又白雲であるかは見分けがつかなかった。（ペルリ提督『日本遠征記』二）

富士山の第一印象である。船艦は浦賀沖に投錨した。

投錨直前に天候はからりと晴れ渡り、富士山の高い頂は益々はっきりと見え、遥か彼方に横たわる群峰から抜きんでて高く聳えていた。標高八千乃至一万呎と測定された。その位置は浦賀の西、二分一北にあり、その距離は五十乃至六十哩である。（同）

富士山の美しさにはほとんど関心を示さず、科学的、地理的、あるいは軍事的関心で富士山は見られている。

ついで一八五六年（安政三年）八月、初代駐日アメリカ総領事ハリスをのせた黒船が下田に入港した。下田奉行との渋滞しがちな条約交渉を終えて翌五七年十月七日、ハリス一行は天城越えのルートで江戸に向かった。翌八日、湯が島を越えたところでハリス一行ははじめて富士山を眼前に見た。

それ（富士山）は雪で蔽われていた。輝いた太陽の中で（午後四時ごろ）凍った銀のように見えた。その荘厳な孤高の姿は、私が一八五一年一月に見たヒマラヤ山脈の有名なドヴァルゼルよりも目覚ましいとさえ思われた。（ハリス『日本滞在記』）

感動が伝わってくる文章である。同行した通訳官ヒュースケンも富士との出会いをさらにいきいきと記した。

谷間におりて、天城の山頂に去来する雲から外に出ると、田畑がひらけてくる。やわらかな陽ざしをうけて、うっとりするような美しい渓谷が目の前に横たわっている。とある山裾をひと巡りすると、立ち並ぶ松の枝間に、太陽に輝く白い峰が見えた。それは一目で富士ヤマであることがわかった。今日はじめて見る山の姿であるが、一生忘れることはあるまい。この美しさに匹敵するものが世の中にあろうとは思えない。(『ヒュースケン日本日記』)

私は感動のあまり思わず馬の手綱を引いた。脱帽して、「すばらしい富士ヤマ」と叫んだ。山頂に悠久の白雪をいただき、緑なす日本の国原に、勢威四隣を払ってそびえたつ、この東海の王者に久遠の栄光あれ!(略)ああ! 昔の友達が二十人もこの場にいたら! ヒップ、ヒップ、フレーを三回繰りかえして、けだかい富士ヤマをたたえる歓声が、周囲の山々にこだまするだろうに。(同)

ハリスとちがい気軽な立場のせいか、富士賛歌も元気がいい。ヒュースケンもスイスの氷河やヒマラヤのダウラギリと比較し、孤峰富士のくらべようのない美しさを称える。

ハリスはこのときの感動をたしかめるように幕府に富士登山許可を願い出たが、実現しなかった。外国人が富士の山頂に立つのはそれから三年後の、一八六〇年(万延元年)のことである。

イギリスの初代駐日総領事オールコックは富士登山を申し入れた。幕府は治安の不安定なことや、富士登山は下層階級の者がすることで公使のような肩書を有する者のすることではないという理屈などをつけて延引をはかった。しかしオールコックは条約を持ち出して幕府を説得し、一八六〇年九月四日(旧七月十九日)、神奈川のイギリス領事館を出発した。メンバーには植物学者も加え、科学的観測用の器具を用意した。イギリス地理学協会へルート地図を送ったりしたところをみると、単に物見遊山ではなく、科学者シーボルトと同じような関心があっての登山であった。一行は神奈川から東海道を吉原までたどり、そこから大宮へ向かった。富士山本宮浅間大社から登る大宮ロルートである。

雲がわれわれの足もとのはるか下を流れており、かなたには海までつづいている丘陵と平地の広大なパノラマがひろがっていた。われわれは箱根山脈よりもずっと高いところにいることが明らかで、その頂上を見おろした。（略）この登山の後半は、ひじょうに困難なものであった。各休息所を通過するごとにけわしさが増してくる。われわれが出発するときに、太陽の最初の光線が海岸線を照らし出すと見るやたちまちにしてその一条が太平洋の広大な海面をなぜた。（略）空気がいちだんと稀薄になって、明らかに呼吸に影響をおよぼした。ついに第三の休息所をすぎて、ひじょうな努力をして第四の休息所にたどりついた。（略）ここは、頂上にいたる最後の休息所であった。（略）この噴火口はつき出たくちびるをもつ大きな長円形をなしており、ロビンソン大尉が知っているかぎりの測定方法をつくして算定したところによると、長さは約一一〇〇ヤード、幅六〇〇ヤード、深さは約三五〇ヤードだろうということであった。北面に当たる反対側を見おろすと、植物がまったくなく、はるか下の方までなにもないようであった。（略）噴火口のふちの算定された高さは、海抜一三、九七七フィートであり、最高峰の高さは一四、一七七フィートであった。富士山《ヤマ》の上のわれわれの休息所で、緯度は北緯三五度二一分、経度は東経一三八度四二分と計算された。羅針盤の偏度は四三度二分、正午のひなたの空気の温度は華氏五四度。

（オールコック『大君の都』中）

この長い引用文に、地理、植物相など、観測を重視する姿勢から彼らの登山の目的、関心の所在がうかがえる。日本を客観的に把握すること、富士山を含め客観的科学的データを本国にとどけることも外交官オールコックのひそかな任務であった。シーボルトを先駆として、外国人によって富士山は科学的に観測され、その自然誌づくりがはじめられた。もう一つの富士山の見方、発見である。信仰心や崇拝心もなく、伝統の見方にもとらわれず、純粋に自然の存在として見る富士山である。

オールコックは異国人としてはじめて富士登山をはたし、科学的データを得て帰還した。山頂に立って下界を眺望したとき、おそらく日本を手中にしたような思いにとらわれただろう。また異国人一行が聖峰の頂きを踏んだとあって感慨にとらわれた日本人もあっただろう。怒りもあっただろう。それを察してか翌一八六一年、長崎から江戸へ帰る旅路で再び目近に富士を眺めたときの印象は前とは少しくちがった。

（大井川）川岸におりてゆく途中に、富士山がはじめて見えた。それは、すばらしいながめで、富士山がこれほどりっぱに見えたことはいまだかつてなかった。東の太陽の光線が頂上を照らし出し、ふわふわした雲が斜面にマントのようにはりついていた。それは、友人のなつかしい見なれた顔のようだった。わたしが帽子をとって敬礼すると、日本人たちはたいそうよろこんだ。かれらはきっとそれを、かれらの霊峰の威厳にたいして敬意を表したにちがいないと感じたのだろう。（同）

オールコックにとって、富士山は征服し手中におさめた山として、友人のように親しい存在になっており、その日は友人に再会の挨拶を少々大仰に送ったにすぎない。オールコックには美しい富士に対して親愛感はあったが霊峰としての尊信の目はない。対するに同行の武士官人には崇拝心はあるが親愛の情は薄かった。そのちがいや対立が日本人の誤解によってやさしく解消されたのである。

オールコックの登頂後、外国人たちは競って富士山をめざした。ちょうど、ペリーにつづけと次々と異国船が日本に押し寄せてきたように。富士登頂は彼らにとって遊山ではなかった。日本との外交上の成果の一つであり、日本を手中にするあかしであり、本国へのよき報告土産であった。頻発する外国人襲撃事件のため、ハリスの登山計画は潰えたが、一八六六年（慶応二年）七月、スイス総領事ブレンワルト一行四人が二番目の登頂をはたした。すぐにつづいて八月、アメリカ駐日代理公使ポートマン一行が山頂に立ち、翌年にはオランダ駐日公使ポルスブルック伯爵一行が登頂した。オランダ隊と争うようにイギリスの駐日特命全権公使兼総領事パークス一行が頂上に立った。イギリス隊にはパークス夫人も参加しており、外国人女性の初登頂となった（ちなみに女性の富士登頂の最初は、記録に残っているものでは、不二道孝心講の小谷三志に同行した高山たつである。一八三二年〔天保三年〕九月のことである）。

日本では武士や官人たちは決して富士山に登ろうとしないのに、異人たちは、伯爵、全権公使、総領事など高位高官の者が競って登った。道中の治安の険悪さ、施設の劣悪さ、登山路のきびしさ、自然気象条件の苛酷さ、それらを乗り越え彼らは登山を決行するのである。富士登頂は外国人には遊山や自然観測という名目の他に目的があった。日本人が国の鎮めとする日本一の霊山の上に立つこと、それ自体が総領事とか公使という立場にある者には使命とも思われたのである。だからオールコックのように一度征服すればもう親しい友人と見なすようになるのである。富士山は外国人には日本との諸交渉に役立つ重宝な山であった。

霊峰富士は異国人によって穢された。しかも異国人たちは富士登山と称して日本人の知らないデータを集めて本国に知らせているではないか。このままでは富士が危い。日本も危い。江戸後期から盛り上がりを見せてきた国学の徒や水戸学の徒、尊皇攘夷の志士たち、日本の国を憂える武士層に、そういう危惧の念が広がっていった。外交政策への苛立ちもあって、幕末期、富士山への思いは国の内外で激しく交錯したのである。

富士山を全国民のものに

明治維新は富士山にも大きな変化をもたらした。開国と同時に新都東京や新港横浜にどっと外国人がやって来た。維新前は官人とその関係者に限られていたが、貿易交易を目的とする者、各分野にわたるお雇い外国人、文明開化の波に乗ってひと儲けを目論む者など、階層も上下を問わず質もとりどりの外国人たちが、日本という新市場に殺到した。それまで富士山に登るのは当然のことながら官人で、しかも幕府の認可を得たうえで、幕府の間接的な監視と護衛のもとにおこなわれた。しかし維新後は富士山も日本の開国に合わせて開放された。外国人はたいてい新都東京や横浜など富士山の見えるところに居住しており、富士山は日本居住のあかし、本国への土産として恰好の対象とされた。外国人にとって富士山は特権階級のものでなく、誰にでも開放された山になった。維新後の外国人の富士登山の記録は厖大だが、その一例。

アメリカの貿易会社ウォッシュ・ホール商会横浜支店に勤める青年C・A・ロングフェローは維新後間もない一八七二年（明治五年）九月（旧七月二十九日）、同僚と二人の日本人従僕の四人で横浜を出発した。横浜—小田原—箱根—御殿場—須走、そして頂上へのコースである。箱根では知人に会った。「スペンス氏とショー氏に会ったところ、有難いことにビールを二瓶くれた。二人は九月一日に乙女峠、御殿場、須走というルートで富士登山をしたそうだ」（『ロングフェロー日本滞在記——明治初年、アメリカ青年の見たニッポン』）。道中の宿屋で富士に登ってきた知人に会うほど、富士は外国人に開放されていた。ロングフェロー一行は六日、須走から登りはじめ、要所要所で測量機器で気温や気圧、標高を測りながら、八合目で日没の美しい雲を見て泊まった。富士巡礼の男女も一緒だったと日記に記すように、富士講は維新の変動などに関わりなくまだ賑やかにつづいていた。

七日、早朝六時四十五分、とうとう富士山頂に立った。僕は噴火口を見ようと一人で歩いて行った。これまでに体験したことのない静けさの中で、しばらく火口の縁に座り込んだ。時折、霜のために緩くなった小石がコロコロと大きい穴の中に落ちて行く。穴の奥に住んでいる神様に我々は和平の贈り物として一分を奉納した。噴火口は周囲三マイルもあるだろうか。歩いて一周した。（略）山頂からの眺めはこれまで体験したことがないほど素晴らしかった。（同）

ロングフェロー一行は頂上からの眺望を楽しみ、観測も忘れず、さらに巡礼の風習をまねて賽の河原の小石積みに興じ、富士を満喫して吉田口へ下山した。まことに屈託のない富士遊山である。

外国人に富士山は征服すべき山とされるばかりでなく商品ともされた。幕末に来日し明治初期まで横浜にいた写真師フェリーチェ・ベアトはめずらしい日本の風景や風俗を撮影し販売した。そのなかに富士山の写真も、遠景近景、さらに山中、登山道などの景を含め、数多くあった。開国期の日本に押しよせる外国人向けの観光土産、横浜土産である。日本フジヤマ・ゲイシャ化の一歩である。

富士山は外国人に広く楽しまれるようになると同時に、観測や研究の対象ともなった。アルピニズムと科学的観察研究は日本人の知らない富士とのつき合い方であった。そういう外国人の動向のなかで、日本人の富士とのつき合いは依然として富士講中心であった。幕府崩壊によって親しんできた徳川家の富士、江戸の富士が表から消えたあと、外国人の富士との接し方に刺激され、江戸時代後期から盛り上がっていた国の鎮めとしての富士という思想動向をもとに、富士を外国人から日本人のもとへ取り戻そうという気運も高まってくる。かつて富士山が幕府の表象だったように、明治新体制にはそれにふさわしい富士山でなければならないとする気運である。箱根の藤屋旅館が外国人の富士ブームにあやかって富士屋ホテルと表記変えする時代で、外国人による富士ブームが富士の見直しを迫ってきたのである。

まず、徳川幕府の富士山という特権的な富士を消滅させ、江戸の富士、駿河・甲斐の富士というような地域限定による狭小な富士イメージを排し、もっと新国家全体という立場から富士山を見直そうとする動きがはじまる。そこに、富士山の原点ともいうべき万葉の富士に立ち還り、「神さび」た「高く貴き」「国の鎮め」の富士がクローズアップされてくる。

富士山は江戸時代半ばからずっと富士講という庶民信仰集団によって育てられ、士大夫たちが登らない庶民の山とされてきた。富士山は俗信仰に生きる下層階級の俗山と、士大夫から見られるところもあった。富士講は時代が下るにつれて信心よりも集団遊びになり、富士代参は団体旅行、慰安の遊山になった。富士山をそういう俗信仰から解き放ち、庶民の遊びの山という通俗臭をぬぐい落とさなければならない。そういう考えのもとに「白雲もい行きはばか」るような崇高な近寄りがたい富士山像が浮かび上がってくる。「語り継ぎ、言ひ継ぎ行」く富士づくりである。

富士山は古代還りして、天雲も寄せつけない神さびて高く貴い山、維新日本の鎮めの山として復活する。同時に天皇も、幕藩体制下の天皇とは様変わりして、新国家に君臨する存在として古代還りをはたした。富士山を日本全土のあらゆる群山の中央に聳え立つ日本一の神山とし、天皇を万民の上に聳え立ち万民を慴伏せしめる現人神としようというのである。富士山と天皇、双方の雲上への祀り上げである。これが、外国人や庶民階層から富士山を国家権力に招き寄せ、日本のものとする方向になった。

そのために新政府は日本の鎮めの神さびた秀峰、富士山のイメージを国民に徹底させようと努める。そういう富士山像が定型として定着することは、日本国のイメージの定着、現人神天皇のイメージの徹底ともなるだろう。誰のものでもなく、特定の地域のものでもなく、日本国民全体の富士山像づくりである。高く貴く神々しい富士山の姿はひいては目にするも畏れ多い神々しい天皇の姿とも重なるものになるだろう。新富士山イメージの定着に学校教育は最も有効な手段である。美しい富士山のイメージ、ひいては天皇のイメージを徹底させるために教育もつとめて協力した。その一例。

明治新政府になって一八七一年（明治四年）、文部省が創設され、翌年、学制が公布された。新学制に「唱歌」が取り入れられたが、「当分之ヲ欠ク」として実施に至らなかった。小学校で唱歌が教えられるようになるのは、伊沢修二がアメリカ留学から帰国し、音楽教育の必要性と方法を文部省に献言してからである。一八七九年（明治十二年）、伊沢は自ら文部省音楽取調掛長になり、アメリカから音楽教育家メーソンを招聘して、教材の唱歌集の編纂と教師の養成など、音楽教育の推進にあたった。

一八八一年（明治十四年）十一月（実際の刊行は翌年四月）、最初の「小学唱歌集初編」が刊行され、八三年三月「第二編」、八四年三月「第三編」とつづいた。初編に伊沢は音楽教育の目的を述べる。

凡ソ教育ノ要ハ、徳育・智育・体育ノ三者ニ在リ。而シテ小学ニ在リテハ、最モ宜ク徳性ヲ涵養スルヲ以テ要トスベシ。今夫レ音楽ノ物タル、性情ニ本ヅキ、人心ヲ正シ、風化ヲ助クルノ妙用アリ。（略）

音楽は「人心ヲ正シ」「風化（教化）」の一助になり、徳性の涵養に資するというのである。苦心のすえに選ばれた曲は三編合わせて九十一曲、「わが日本」「君が代」「大和撫子」「五常の歌」「五倫の歌」「皇御国《すめらみくに》」「栄行《さかゆ》く御代」「天津日嗣」「太平の曲」「やよ御民」「才女」「学び」「誠は人の道」「瑞穂」

「忠臣」「高嶺」「治る御代」「祝へ吾君を」「心は玉」「招魂祭」など、国をたたえる歌、天子に尽くす歌、徳性涵養を意図する歌が並ぶ。その他の曲も、国に尽くし、天子をうやまい、忠孝をたたえ、自分を磨くという克苦精励の歌詞がつらなる。そういうなか、初編に「富士山《ふじのやま》」の唱歌がある。

一
ふもとに雲ぞ　かかりける
高嶺にゆきぞ　つもりたる
はだへは雪　ころもはくも
そのゆきくもを　よそひたる
ふじてふやまの　見わたしに
しくものもなし　にるもなし

二
外国人《とつくにびと》も　あふぐなり
わがくに人も　ほこるなり
照る日のかげ　そらにゆくつき
つきひとともに　かがやきて
富士てふ山の　みわたしに
しくものもなし　にるもなし

白雪を冠した富士の似るものない美しさが称えられ、定型富士がうたい上げられている。加部厳夫の歌詞について、伊沢の「唱歌略説」はこう註する。

第一歌ハ万葉集中、山部赤人ノ富士山ノ歌「白雲モイユキハバカリ時ジクゾ雪ハ降リケル」トアルニ拠リ、雪ト雲トヲ対シテ艶美秀峻、壮観無比ナル形状ヲイヘルナリ。第二歌モ亦同集ヨミ人不知ノ富士山ノ歌ノ句中「天津日ノ影モ隠《カクラ》ヒ照ル月ノ光モミヘズ」トアルニ拠リテ作レルナリ。ソモソモ此山ハ同歌中ニモ「日ノ本ノヤマトノ国ノ鎮メトモイマス神カモ宝トモ成レル山カモ」トモアリテ、内外ニ渉リテ普ク賛美スル所ニシテ、日月六合ニ照徹スルガ如ク、国威ヲ万国ニ輝カスノ表準トモナルベキ名山タルヲ称揚シ、并セテ聴者ヲシテ愛国心ヲ感発セシメン事ヲ希望スルノ意ニ出ル者ナリ。楽譜ハ独乙《ドイツ》国有名ノ音楽家ヘイドン（ハイドン）ノ作ニテ、日光ノ国旗ニ光リ輝キテ勢威ノ磐石ノ如ク、千古動カスベカラザルノ意ヲ顕ハセリ。

この註に選曲の意図だけでなく、何よりも富士山に託す思い、願い、思想など、すべてが語られている。これが当時、新政府が富士山に託そうとしていたイメージであり、こういう富士山像の定着を意図していたのである。外国人も仰ぎ日本人も誇りとする山、内外にわたって賛美する山、しく（及ぶ）ものも似るものもない崇高な孤峰、国威を万国に示す標準、表象となる山、それが新政府がつくり上げようとする富士山（ひいては天皇）像である。この「富士山」に歌われる富士の姿は、図画の教える白雪をいただく三つ峯富士像と相まって、しだいに定型として定着していったが、しかし歌そのものはあまり広がりを見せなかった。

第三編にも「富士筑波」という曲が採用されたが、こちらはぐっとくだけた歌詞である。

一　駿河なる　ふじの高嶺を　あふぎても　動かぬ御代は　しられけり
二　つくばねの　このもかの面も　てらすなる　みよのひかりぞ　ありがたき

富士山筑波山のイメージをつくり、それらを称えるというのではなく、天皇の御代の称揚歌である。しかもそれを地唄「黒髪」の前半と後半を接合して仕立て上げたものとされる。山部赤人の歌と、「つくば嶺のこのもかのもに影はあれど君がみかげにます影はなし」(『古今集』)をかりて、君の徳を称えるのである。天皇と新時代の讃歌だったが、こちらもあまり浸透することはなかった。意図に反して、ともに新時代には古風にすぎたのかもしれない。

富士山が唱歌を通して子どもたちに深く浸透していくのはもう少しあと、日清・日露の両戦争の戦勝国として国内がナショナリズムと天皇制ファシズムに急速に傾斜していくとき、天皇制国家体制がゆるぎないものになった明治末期である。一九一〇年(明治四十三年)「尋常小学読本唱歌」に文部省唱歌「ふじの山」が登場した。

一　あたまを雲の上に出し
　　四方の山を見おろして
　　かみなりさまを下にきく

ふじは日本一の山

二　青ぞら高くそびえたち
からだに雪のきものきて
かすみのすそをとおくひく
ふじは日本一の山

やさしい歌詞ながら先の伊沢修二の意図も国家の意図も汲み取った唱歌である。雪をいただき雲の上に聳え立って四方を見下ろす富士山の姿は、さながら雲上人として四方の下界を見下ろす現人神、天皇である。天人のような白衣をまとって雲上人は、天の下のこと、雷のようなものさえを、下々のこととして聞くのである。青空高く聳え立つ真白き富士山は日本一の山であると同時に、全国民がまぶしく仰ぎ見る天皇の仮現でもあった。日本一富士、現人神富士が明治期の国粋主義、国家主義、帝国主義の擡頭と躍進に歩調を合わせて、あるいはそれをあおるように定着していく。近代天皇制国家がつくり出した国粋主義富士、ナショナリズム富士とも称すべき新定型富士である。外国人の手から、庶民の心から、国家は富士山を取り戻したのである。

磨かれる国粋イデオロギー富士

政治・社会・教育の制度や組織、構造から、都市や建築、科学や技術、医学や医療、学問や思想、文芸や芸術、その他あらゆる部門で欧米化がめまぐるしいまでに推進され、明治も二十年をすぎると日本の表情は大きく変わった。一八八九年（明治二十二年）には懸案だった憲法も発布され、翌年には国会も開設され、形のうえで近代天皇制国家の土台もでき上がった。二大スローガンである文明開化と富国強兵策が成果を上げるにつれて、思想や文芸を中心に諸分野で欧米化に対する反動も起こってくる。日本が国力国威を伸長して台湾や朝鮮、樺太へと領土拡大をはかるにつれ、日本の国土に対しても欧化主義に抗する見方が現れた。国粋主義的立場からの日本という国の見直しである。日本の国土再発見である。その主導者の一人が志賀重昂で、『日本風景論』はそのプロパガンダの書でもあった。

志賀重昂は一八八六年（明治十九年）、帝国軍艦筑波に便乗して、西洋列強が分割占領した南洋諸島を視察し、『南洋時事』を著した。欧米の植民地占領政策を目の当たりにして、それまで日本が迷うことなく進めてきた欧化主義に疑問をもち、それを批判した警世の書である。そして世を覆う西洋崇拝に反抗して国粋保存を掲げ、日本の進むべき方向を打ち出した。日本には誇るべき日本独自のものがある。それを見出し守ることこそ道であるとしたのである。その具体的提言の一つが『日本風景論』であった。

『日本風景論』は一八九四年（明治二十七年）十月に刊行。日清戦争のさなか、はじめて日本の国力を世界に示し、国威発揚に国じゅうが沸き立っているときである。刊行とともに評判をよび、日清戦争による国粋主義、国家主義の盛り上がりのなか、さらにそれらの思想をよりあおる書として、一九〇二年までの八年間に増訂しつつ十四版を重ねる売れ行きを示した。明治年間の愛読の書籍として福沢諭吉の著書に次ぐものとされたという。

『日本風景論』は国土愛から出発し、「江山洵美是吾郷」の冒頭の引用句のとおり国土の美を称揚し、国土への回帰を呼びかけるものである。国土の山河がいかに美しいか、日本の美から始まり日本の美に終わる壮麗な日本賛美である。とりわけ賛美の対象は山である。当然、富士山は国土賛美の中心にあった。たとえば帝都東京の美観はこう称えられる。東京は隅田川の大河と海を擁し、水蒸気によって朝夕にさまざまの表情を見せる。その美景は「是れ欧米人の其国に在りて看る能はざる所」である。

> 若し夫れ暁色微茫、水蒸気は満天に縹渺して大海の如く、堂塔、殿閣、層楼、其間より隠見断続し、時に鐘声殷々として此の大海中より迫り来る。須臾にして曙光は水蒸気の間を透し来り、宮城の粉壁先づ紅を抹するや、頃刻万変、三十万の人戸一時に顕現し、人をして坐らに蜃気楼を眺観するの感あらしめ、芙蓉峯（富士）万仞、亦た莞爾として半空に露わる。

朝日とともに顕れた富士山は蒸気のなかに没し、夕陽のなかにまた姿を変えて顕れる。富士は東京だけでなく、

> 富士の峯尖、白雲の上に露はれ、太平洋の地平線上旭日正に昇り、此の白雲を下層より黄金色、黄丹色、紅色、紫色と漸次に抹し来る。

「峯腰（富士）一片雲、散作千山雨」（菅茶山）と称えられるように、富士は他でも多様な姿を見せた。富士山の定型がまたつくられていくのである。そして極めつきの富士山が示される。

志賀にとって風景の中心をなすものは「山」、とくに「火山」である。「特に人性を点化し、高邁にし、神聖にするもの実に山嶽に過ぐるなく、山嶽中、特に『名山』に在りとす」というとおり、山は人間性をも涵養するものとされる。名山には日本の国民性をもつくることが期待されているのである。人性をも涵養する「名山」の標準は、

一、山の全体は美術的体式と幾何的体式とを相調合按排せるもの。

二、然れども一山中の境遇は変化多々にして且つ不規律なるもの。

である。美しい円錐形をもち、山中に噴火口や火口湖、岩石など多様な表情をもつのが名山である。そういうコニーデ型火山は日本に数多いが、そのなかでもひときわ高く美しいのが富士山である。

志賀は富士山を「『名山』中の最『名山』」とし、世界から寄せられている嘆声を列挙して名山たることを強調する。高くて美しい美術的スタイルと、どこから見ても端正な円錐形の幾何学的スタイルが相調和し、山中には多くの副火山を擁し、八峯がとりまく頂上には深い噴火口があり、山腹山裾には焼山・木山・草山などの多彩な景観をもつ富士山は「『名山』の宗と仰視」されるだけでなく、「富士実は全世界『名山』の標準」であった。富士山は日本の名山中の名山から全世界の名山に飛躍躍進

したのである。戦勝によって世界に国力を見せつけ国威を誇示する国の歩みに合わせて、富士山は日本一国の名山から国威の表象として世界の名山へと昇格した。

日本の風景の特色は、一に瀟洒、二に美、三に跌宕《てつとう》にあり、とする。富士山はその三つを兼備した日本風景を代表する最高の名山である。美しい名山富士は新しい日本の国体の表象である。山嶽が人性を涵養するならば富士を崇敬することによっておのずから国民性も教化され高邁になるだろう。日本一の名山を崇拝することはおのずから日本国への愛、国粋主義へ導き、世界の名山富士を仰視することはナショナリズムの推進になるだろう。富士山は美しい姿ですっくと立っている。自然は純粋、清明、正直である。それは神聖なものの有する特性である。富士は神々しい。日本もまた神国である。富士は名山中の名山として祀り上げられ、国体表象の山、神国日本の象徴になったのである。

雲の上に聳え立ち群臣を従えて四方を見下ろす帝国主義下の天皇と同様、富士山も雲の上に聳え、日本国じゅうにつくられた「名山」を群臣のように従え、四方の山を見下ろす。並居る諸嶽群山の上に君臨する富士山は、かつての江戸や幕府の富士ではなく、樺太、北方諸島、琉球、さらには朝鮮、台湾までも併合統治する中央集権国家の表象の山、日本国家の山である、と喧伝するのである。富士山は国家思想を託された国家統合の象徴とされるに至った。天皇をとりまく群臣のように、富士山をとりまいて日本全国に都合がいい名山があった。中央に尽くす地域のように、地域の山もこぞって富士山に阿諛し従った。地方に浸透した中央志向、天皇崇拝はそのまま中央の名山富士志向、富士崇拝になった。

近世から富士山は幕府の富士、江戸の富士、さらには三国一の山だと儒学者や国学者、あるいは御用絵師に持ち上げられてきた。幕府に扈従する諸藩では、幕府富士にならって、領内に自らの富士山をつくり上げた。かつてその地の守護神、神山とされた山で富士山のように円錐形をした山を地域の富士山と称して、幕府のひそみにならったものである。地方富士は江戸に憧れる地方民の中央権力へのおもねりであり、またお国自慢でもあった。富士山を頂点とする地方の山々のパンテオンづくりの下地はすでにあった。

志賀も「日本の山嶽、富士を標準とし、富士の名称を冒かすもの多々」として、各地の小富士を列挙し、さらに自ら見出した富士をつけ加える。謂く、

我が富士山を「岱宗」となし、「千島富士」（千島チャチャノボリ）、「蝦夷富士」（膽振後羊蹄《シリベツ》岳）、「津軽富士」（岩木山）、「南部富士」（岩手山）、「吾妻富士」（岩代吾妻山彙中、一名小富士山）、「榛名富士」（榛名山彙の最高点）、「信濃富士」（黒姫山）、「鎌倉富士」（相模屏風山の傍）、「伊豆富士」（大室山）、「八丈富士」（八丈島西山、一名甑峯）、「近江富士」（三上山）、「都富士」（比叡山）、「有馬富士」（摂津有馬郡角山）、「播磨富士」（明石町と三木町間のメカウ山）、「伯耆富士」（大山）、「安芸富士」（広島市傍近）、「讃岐富士」（飯野山）、「小富士」（伊予興居島）、「筑紫富士」（筑前志摩郡可也山）、「豊後富士」（由布嶽）、「薩摩富士」（開聞岳）

と挙げてきて、さらにつづける。

と共に、台湾の最高峰玉山は宛如富士山に形似するを以て今や「台湾富士」と転名し、山東省の泰山は期年「山東富士」と変称し、斉しく富士山の名称を冒さしめんことを。

と、富士山の威光の及ぶ版図を日本国の侵略の地にまで拡大した。まさに日本国の意図、野望をそのままに体した国粋主義、帝国主義的発想、発言である。こういう発言が国威発揚期の国民感情をさらにあおったのである。富士山が大東亜の表象になる日も間近になった。

幕末までの地域の富士はお国自慢としてほほえましいところもあった。しかし近代国家体制の下、大富士山の下に統合されるに至ってそれら各地の小富士は、地域を守る神山から中央天皇制国家を仰ぎ、支え、それに服従する中央の支山になった。帝都を中心に強圧的な統制ネットワークを日本全国に張り巡らせて政治的精神的統合をはかったように、大富士山を中心に日本全国、さらに侵略地までも含めて各地の小富士を糾合して富士山ネットワークを形成することによって、日本国統合のイメージをつくり上げたのである。富士山ネットワークはのちのち十五年戦争の終焉まで国民精神統合に貢献することになった。富士山はまたしても権威や精神、イデオロギーを託されて「ために」する山とされ、大いに役立っただけでなく、各地の純朴な名山までが大富士の精神を体現した支部の山として、天皇制国家の思惑にはせ参じ、従服するに至るのである。

こうして明治期半ばから富士山は国民性の支援を得てますます高く貴く巨大になった。天皇制国家の看板とされ、イデオロギーの山になった。富士山の受難期であった。

山桜匂う旭日富士

富士山は明治に入ってから年をおって国民に親しいものになった。親しいものにされていった。富士山と国民に日本国家がそのように強制し仕向けていった。富士山を国家の管理下におき、富士の見方や富士に寄せる思いを統制し、国家イデオロギー浸透のための装置としたのである。富士山の国有化、国有富士山づくりである。

明治のはじめ、外国人に富士山は恰好の観光地になり、F・ベアトの写真にみるように富士の写真はいい日本土産になった。そういう外国人の富士との接し方から富士が日本宣伝に役立つことを知り、明治の指導者たちは改めて富士を見直し、その利用を考えた。その極めつきは、富士の定型イメージをつくり、それを全国民に植えつけることで、日本国家が推進している天皇制イデオロギーを植えつけることであった。

富士山はそのために図画や唱歌などの教育に使われ、商品ラベルや広告に取り入れられ、日常のなかへと引き寄せられた。白雪をいただき、東海に聳え立つ三つ峯の定型富士、こういう国有富士の押し付けである。富士を見る機会のない幼童さえ描くことができるまでに定型富士山は、国家の思惑どおり、全国に浸透していった。そして富士山はその後、軍国主義体制へと突っ走る近代日本と、歩みと運命をともにすることになった。

国家に管理された国有富士は、日清日露両戦争によってファシズム色が濃くなるにつれ、ますます国家イデオロギーを体現した神がかりの山になり、十五年戦争下にはさらに多くの思想と役割を担わされるに至った。そういう富士山を、写真や絵画がさらに強調し、軍国主義のシンボル富士へと仕立て上げていった。少しは残っていた素朴な富士の絵や写真の否定の上に。

外国人に先鞭をつけられた観光土産用の富士山写真は、明治末から大正期にかけての黒川翠山の富士写真に見るように、絵ハガキの形となって定着した。遠景の中心に富士山をおき、中近景に低山や里海や湖を配した風景写真である。西欧の風景画の構図にならった「ピクトリアリズム」写真である。富士山を秀峰霊山と仰ぐ姿勢はあっても、翠山には京都の写真家らしく円山派や四条派の画家に通じる古い伝統的な富士山観があり、そこにはまだファシズムのますらお富士山はつくられていない。富士山写真が軍国主義のスタイルをおびてくるのは昭和初期、十五年戦争に突入してからである。その一例が日本写真界に新風を吹き込んだ新しい世代の名取洋之助や木村伊兵衛、渡辺義雄らによる海外向け日本宣伝写真である。国際観光協会という名目看板のもと、南洋に、中国大陸に、インド亜大陸にと侵略をはかる軍国主義政策に加担して、日本の美を、日本の伝統を、日本の活況を広く海外に知らせようという写真である。そこでは、煙突林立する近代工業都市、美しい女性たち、伝統芸能、モダンな都市景観など、とりどりの景観を従えて富士山は、往々にして主役をつとめた。富士山に山桜とか芸者を配した写真、旭日に白雪を輝かした神韻ただよう富士の写真など、三国一の富士から五大州中の富士へと八紘一宇の思想に協力する写真も多かった。これら報道写真家たちの戦争協力はそのまま富士山の戦争協力でもあった。

これらの写真は軍部からの要請による日本宣伝という名目のものだったが、しかし結果は侵略協力であった。なかには進んで侵略戦争に協力するものもあった。そういう空気の方が、戦争が長びき太平洋戦争へと拡大するにつれ、一般的にさえなった。そういう事例は思想、文学から絵画、写真まで、あらゆる表現分野に溢れているが、なかでも典型的な例を一つ。横山大観である。

大観は当時、日本を代表する画家で日本画壇の総帥といえる存在であった。大観は生涯に千五百点にのぼる富士山図を描いたといわれる。国粋主義の先駆水戸学の地の血と思想は大観に深くしみ込んでおり、憂国の士であった。そのため戦時下になると率先して戦時体制に参加し、国防活動に加わったという。それればかりでなく国威宣揚のため、戦意高揚のための絵を描いて国策に積極的に協力した。次々と描かれた富士山図もその一環である。

「私は富士に自らの理想をうつしている。……いわば無窮の姿だからだ」(「朝日新聞」一九五四年〔昭和二十九年〕五月六日付)と後年語るように、富士山は大観の胸中の表現であり、その胸中にはナショナリズム色濃い国体富士があった。天壌「無窮」のわが日本の象徴である富士山である。無窮の富士の姿はそのまま無窮の天皇のしろしめす日本の姿である。大観は富士山に神国日本を見、そして神国日本を描きつづけた。

大観も大正期は「群青富士」という琳派と南画を模したような富士、群青の仙境富士を描いていたが、戦時体制とともに本心が乗り移ったように富士を描きつづけた。一九四〇年(昭和十五年)、アメリカ・イギリスとの戦争に突入する前年、皇紀二千六百年を国をあげて祝った年、大観は「海に因む十題」「山に因む十題」計二十点の画を制作した。しかもその売り上げで陸海軍それぞれに一機ずつ飛行機を献納したという（細野正信／NHK取材班『流転・横山大観「海山十題」』）。

「山に因む十題」はすべて富士山図で、題名は「乾坤輝く」「黎明」「朝暉」「霊峰四趣・春」「霊峰四趣・夏」「霊峰四趣・秋」「霊峰四趣・冬」「雨霽る」「龍躍る」「砂丘に聳ゆ」である。「乾坤輝く」は雲霞のなかに聳える富士を陽光が燦然と輝かす図、「黎明」は前景の深い森の上、朝霧のなかに荘厳な姿を示現しはじめる曙の富士図、「朝暉」は重畳たる群山の上、下からさす朝日に輝き出す富士図、そして四季の富士図のあと、雨に洗われて群山の上に現れ出た富士図、白雲のなか、空に向かって昇る龍の富士図、そして東海の海を従えて聳える白い砂丘上の富士図である。もちろん春の富士には山桜が咲き匂っている。

同年には「日出処日本」という題で、中央に富士、中腹をとりまく雲海、近景の山中の山桜、そして真紅の朝日という構図の絵を二点制作し、皇室に献上した。一九四二年（昭和十七年）には、前面に山桜が咲き匂う富士図を描いた。題して「正気放光」。翌四三年には画面いっぱいの巍々たる富士山に常緑の松を配し「神洲之正気」と題した。富士山が神州日本の正気である。正気とは天地の穢れない気、本然の気で、それが集中して神州日本になり、その集約として富士山が天地に光を放って聳え立ち、そして国民はその正気が放つ光に浴しているのである。神州に正気の富士が君臨する。大観はそういう「正気」の富士を描きつづけた。大観は日本に君臨する富士のように画壇に君臨していた。大観は自らを富士と見ているふしもあった。富士は国家に忠誠を尽くす自分である。富士図は国への忠誠の表明であり、かつ、日本国民への忠誠の呼びかけであった。「彩管報国」。画筆による尽忠であった。そこに神がかりの富士、神がかりの大観が出現する。神がかりになった大観による神がかり富士が、大東亜に君臨しようとする国家に、国民に提示される。本当の富士の姿、正気の富士像である。旭日と山桜、あるいはときわの松に荘厳された富士山、それが神州日本の正気の富士である。それが大戦下の富士の定型になった。

「桜咲く国　東亜の盟主」という日本国防協会制作のポスターがある（丹尾安典「大東亜の富士」「國文學」二〇〇四年二月号）。旭日に輝く白雪の富士を満開の山桜が飾る図である。国学者本居宣長の「朝日に匂ふ山桜」の「大和心」の連想を伴って、富士、旭日、山桜（さらに大和心）の三点セットはよりゆるぎないものになった。この三点セットによって荘厳され、富士山は大東亜の盟主日本の象徴になったのである。

旭日は日本国の光り輝く神聖さ、上昇する国威を表象し、山桜は清く明らかな大和心、国家や天皇のために散華する美しい自己犠牲心、ますらおの潔い態度を表した。それらによって秀峰富士の霊性はいよいよ高められ、三点セットで強化神化された富士山は全国民の心身深くしみ込んでいった。「神州之正気」「東亜の盟主」の表象としての富士山は全国民の守護神になり、神国日本のゆるぎない鎮めの護符になった。総国民の一致団結を呼びかけるときには、絵や写真の中心にいつも旭日と山桜に飾られた富士山があり、そういう戦時下の三点セットの定型富士に、国家も軍部も国民も八紘一宇の幻想、大東亜に君臨する夢などいろいろな思いや願いを託した。しかし必死の祈願もむなしく、国は破れ、護符富士の効果はなかった。

富士山は戦争中、あらゆる国策に利用された。富士山は心ならずも戦犯とされたのである。近代日本における富士山は国家や軍部や国粋主義者からつねにいろいろなことを託されてきた。そのままの自然な姿での存在を許されず、また自然のままに眺められることもなく、つねに何かの「ために」された。富士山は長い歴史のなかでときには「ために」され「とらわれる」こともあったが、とくに近代の富士山は自由を奪われ、「とらわれの富士」「色つきの富士」とされた。戦時下の富士山は天皇制国家と軍部によって「とらわれ」「正気」という狂気を押し付けられ、本来の「精気」を封じられた。窒息状態にあった。敗戦は思想や表現、結社など窒息状態にあるものを解放してくれた。さまざまな役割を強請されていた富士山も敗戦とともに「正気」の衣裳を脱いで自然の精気を取り戻した。富士山の解放である。爽やかな富士山は解放日本のシンボルでもあった。

しかしそんな富士山の晴れ姿も、戦後の経済優先国家の下、長くはつづかなかった。

終章　富士山ネットワーク

さまざまの富士マンダラ

富士山は見てきたようにつねに変貌しつづけてきた。富士を見守る人びとの心情がそれぞれの富士コスモロジーをつくり上げ、そのマンダラを描いてきた。前章までを要約しておこう。

原初は、国土の鎮めとしての秀麗な山容と、水の恵みと噴火の威力から力強い山水コスモロジーが生まれ、水と火のマンダラが描かれた。つづいて、水火の神々の上に神仙や仏菩薩が加上され、修験道も加わって、富士一山に賑々しい神仏のパンテオンが生まれた。神仏マンダラである。万葉びとから「見れど飽かぬ」と称えられた山容へのオマージュは時代を超えてつづき、各時代の好みを映した富士風光マンダラを描きつづけてきた。そして近世後期から、とくに近代になって、富士に寄せる期待に権力が介入して富士コスモロジーは急変し、国粋イデオロギーによる富士マンダラを生んだ。大東亜戦争の敗戦とともに国威を誇る富士山像は潰《つい》え、かわって、風光マンダラの心情を継承しながら、新しい富士イメージが形成されはじめる。豊かな富士の自然を守るエコロジーマンダラである。このように富士に寄せる思いが富士のコスモロジーをつくり、それぞれのマンダラを育ててきた。

富士山はまず清浄な水をもたらしてくれる神、水神の山として仰がれた。富士宮市の千居遺跡や庵原郡富士川町の大平遺跡などの縄文中期の富士遥拝所が語るように、富士山はまず天と地を貫く聖なる山、土地を鎮める父性神として崇められた。富士山に降った雨や雪は山塊深く伏流して山腹や裾野に姿を現した。水の湧くところに人びとは集住し、遥拝所から恵みの水神を拝んだ。

折口信夫は「ふし」を水の「ふち」と見て、富士信仰の原核に水信仰を考えた。山霊おごそかな父性神と、母の胸から乳がしみ出るように水を恵んでくれる母性神、それが富士の周囲に住みついた人びとの抱いた原初のコスモロジーで、富士はまず「生命の山」であった。

そんな慈愛のコスモロジーに衝撃が走る。富士の爆発である。平安時代初期、延暦と貞観の噴火で、とくに貞観六年の噴火は駿河国だけでなく甲斐国にも厖大な溶岩を流し、湖を埋め、集落を埋没した。火の山の神、浅間《あさま》神が見直され、甲斐国にも創祀された。駿河国の浅間神社は噴火のたびに神階を上げ、山頂には奥宮、中腹には山宮も祀られた。浅間神社は中腹から山麓を巡って次々と建てられ、駿河と甲斐の国府から、さらに富士を望む各地に広がり、千三百社を超える浅間コスモロジーが形成された。水を中心とするマンダラから火を中心とする火マンダラになり、浅間マンダラに吸収され、さらに神威を誇る広域の浅間マンダラへと変貌した。

平安時代後期、末代上人が富士禅定を始め、頂上に大日堂を建ててからは、登山道に沿って山麓から山頂まで諸仏諸菩薩が垂迹し、吉野大峰山中が金胎両部の曼荼羅とされたように、富士全山が諸仏諸菩薩との出会いの道場になった。一合目から十合目まで登ることは空海の「十住心論」を地でいくに等しかった。

そのうえ、浅間神社にも木花咲耶姫《このはなさくやひめ》などが配祀され、富士山は自然の神、神話の神、仏菩薩たちのひしめく妖しいパンテオンになっただけでなく、近世、長谷川左近（角行）や食行身禄によって富士講が繁昌するにつれ、教義を図解した独特の「御身抜《おみぬき》」という本尊も加上されて、富士は俗神俗仏混淆のコスモロジーへと変貌していった。

しかもそこに近世後期からは立体マンダラも加上された。江戸を中心に関八州に続々と築かれた富士塚である。富士山は一山すべてを神仏パンテオンとし、周辺から遠隔地へと浅間神社を配し、妖神や俗神、富士塚を従えた広大な神仏マンダラになり、庶民のエネルギー溢れる「信仰の山」になった。

風光マンダラとイデオロギーマンダラ

近世初頭、藤原惺窩の高弟で林羅山と親しかった博学の隠士菅玄同は、風土記から中古の歌人、五山僧、儒者の詩文まで、富士オマージュのアンソロジーを編んだ。「士峰録」である。それは日本人の富士観を集約した富士風光マンダラであった。そんな平均的富士頌歌選にはもれたが、富士オマージュの秀逸はやはり周知の西行の歌である。

風になびく富士の煙の空に消えて行く方も知らぬわが思ひかな

これは単なる実景歌でも叙情歌でもない。仏教では万物を構成する元素として地水火風空の五大、さらに意《こころ》を加えて六大をあげる。五輪塔はその五大の表現である。西行は東海を前にして大地に聳える富士を仰いで、風と煙（火）と空の壮大な五大の顕現を見、さらに五大に意《こころ》の誘い出されるドラマ、六大の描く宇宙を感得したのである。それは大地（地）・大海（水）の上に聳える五輪塔と、六大の一体となったマンダラであった。

西行に匹敵する雄大な富士山像は詩文よりも絵画の世界に多く引き継がれた。しかし「吾国画家あり。土佐家、狩野家、近来唐画家あり。此富士を写す事をしらず」（「春波楼筆記」）と司馬江漢が言うように、詩歌同様、絵画でも実景実感を伴わない型どおりの富士であった。とくに官画派の狩野・土佐派、装飾風の琳派に見るべき富士は乏しく、写生画の円山・四条派にも実景画はなかった。そんななかで洋風写実で富士を多く描いた江漢に実景の発見はあったが、詩人に見る実感は乏しかった。

西行の自然観照を継ぐものは江漢に貶された唐画家すなわち南画家にあった。池大雅は「しばしば富士にのぼるに、毎《つね》に其路を異にして、富士の図一百を作る」（『近世畸人伝』）と言われたように、富士に遊び実景を感得して意中に温め、胸中の山水として絵にした。大作「松蔭観潮・夏雲霊峰図」は富士の真景図の頂点である。真景図とは実景・実感の競演が奏でる感性の画であった。

不二ひとつうづみ残して若葉かな　　蕪村

目路の限りの若葉の大地と紺碧の大空のなかに天地を貫いて五輪塔のように富士が聳え立つ。蕪村は同じ構図を一面の松林の上に白雪を頂く富士として描いた。名作「松林富士図」である。新感覚が捉えた富士五大マンダラである。大雅・蕪村ら南画家たちは自然を対象として見るだけでなく、実感すなわち六大の「意《こころ》」が捉えたものを描いた。視覚による写実を超える意による自然観照である。ここに意にひびく富士が出現する。富士の真景の発見である。

南画家による富士発見のあと、江戸後期には北斎や広重など浮世絵師によっておびただしい富士図が生産された。趣向の奇抜さや構図の面白さで、富士山を誇りとする江戸庶衆の関心を集めはしたが、「一富士二鷹三茄子」と言って喜ぶのと同じレベルの着想で、富士講が富士信仰の世俗化を進めたように、富士の通俗化を進めたにすぎなかった。

異国船が日本近海に出没するころ、富士図の通俗化に抗するように、富士山の神聖さを訴える画が現れた。丹羽嘉言を師とする名古屋の南画家たちで、とくに中林竹洞の「神州奇観図」などは、神州のシンボルとしての富士に目を向けさせようとする警世の富士図である。真景から象徴への予兆である。

「士峰録」のころから、汚れを知らない富士を思慕しては三国一の名山と称える声はあった。国が乱れ世が汚れたとき、神さびた富士の姿に神州日本を鎮護する象徴を見ようとした。万葉調の富士歌を残す賀茂真淵から本居宣長、平田篤胤らの国学者を経て、明治新国家になってその見方は急速に力を得てくる。その推進者の一人が地理学者にして政論家志賀重昂である。力作『日本風景論』は、近代日本の初めての外国との戦いである日清戦争のさなかに公刊された。箱庭のような優雅な三景や八景式の従来の風景観に加えて、跌宕《てつとう》の美や豪快な風景をも称え、日本の美を美文にのせて声高に説き、戦争熱に浮く青年たちの共感を呼んだ。そこには「理想の日本」と題して、松と山桜と取り合わせて描かれた富士の図があり、「美なるかな国土」というオマージュが捧げられている。そして『『名山』中の最『名山』を富士となす」と強調し、中国や朝鮮、イギリスなどの大家の富士に寄せた詩文を引用し、「世界の嘆声」と称える。三国一と自賛されていた富士山はここに至って「全世界『名山』の標準」になり、三国一から世界に冠たる名山、大日本帝国の誇りとしての山へと飛躍をとげた。

風光の山からイデオロギーの山へと変貌した富士山は『日本風景論』に描かれたとおりの秀麗な容姿を至るところに現すようになった。日常品や輸出品のラベルに、ポスターや銭湯に型どおりの姿を現す富士山は、さらに児童画のモデルとされ、富士を見たこともない幼童さえ全員描けるという国民的「名山」になった。「あたまを雲の上に出し、四方の山を見おろして、かみなりさまを下にきく、ふじは日本一の山」という小学唱歌も津々浦々で歌われ、富士は国民統合の象徴であった。

浅間神社が各地に末社をつくったように、すでに近世から仰がれていた津軽富士から薩摩富士までの各地の名山の上に、利尻富士や八丈富士などミニ富士づくりも進み、はては国後島に千島富士、台湾に台湾富士、中国山東省に山東富士までつくり上げた。名づけは領有のしるしである。富士山は各地の小富士を従え、「あたまを雲の上に出し」、天皇と等しく雲の上の存在になって、四方を「見おろし」、海外の植民地までをも睨んで、地理上からも精神面からも大日本帝国の中心に居据わった。国粋イデオロギーマンダラの出現である。しかしこの威力を揮った富士像も一九四五年(昭和二十年)

の敗戦とともに解体していった。

富士エコロジーマンダラのゆくえ

神がかった富士から新生富士への転身は、まず戦前から地道に進められていた富士山の形成と構造研究、すなわち自然のままの富士の探究から始まった。富士の自然誌づくりである。

富士山はどのように形成されたか。研究の進展につれ、富士は驚くべき自然の不思議を開顕しはじめる。津屋弘逵、町田洋氏らの大規模かつ周到な研究によって、富士山は古富士火山から新富士火山へ、あるいは古富士火山が八万年前から噴火を重ねて古期富士火山をつくり、さらに古期富士火山の第Ⅱ期へと成長し、第Ⅱ期の火山活動と造山活動によって、いま目にする新期富士が形成されたこともわかった。噴火のたびに表層を溶岩が流れ、地層をつくり、富士を変え成長させていった。頂上とその近傍にかけて、そして富士吉田から西湖・精進湖にかけて最新期溶岩流（丸尾溶岩）が覆い、その下には山頂から山麓にかけてさらに古い層の新期溶岩流が拡がり、御殿場泥流や扇状地砂礫がその間に顔をのぞかせ、裾野にはもっと古層の古期溶岩流（古期富士Ⅱ期）、古期富士Ⅰ期の噴出物が堆積し、小御岳の近くには最も古い小御岳火山の噴出物の地層も残された。何万年にもわたる噴出物による多重の地層が、生成のドラマを映して、富士全山に重厚な地層マンダラを築き上げた。富士研究はそのまま富士の自然マンダラづくりであった。

そのマンダラを頂上から下へとたどってみる。頂上には最高峰の剣ヶ峰以下、八葉蓮華に見立てられた峰々のなかに最新期の噴火口があり、自然の奥宮、内院をつくった。山頂から下、六合目あたりを一周する御中道《おちゅうどう》までは、富士山は草木のない焼山である。かつて御中道から頂上の間を富士禅定する人びとは焼山三里といい、御山と畏れ崇めた。樹木はなく溶岩土石だけの荒涼とした「火の富士」「金石の富士」の景である。とりわけいまも風化しつづける大沢崩れのあたりは風神雷神の荒れる「風の富士」の偉容で、不動明王の気迫がみなぎり、さながら忿怒相である。焼山富士は木火土金水の五行でたとえれば、熔岩と噴火の金と火の地帯であり、地水火風空の五大でいえば火と風と空の富士である。

焼山の下、六合目の御中道あたりを境に山容は一変し、カラマツ、ダケカンバ、トウヒ、コメツガなどの自然林となり、標高が低くなるにつれてブナやミズナラ林からアカマツやカシ林へと変わっていく。この地帯は木山三里といわれ、富士禅定では山内と呼ばれた。六合目から二合目へ、高さにつれて植生の推移していく木山地帯は「木の富士」である。そこでは村山浅間神社の大杉や小室仙元神社の桂の巨木など、点在する神木巨木が富士を荘厳する。忿怒相の焼山に対し、ここは焼山の崩落を防ぎ、水を涵養する慈悲相である。

木山を下れば山容はまた一変する。二合目から一合目にかけて、天地界《てんちのさかい》と称されるように、自然林の木山は草原に変わり、スギやヒノキ、カラマツなどの人工林へと移っていく。草山三里といわれる地帯で、御山・山内に対し、ここまで下ればもう俗界である。ここは富士山の土台の場、五行、五大でいえば「土の富士」「地の富士」であり、さらに山内と御山で貯えられた水の湧き出る「水の富士」である。

焼山から木山、草山へと、富士山はいくども繰り返した噴火の跡を重ねた多様な山容を見せてくれた。山腹から山裾にかけては八百八沢といわれる無数の谷があり、谷の下方には扇状地が拡がり、その先には噴出した溶岩が堰止めた山中・河口・西・精進・本栖の五湖がつらなり、表口には富士宮に田貫湖もつくられた。富士に降った雨や雪は焼山を下り、木山に滲み、地中深く流れて、草山から山麓にかけて地表に現れた。北麓では富士吉田の月江寺の湧泉や忍野八海となり、西側では富士宮市の北方、猪（井）之頭となり、白糸の滝となった。富士山本宮浅間大社では神の影向としての湧玉（湧く霊《たま》）池となり、富知六所神社の泉池となって現れた。地下水ははるか遠方まで伏流し、三島溶岩流の末端、清水町に無数の「わき間」をつくり、富士周辺最大の湧水群となって出現する。日量百数万トン、冬夏ともに水温一五度の名水、柿田川である。かつて富士五湖・明見湖（富士吉田市）・志比礼湖（市川大門町）・須戸湖（沼津市か?）などを歩く八海巡りの修行があったように、山麓は富士の聖なる水の影向するところで、昔もいまも「水の富士」である。

いくどにもわたって下った溶岩流は川を分断し湖をつくり、林を埋め木々を焼いた。堆積した溶岩流の上に長い時間をかけて木々が生長し、原始林の青木ヶ原樹海や鷹丸尾溶岩上のハリモミ純林が形成された。

木火土金水の五行は相生相剋する。五行の説では、木から火、火から土、土から金、金から水、水から木が生じ（相生）、木は土に、土は水に、水は火に、火は金に、金は木に勝つ（相剋）とされる。北麓の吉田胎内樹型や船津胎内樹型、鳴沢溶岩樹型は金石と木の相剋である。富士山をとりまいて点

富士山頂でのご来光

在する鳴沢氷穴、神座風穴、大室風穴、西湖蝙蝠穴、竜宮洞穴、富士風穴、本栖氷穴、三ッ池穴、船穴、姥穴、人穴、畑穴、観音穴、不動穴、万野風穴、大野風穴、駒門風穴など無数の洞穴・風穴は、水と火、火と木、木と金、金と水の相生相剋の刻印である。神秘の樹海を中心に富士の周辺は、さながら木火土金水が循環し生起消滅する陰陽五行マンダラである。草山地帯に繰りひろげられた五行相関図の上に「水の富士」が重なり、さらには木山地帯の「木の富士」、焼山地帯の「火の富士」「金石の富士」が重なり合って、富士はみごとな自然生成の立体マンダラを築き上げた。

国粋イデオロギーマンダラとは異質な清新なエコロジーマンダラの出現である。富士山形成の不思議が解明されるにつれて、山頂から山麓へ、焼山の御山から木山の山内、草山の俗界へ、五行の相生相剋そのままに、自然の神秘が立ち現れてくる。その自然のエコロジーマンダラが、かつての八海巡りや御中道巡りや富士禅定のように、いま、風穴洞穴巡りや樹海巡り、五湖泉水巡りなど、新しい自然巡礼で富士へと誘いかける。

長い間、私たち日本人は富士山とつき合ってきた。つき合い方や姿勢によって富士山はいろいろの表情を見せてきた。富士山にとりどりの思いを寄せてきた。富士山には古来、さまざまなコスモロジーが託され、それに則って父性・母性、忿怒相・慈悲相を併せ、マンダラもさまざまに描かれてきた。生命の山から信仰の山へ、風光の山から精神主義の山へと変容し、そして重苦しいイデオロギーを払拭して、本来の自然の山へと再生した。しかしいま富士の自然は衰弱し、新しく甦ったエコロジーマンダラも生気を失いつつある。どのようにすれば清新な富士山を取り戻し、心洗われるような富士山とのつき合いが甦ってくるか。何の下心もなく、ただそこに毅然として立つものとして富士山とつき合うことができるにはどうすればいいのか。これまでの歴史をふまえて、富士山とのつき合い方を真剣に考えなければならない。

実景富士山を見つめる

見てきたように富士山はこれまでずいぶん「ために」されてきた。国粋主義者には天皇制国家の表象として祀り上げられ、ファシストにはわが国の御楯に使われもした。庶民の信仰心を富士山に吸収しようとする宗教者もいた。文学や芸術に携わる者でも自分の感情や思想を富士に託したりした。天皇から庶民に至る全階層の長い富士山とのつき合いはたいてい下心あるもので、それぞれの都合で富士山は利用され、「ために」されてきた。顧れば富士山はこれまでありのままの姿をあまり見せなかったように思われる。どの時代でも、どんな階層でも、そこに表象された富士山はあまり素顔ではなかった。思い思いに都合よく富士山を思い描き、利用してきたような気もする。そしていままた富士山は存分に「ために」されている。

ありのままの富士山、素顔の富士山とはどういう富士山か。それはどうすれば見ることができ、思い描くことができるのか。おそらく地道につづけられている自然科学が描く富士山がそれにいちばん近いだろう。地質学、火山学、地形学、生態学、地震学、動植物学、気象学、環境学などによる客観的研究成果を総合したところに描かれる富士山、諸科学の成果を投影した大カンバスが現在の客観的富士山大マンダラ図になるのだろう。

下心もなく、「ために」しようとしない富士山が私たちが願っているものである。しかし富士山の素顔が解明されているにもかかわらず、いま私たちが見ているのは素顔を覆われたうす汚れた表情の富士山である。それがいまの実景富士山である。そういう汚された実景富士山、富士山の実情を見つめることによって、その下に隠れている素顔が見えてくるだろう。まずは富士山の現状を知ることである。

富士山は近代日本国家の象徴とされてきた。とりわけ軍部にとってそうであった。軍部は富士を象徴とするだけでなく、富士に甘えてきた。富士につねに寄り添い、象徴富士とともに大きくなっていった。現在、富士山の北側と東側の広大な山麓一帯を占拠しているのは自衛隊である。裾野に広がっていた草山、木山の自然を破壊し、野鳥や小獣たちの棲息の場を奪ったのは軍部である。豊かだった自然原野の生きものたちの棲息地に砲弾が飛び交い、重装備の戦車、軍用車がガスを猛烈に吹き出しながら縦横に駆け巡る。土地の人びとの生活のための田畑も里山も奪った。生活の糧を得る場だけでなく、なつかしい景観も奪い取った。自衛隊の北富士・東富士演習場は富士山の山容そのものを変形しいびつにするほど広大で、そこに富士山の自然な景観、素顔など見るべくもない。国家の「ために」されて踏みにじられ破壊された見るも無惨な富士である。国家は富士山の山体そのものに厖大な実弾を打ち込みつづけながら、なお強大国に荷担して軍備拡大に奔り、危ない方向へと突き進んでいる。富士山はかつては軍部、そして戦後は保守政権によって痛ましいまでに山体までも壊され、取り返しがつかない状態にまでおとしめられたのである。踏みにじり破壊したその見返りが、象徴富士づくりであった。

富士山は近代国家の歴史でつねに軍部とともにあったが、もともとその山麓は広大な里山として住民たちの共同利用地であった。裾野の住民たちは里山富士に畑作を営み、食糧を得、薪、柴草や農地の肥料を得ては富士を仰ぎ見、富士と物心両面にわたる連帯生活を営んできた。たとえば甲斐側の忍野地区では水田が乏しく、裾野の山は入会山として生活に不可欠の場、山稼ぎの場所であった。江戸時代から小物成地として定着していた入会地が、一八七二年（明治五年）になって官林、公有地とされて入会山の取り締まりが強化されるようになった。さらに八一年（明治十四年）には国有地として国の管理下におかれ、従来の慣行を求める住民たちの抵抗もつづいた。つづいて八九年（明治二十二年）には入会山は天皇家の御料地に編入され、住民たちと国家とのかけ引きは延々とつづいた。そして一九三八年（昭和十三年）、陸軍は上吉田から拡がる裾野を演習場として買収する。下草取りなどの入山は認められたものの裾野は住民からしだいに遠ざかっていった。敗戦によって広大な陸軍演習場はそのままアメリカ進駐軍の接収駐留するところとなり、演習場への立ち入りはさらに厳しく制限され、住民たちの生活を圧迫するものになった。一九五一年（昭和二十六年）、無期限入山禁止令をきっかけに住民たちの入会地闘争は激しさを増し、反基地闘争ともからんで生活権闘争から政治闘争へと発展し、今日にまで闘争は持続するに至った。

国や軍部、アメリカ駐留軍との入会地をめぐる闘争は忍野村だけでなく、富士山を里山としてくらしてきた麓の村々の共通の課題であった。それほど富士山麓に住む人びとにとって富士山は大切な物心の支えの山であった。そんな里山富士がたとえば富士の東側、須走登山口の小山町では現在、びっしりと陸上自衛隊東富士演習場、陸上自衛隊富士学校など、陸上自衛隊関連施設で占領されているのである。御殿場市でも市の北東部の板妻には陸上自衛隊板妻駐屯地、南東部の駒門には陸上自衛隊駒門駐屯地、北部の中畑には陸上自衛隊滝ヶ原駐屯地があり、それぞれ千人前後の隊員を有し、半ば軍用都市である。隣接する裾野市ももちろん広大な東富士演習場に占拠され、かつての須山登山口や富士巻狩跡、十里木関所跡、大野風穴などの文化・自然遺跡も演習場と企業進出とレジャー開発の波にうずもれてしまった。富士山の北側と東側の山麓を陸軍・自衛隊が占拠して山容を破壊しただけではない。富士山を取り囲むように戦中、軍の施設は点々とつくられた。たとえばその一つ、西側の富士宮市上井出にも陸軍の施設がつくられた。一九三九年（昭和十四年）、戦車隊の拡充強化のために千葉陸軍戦車学校に設置された生徒隊が、四二年には陸軍少年戦車兵学校として上井出に移された。そして設置から七年の間に全国から四千四百人に余る少年が入学し、六百人が戦死した。いまその少年戦車兵学校跡が上井出に残っている。山腹山麓には地下にも地上にも陸軍施設が点々とつくられ、富士山は旭日旗とともに仰ぎ見る大日本帝国陸軍の表象になっていった。そしてその富士山の表象をきれいに清算することなく、アメリカ駐留軍に富士山をゆだね、陸上自衛隊へとそのまま引きついできたのである。武士の巻狩の伝統がそっくり軍隊の演習に引きつがれた形である。近代日本国家は富士を自らの楯とし、富士を住民から引き離し、国民からも遠ざけつづけた。それは富士山を国有地にすることで富士山を見放すことでもあった。

戦前戦中、そしてアメリカの占領時代から今日まで、富士山はつねに銃砲の音が響き銃弾が飛び交う軍事の山であった。軍事の山富士、それがまず知らなければならない第一の実景富士山、富士山の現状である。

富士山は「強兵」という国是のもと日本の陸軍によって占拠され、ゆがめられたあと、「富国」という国是によっても大きな犠牲を強いられた。製紙業を中心に、国是に従いあるいは私利にはしる企業集団が次々と富士山麓に進出し、煤煙と異臭を吐き出しつづけてきた。かつての頂上からの噴煙にかわって、大工場の煙は躍進近代日本の新しい表象であった。煤煙は清冽な富士山よりもはるかに強烈で実利あるありがたい躍進日本の象徴であった。おかげで富士山は山麓からもくもくと吐き出される煙と臭いとで汚く霞んでいった。「富国」という経済優先政策のもと、財閥や政商、大企業主導による産業工業化と開発は近代日本の国是ともいうべき基本方針だったが、敗戦後、またしてもその路線と方針はより強化されてつづけられ、「富国」というスローガン以上にすさまじい「経済大国」とか「GNP」という掛け声に踊り踊らされる国家になった。富士山も経済大国のスローガンのもと、取り返しのつかない甚大な被害を蒙った。山麓の工業地帯は戦前の比でなく大規模化され、新幹線や高速道路、スカイラインが裾野や山腹を駆け抜け、富士山の眺望は激変した。幾条ともなく煤煙の立ちのぼる大工場群のなかをスマートな新幹線列車が疾駆し、高速道路上を大型トラックやトレーラーが連なって疾走するその彼方に、富士山が顔を出している――それが高度経済成長期の日本を象徴する図柄とされ、新生経済大国を世界に誇示するポスターとされたこともあった。山桜の咲き匂うなか旭日に輝く富士山図とはうって変わった富士山図である。近・現代の富士山は軍部によって蹂躙され、さらに商工省や通産省など日本の産業や企業をとりしきる省庁によって経済効果の引き立て役として利用され、あるいは無視されてきた。富士山はつねに国家の犠牲になってきたのである。

企業重視の国家の方針のもと、めざましい高度経済成長によって日本という国の姿かたちから思想、道徳、価値観までが大きく変形してしまったが、その畸型の成長のもたらした落としものも大きかった。大量生産―大量広告―大量消費―大量廃棄という流れの拡大化、高速度化によって、生産物も飛躍的に伸びたが廃棄物もすさまじいまでに放出された。産業廃棄物の多さは煤煙の量とともに経済発展、国力推進のあかしであった。国家の力の躍進の象徴ともされた。経済優先方針、金銭重視思想は高度成長下の人心にも深くしみ透り、モノや金銭に対する感覚はとみに鋭敏になったが、倫理観や公徳心のような心性は急速に麻痺していった。私利優先、自国優先感覚が公への感覚や姿勢を不経済なものとして追放したのである。私害には鋭敏であっても公害には鈍感になり、国をあげて公害に寛容になった。公害国家になり公徳心欠如日本になった。富士山はここでもそういう日本の現状や国民性を集約的に表象する割に合わない役割を担わされた。かねてから富士山に甘え寄る姿勢も手伝って、富士山は産業廃棄物や生活ゴミの捨て場とされ、公徳心の欠如もあって巨大な廃棄物処理場にされてしまった。すさまじい傷を負いながらも巨大な自衛隊を呑み込んだ富士山は、こんどはどんなゴミでも呑み込む山、廃棄物処理場の富士山になった。富士山は高度経済成長の顔ともなり、かつ、公害日本の象徴ともなった。何でも黙々と受け入れる富士山の現状については厖大な現地報告があり、良心的な告発がつづけられてきた。たとえば、手近なその一例。

（林道を車の）スピードを落として、さらに進むと、テレビが転がっている。冷蔵庫がある。自動車の磨り減ったタイヤがある。机がある。自動車のバンパーがある。砕けた角材がある。造成地か建設現場で出たと思われる残土がある。石油缶に詰めた硫酸ピッチがある。容器は酸でぼろぼろになり、中の硫酸ピッチが漏れ出し、付近の土に染み込んでいる。高さ二メートルほどに盛り上げられた廃棄物が山をなしている。幅は三メートル、長さは七メートルを超える。砕けたブロック材や壁材、柱、割れた瓦の下にはエアコンやビデオ装置、さらには潰れた本棚やタンスの残骸も混じっている。おそらく、古い住居を解体した建設業者が、廃材を分割処理せずにいっしょくたにまとめて埋め立て処分場に運ぶつもりだったのだろう。しかし面倒になって途中で富士の山中に捨てて行ったに違いない。（帆足養右「不法投棄に泣く富士山」）

これが富士山の現状である。山麓の草山、木山地帯は家庭ゴミや産業廃棄物の不法投棄場である。

森林監視員による林道パトロールも効果なく、野放し状態である。これが経済優先思想の下につくられた二つ目の実景富士山である。エコノミック富士山、そしてそこからの帰結としての大工場と煤煙に包まれた公害富士山、ゴミの山富士である。

さらにこんな実景富士山もある。富士山を観光資源として活用しようとする、これまた経済優先の立場、営利のためなら何でも利用しようとする商業思想からつくられた富士山である。どこでもいいが、たとえば富士の伏流水、湧水を売り物とする忍野八海を訪ねてみればいい。大小とりどりの土産物店が湧水池の周りに立ち並び、道路脇や流水路の脇には色とりどりの立て看板、屋外広告が林立し、湧水がそれらに圧倒されて心なしかなまぬるく濁っているように見える。現に濁って澱んだ池さえある。広告公害は忍野八海だけでなく、富士五湖、青木が原樹海一帯、風穴氷穴付近、白糸の滝など観光の拠点すべてに及んでいる。観光資源としての富士山に甘えながら、広告で観光資源を汚染しているのである。富士山を中心に、近景に緑濃い樹林を取り込んだ構図でカメラを構えると、決まってどこかに野外広告の原色が入ってくる。かつては日本国そのものの広告役をはたした富士山はいま、いろいろな私企業や商品の引き立て役をさせられているのである。広告富士山である。

さらにもう一つ、四つ目の実景富士山を、五合目から頂上にかけての登山ルートになまなましく見ることができる。登山者、観光客のためのトイレや休憩施設も汚らしいが、それにもまして目を覆いたい惨状は、ルート沿いに溢れるペットボトルやプラスチック袋やゴミである。観光の目玉である登山道を観光客が道々汚していくのである。観光の山富士は観光公害の富士山になった。

軍事基地の富士、産業公害の富士、不法投棄場の富士、広告公害の富士、観光公害の富士、それらがいまの富士山の実景である。私たちは古来、富士山といろいろな姿勢で向き合い、つき合って、とりどりの富士山を描き、つくり上げてきたが、これらが敗戦から今日まで、とくに高度経済成長の過程でつくり上げた実景富士山である。経済優先と私利私欲と、それらによる公徳心の喪失がつくり上げた富士山で、そこに富士山に寄せる私たち日本人の姿勢、思いをまざまざと見て取ることができる。富士山は日本人のその時どきの実像を映す鏡であった。富士山の実景をつくるのは、いつでもその時どきの人びとの富士に寄せる思いと態度であった。これら惨憺たる数々の富士山は、富士山という豊かな資源をそれぞれの自利に沿って「ために」しようとしたところに生まれたもので、まさに現代日本の映し絵富士である。現代日本人がつくったいかにも現代の精神状況ならではの殺伐たる富士山である。富士山は四方八方から食いものにされ、やつれはてた。

あるべき富士山の真景とは

富士山を寄ってたかって食いものにしてきた結果、生じたのが現状の富士山である。それが目の当たりにする富士山の実景だが、本当の富士山、真景富士山ではない。現代人の欲得がらみの殺伐たる心性があるべき真景富士山を覆い隠してしまっているのである。こんな富士であってはならない。こんな富士をつくる人間であってはならない。富士山本来の姿にどうすれば近づくことができるか。私利欲得を離れて富士山に向かい、汚染されてしまった富士山を物心両面から洗浄すれば、そこに本来の姿が顕れてくるだろう。富士山は私たちにとってどんな山、どんな存在なのか、とらわれない気持ちで向き合ってみることである。

まず、自然の山として向かい合う。自然環境として富士山とつき合う。自然資源、自然資本として富士山を見るとき、富士山は国内の他のどの国立・国定公園の山々にもひけをとらない資源の宝庫である。荒らされつづけてきたが、植物学や動物学から見ても、生態学から見ても、まだまだ魅力ある山である。火山や地震の研究上からも重要な山である。そして何よりも古代から称えられてきた秀麗な自然の造形、姿形こそ、富士がもつ最大の資源である。水の山、火の山、風雪の山など、標高により季節によりいろいろに見せる富士の自然の表情こそが失ってはならない自然資源である。自然はまだまだ人知が及ばない豊かな表情を蔵している。富士山の奥深い多様な表情を究めるために、地質学や火山学、地理学、地震学、生態学、植物学、気象学などの学際的なアプローチによる総合富士山学が期待され、その動きも活発である。それら自然諸科学の総合研究によって描き上げられた富士山像が、人間の都合によって見られる富士山とはちがう真景富士山であり、本来の自然景観というものだろう。当然のことながら、自然としての富士山を知ることこそが私たちが富士山と向かい合う基本の姿勢、心がまえである。富士山は泰然と大地に在《いま》す「重鎮」なのである。国の鎮めである前に天地の鎮めである。

私たち日本人は富士山と太古からつき合ってきた。長いつき合いから生み出された富士山像、富士山環境も富士山の大きな資源である。富士山に寄せる思いが結晶したもの、すなわち富士山をめぐる宗教文化環境である。富士山には古代から水の恵みなどの自然の山としてつき合うだけでなく、私たちは富士山に水神、火神を見、さらに富士山を仙境として崇め、仏道修行の道場霊場とし、仙元神・浅間神として慕ってきた。富士山は自然のおのずからなる神体山であると同時に、つねに宗教の霊山、信仰の聖山であった。富士山は裾野から山頂まで諸神諸仏がひしめき、草山から木山、焼山まで、すべて山肌には霊山富士とつき合ってきた人びとの思いと祈り、願いがしみ込んでいるのである。富士山は自然の霊力や地霊と、畏れや願いや夢など人間のさまざまな思いとが一体になってつくり上げた山である。そのため富士山は全山、いたるところ宗教文化の造形に満ち満ちている。山そのものが諸宗教の教えの顕現、諸神諸仏の造形である。山頂も大噴火による自然景観として見るだけでなく、釈迦や薬師、大日や不動明王など諸仏諸神の化現する内院として見なければならない。それは富士に寄せる人びとの熱い思いと願いがつくり上げた宗教造形であり、宗教文化景観である。富士山の見せる景観は、人びとを導き寄せる広大な山麓から空高く聳える山頂まですべて、日本人の心がつくり上げ磨き上げた祈りと精進の景観、日本人の心を映す表象である。自然そのものと人間の情念の合作であるこの富士の宗教文化環境もまた富士山のかけがえがない文化資源、宗教文化資本である。富士山は自然景観の面からも「重鎮」であったが、日本人との長いつき合いの歴史景観の面からも日本にとって不可欠の「重鎮」であった。

富士の宗教文化資源は富士山本体にとどまらない。富士山本宮浅間大社、北口本宮富士浅間神社、村山浅間神社、小御岳神社をはじめ、山頂から山麓へ、さらに富士山を仰ぎ見る地域一帯へと拡がった浅間神社、江戸を中心に庶民の願いがこもった小富士・富士塚など、富士山を中心核とする宗教文化が、目に見える形で、あるいは見えない思いで、広く深く拡がっているのである。富士山はひとり秀でた孤峰ではない。人びとの思いによって広く深く拡がっていった富士山文化環境というものを形成しているのである。この広大な宗教文化環境は富士山と人間との長く深い精神の交流のあかしであり、風化させてはならない貴重な文化景観である。富士山は宗教文化資源の宝庫であり、守らなければならない宗教文化資本である。

富士山との長いつき合いの歴史でつくられた資源がもう一つある。富士山にいろいろな思いを寄せてきたが、とりわけ大きなものは崇敬、憧れ、讃美であった。それらの思いを古代から和歌や漢詩で表し、絵画や工芸、物語や芸能に表現してきた。「見れど飽かぬ」山と称え、立ちのぼる煙に内なる恋心を託し、雲の彼方に見え隠れする峰に桃源を夢見てきた。諸仏諸神の在す霊山参詣図や本尊図のような宗教画だけでなく、富士を見る者も見ない者も、時代ごとに時代の富士を描いてきた。最も日本人に親しい山として富士山は、文字のうえでもイメージのうえでも、三つ峯富士、名所富士、三尊富士、仙境富士、江戸富士、軍国日本富士など、いつの時代にも時代の定型がつくられてきた。定型をつくるほど富士山は日本人の身心にしみ透っていたのである。

富士山は時代を貫いてつねに何かを託され、何かを表象してきた。国の鎮め、国の宝とされ、ついには天皇制国家日本の表象、ファシズム日本の象徴とされ、それらが歌に詩に、絵画に芸能に表現されてきた。富士山は日本人の思想や情念を託すよりどころ、あるいは思想や情念の表現そのものであった。プラス面もマイナス面も含めて、それら厖大な富士山表現、富士山造形はそのまま富士山の厖大な文化遺産であり、文化資源である。日本人は目に見える自然の富士山を仰ぎ見てきただけでなく、そういうイメージの富士、定型化された富士に、より深く親しんできた。そういう富士山を真景富士山とさえ見てきた。ことばとイメージで心情を託され、つくり上げられ、称えられてきたこれら富士山像は、自然資源にも宗教文化資源にもひけをとらないすぐれた文化資源である。詩歌や絵画や物語や芸能に表現された富士山もまた富士の真景で、そういう真景富士に親しむことでもう一つの富士山の文化環境がつくられた。富士山とは長年にわたって日本人の美意識がつくり上げたイメージ富士、文化景観富士である。長い歴史で磨き上げられ蓄積されてきた文化資源、文化資本としての富士山である。自然景観としての富士山の上に、宗教景観としての富士が加上され、さらにその上に、これら文字やイメージでつくられた文化芸術景観としての富士山が加上された。その重層した富士山像が私たち日本人にとっての富士山の真景である。

富士山は誇るべき自然景観をもち、あらゆる祈願に応える宗教景観を擁し、長い歴史で培われた文化景観を誇る山である。それらを総合したものが日本人の富士山像であり、富士山の全容である。富士山はただそこに在る山ではなく、長い長い歴史のなかで自然と宗教と文化とが渾然一体になってつくり上げた山である。自然と人工のアマルガムの山である。そのため富士山は巨大な自然資源に加え、厖大な宗教文化資源と多彩な文化芸術資源を擁する山である。この三つの多層に蓄積された資源から輝き出すものこそが、私たちが誇りとする真景富士山である。

富士山は秀麗な孤峰をめでるだけの自然遺産ではない。貴賤道俗、あらゆる階層の人びとの長い期間にわたるつき合いを通じて形成され変容してきた山で、それこそが自然文化遺産としての富士山である。

「見れど飽かぬ」山としてつき合ってきた富士、親愛の思いをこめてつき合いをしてきた富士、心のよりどころとして敬ってきた富士、私たちは富士山とあらゆる時代を通じて一貫して共生してきた。この共生する富士山こそが富士山の本来の姿であり、日本人の富士山であった。自然と宗教と文化とが富士山を中核として渾然と親和する、それがかつての日本人の富士山との共生的つき合いであり、それがこれからも存続させせなければならない真景富士山だろう。

富士山ネットワーク

富士山は豊かな自然資源と宗教文化資源と文化芸術資源を総合した自然文化遺産である。誰のものでもない山でありながら、下心によって国家の、権力の、個人の「ために」されたり、いろいろな思想や情念を「託され」たりしてきた。何ものにも「とらわれる」ことがない山であるのに、権力や国家や特定の宗教やイデオロギーに「とらわれる」ことがあった。富士山は長い歴史を通じ、見る者、つき合う人によって、存分に利用されてきた。利用されることで富士山はいろいろな色に染められたし、見方さえも定型に枠づけられることがあった。さまざまに変形されもした。特定のものや見方に「とらわれた」富士山は本来の姿でなく、真景富士山ではない。そういうことをこれまでいろいろな側面から見直してきた。

いろいろな「とらわれ」から富士山を解放しよう。下心なくつき合い、富士山に心情や思想を「託す」ことなく、個人や国家や企業の利益の「ため」に利用することをやめよう。そうすれば本来の富士山が現前し、「とらわれない」富士山とのつき合いができるだろう。

富士山がそこに在る、というだけで慰められ、悠然と立つ富士山に向き合うだけで豊かになり癒される。それが本来の純粋な富士山体験である。自然のあるがままの富士山は解釈を要しない。富士山がかもし出すアウラがおのずから見るものに伝わってくる。そういうのが自然環境、自然資源としての富士山とのつき合いの基本である。

富士山はいろいろなことを体験させてくれる存在である。マナーと節度をもって草山三里を歩く。木山を抖擻する。焼山をよじ登る。そうすることで富士山は仰ぎ見るのとはちがった表情を現し、山肌からじかに心身に、崇敬の念、畏怖の感覚、荘厳の気などをしみ込ませてくれる。富士山は日常には全く覚えのない体験をさせてくれる山である。豊かな宗教文化環境、宗教文化資源としての富士山はそういう心身の体験をもたらし、脱日常の感覚をよみがえらせてくれるところである。

仰ぎ見ても、体験しても、富士山はつき合う者に心身のエクスタシーをもたらした。感動をもたらした。エクスタシーや感動、おののきが、詩となり、絵となり、写真となった。富士山は接する者の純粋な感嘆やおどろきから、おのずからことばやイメージの表現へと誘うのである。表現された富士山も大事だが、それ以上に意味のあるのは、おのずから表現へと誘導する富士山のアウラである。深く山肌にしみ込んだ文化資源と、純粋な自然資源とから立ちのぼる力である。古代から富士と接してはそのアウラに誘われて、アウラに包まれた富士を描いてきた。富士は人を表現へとかり立てる。その蓄積が文化資源になり特有の富士山文化環境になり、それらがさらに富士山のアウラを高め、さらに心身を純粋にして表現へと誘いかけるのである。

眺めること、登ることで富士山は内蔵する豊かな自然資源、宗教文化資源、文化芸術資源の一端を開顕し、日常ではありえない心身の体験をさせてくれた。見る者、登る者それぞれの器量に応じて富士はとりどりの表情を見せる。それをそれぞれの器量に応じて感じ、読み取り、体験し、表現することが富士山とのつき合いである。自然環境に共鳴するもの、宗教文化環境に打たれるもの、文化環境に没入するものなど、器量に応じて富士はそれぞれ汲めども尽きない表情を見せてくれるのである。国家や権力のおしきせでなく、定型化された発想でなく、とらわれない純粋な心身で接するとき、富士山は器量に応じて真景を開顕してくれるだろう。富士山はすべての人に開かれた山である。自然文化遺産である。

悠然と在る富士山は、しかし放置していたり甘えたりしていてはその豊かな資源と環境を保持しつづけることはできない。資源に目をつけられてまたしても何ものかにとらわれたり、自利のために利用されたりして、汚染されてしまうだろう。富士山とつき合うには、富士山から受ける感動に見合うだけの礼儀が必要である。富士山に対する返礼の努力精進がなければならない。富士山がいかにすぐれた自然遺産であるかを知ること、どれほど富士山に救われ癒され富士をたよりとしてきたか、その長い歴史的宗教文化遺産をわきまえること、どれほど富士に感動しそれをことばや絵や芸能で表現してきたか、その豊かな美的文化遺産、自然文化遺産を認識すること、それが富士山とつき合う基本の礼儀である。その礼節をまっとうすることで、富士山は真景を開示し、本来の豊饒な遺産、自然・宗教・文化・景観の遺産の全容を示してくれるだろう。

富士山の豊かな資源や景観、環境を守り持続していくにはどうすればいいか。富士山に接する者が富士の語り部になって、それぞれの遺産を正しく語り継いでいくことである。さまざまな分野を結集した自然科学の成果をふまえた富士自然遺産の語り部、史学や宗教史や民俗学、文化人類学などを総合した宗教民俗文化史、精神史としての富士宗教文化遺産の語り部、そして文学や美術史、芸能史などから解明された富士文化遺産の語り部、それらの語り部たちが連携しながら富士山の資源、遺産を

富士山

世界遺産「文化」で狙う

「自然」で挫折し転換

年20万人入山「規制を」

読む キーワード

富士山のふもとにある富士山本宮浅間大社。年間約115万人が参拝に訪れる＝静岡県富士宮市宮町で

富士山世界遺産への動き
（「朝日新聞」2006年2月17日付）

語り継いでいけば、富士山はきっと「見れど飽かぬ」本来の姿を取り戻してくるだろう。語り部たちの連携プレー、ネットワークが富士山を俗化と汚染から守るだろう。

清らかな湧水のあるところに清水寺がある。全国に点在する清水寺が手を結んで清水寺ネットワークを結成し、自然環境の保全と改良、とくに水資源の涵養や援助など、地道な活動をおこなっているという。爽やかな清らかな運動である。清水寺方式を手本、先達として、富士山もネットワークづくりを推進するときである。全国にはその土地・地域の誇りとする富士山がある。北海道利尻島の利尻富士から鹿児島県の薩摩富士まで、地域の守り神である地域富士が手を取り合って結集する富士山ネットワークである。各地の富士山はそれぞれその地域の誇る自然遺産であり、たいていは地域の神体山、守護の霊山として、人びとの支えとして、古来崇敬を集めてきた宗教文化遺産である。また地域の伝説伝承の宝庫であり、神歌や民謡に称えられてきた地域を代弁する文化遺産であった。それぞれ地域色豊かな自然遺産、宗教文化遺産、文化遺産を擁する大小とりどりの富士山が、南から北まで日本全土を網羅してネットワークを形成するとき、日本人の山への態度、自然景観への認識もおのずから改まるだろう。もちろん富士山と地域富士への態度も変わっていくだろう。自然そのもののもつ意味と魅力が見直され、自然・宗教・文化・景観遺産の貴重さが認識され、併せて日本人のそれらへの姿勢も反省されるだろう。大きく自然が見直され、富士山そのものの現状が問い直されるだろう。

かつて志賀重昂は地方富士を富士山に信従するものとして描いた。天皇を雲上に戴き臣民が下に信従する姿で捉えた。そういう目はすでに江戸時代からあった。たとえば、一七八八年（天明八年）、幕府巡見使に随行した地理学者、古川古松軒は奥州の霊山、岩木山、岩手山をこう描く。「岩手山は……雲霧峯を隠す時は駿州富士山に相似たり。世に奥の富士と称せるはこの山のことにて、土人は南部の富士という。津軽の岩木山にくらべ見れば、この山よほど低し。両山ともに富士に似たりとて富士の名をいえども、駿州の富士山より見れば、十にしてその二つならんか。……地理に委しからぬ人の愚眼、笑うにたえたり」(『東遊雑記』)。地方の景観、人心をこう見る目は江戸から近代へ、そして現代へとつづいている。中央に寄生するものの倨傲である。そんなところからは、決していいネットワークは生まれない。求むべきは地方・中央が、大と小とが、渾然としたハーモニーあるネットワークである。

富士山ネットワークは富士山と地域富士の再生運動である。全国の富士山がネットワークを結成し、富士山の語り部たちと各地の富士の語り部たちが手を取り合うとき、清らかな富士山エコロジー運動が伏流水のように全国に広まっていくにちがいない。そこにゆっくりと富士山が清々しい姿で立ち現れ、各地の富士山が誇らしげに再生してくるだろう。富士山一峰の世界遺産登録も意義あることにちがいないが、富士山を中核に全国の富士山が手を取り合った富士山ネットワークこそが真に世界遺産に価するものである。自然と宗教と文化と景観が一体になった大小とりどりの富士山ネットワークこそが日本の誇りとしうる遺産である。

最後に、全国に三百とも四百ともいわれる地域富士のなかから私なりに選んだ百の富士による日本百富士山ネットワークの試案を掲げておこう。深田久弥は『日本百名山』を選ぶ基準を三つあげる。一は山の品格、二は山の歴史、三は個性ある山、である。そしてそれに付加的条件としておよそ千五百メートル以上という線を引いた。私の基準は、一は同じく山の品格、容姿である。美しく自然資源としてすぐれていることである。二は宗教性があることである。地域で神体山や霊山として古くから崇められいまも崇拝の山であること、すなわち宗教文化資源としても豊かであることである。三は民謡に歌われたり伝説があるなど、地域にとけ込み人びとに親しまれている山であること、つまり文化資源でもあることである。選んだ百富士山は試案、思いつきである。地域の方々の声を拝聴して、今後、より安定したネットワークとしたい。あるいは百富士山と限定せず、すべての富士を網羅すべきかもしれない。

日本百富士山ネットワーク

富士名	山名	標高	神社・寺院	所在地
利尻富士	利尻山	一七二一		北海道
蝦夷富士	羊蹄山	一八九八		北海道
渡島富士	駒ヶ岳	一一三一		北海道
津軽富士	岩木山	一六二五	岩木山神社	青森
南部小富士	名久井岳	六一五	法光寺	青森
南部（岩手）富士	岩手山	二〇三八	岩手山神社	岩手
遠野富士	六角牛山	一二九四	六角牛神社	岩手
磐井富士	室根山	八九五	室根神社	岩手
毛馬内富士	茂谷山	二四八	磯前神社	秋田

出羽富士	鳥海山	二二三六	大物忌神社	秋田　山形
名取富士	太白山	三二一	生出森八幡神社　貴船神社	宮城
加美富士	薬莱山	五五三	薬莱神社	宮城
吾妻富士	西吾妻山	二〇三五	山岳修験の山	山形　福島
会津富士	磐梯山	一八一九	磐梯神社	福島
吾妻小富士	吾妻山の一	一七〇七	東屋沼神社　東屋国神社	福島
日光富士	男体山	二四八四	二荒山神社	栃木
芳賀富士	太平山	二七二	熊野神社　安善寺	栃木
久慈富士	男体山	六五四	男体神社	茨城
榛名富士	榛名山	一三九一	榛名富士神社　榛名神社	群馬
黒富士	黒富士	一六三三	金桜神社	山梨
黒駒富士	大栃山	一四一五	檜峰神社　神座山権現	山梨
八丈富士	西山	八五四	浅間神社	東京
三浦富士	トゲ山	一八三	浅間神社	神奈川
半原富士	仏果山	七四七	正住寺	神奈川
平塚富士	高麗山	一六八	高来神社	神奈川
越後富士	鷲ヶ巣山	一〇九三	黒宮鷲ヶ巣神社	新潟
越後富士	妙高山	二四五四	関山神社	新潟
越後富士	米山	九九三	薬師堂	新潟
三足富士	弥彦山	六三四	弥彦神社	新潟

富士ノ折立	立山の一	二九九九	富士浅間神社	富山
富士山	富士山	三七七六	富士浅間神社	静岡　山梨
伊豆富士	大室山	五八〇	浅間神社	静岡
千頭富士	黒法師岳	二〇六七	山住神社	静岡
遠州富士	竜頭山	一三五二	山岳修験の山　秋葉山奥の院	静岡
信濃富士	有明山	二二六八	有明山大神	長野
奈良尾富士	富士嶽山	一〇三四	富士嶽神社	長野
高井富士	高社山	一三五二	高社神社	長野
戸隠富士	高妻山	二三五三	山岳修験の山	長野
信濃富士	黒姫山	二〇五三	黒姫弁財天	長野
出浦富士	夫神山	一二五〇	九頭竜権現	長野
諏訪富士	蓼科山	二五三〇	蓼科神社	長野
伊那富士	戸倉山	一六八一	山岳修験の山　不動・摩利支天	長野
尾張大富士	本宮山	二九三	大懸神社	愛知
尾張富士	尾張富士	二七五	大宮浅間神社	愛知
三河富士	本宮山	七八九	砥鹿神社	愛知
三河富士	村積山	二五七	村積神社	愛知
三河富士	砥神山	二五二	竜神神社	愛知
飛驒富士	船山	一四八〇	雨乞神社	岐阜
夕暮富士	伊木山	一七三	熊野神社　観音寺	岐阜

半田富士	愛宕山	二六一	愛宕神社　加茂神社	岐阜
能登富士	高爪山	三四一	高爪神社	石川
江沼富士	富士写ヶ岳	九四二	不動・地蔵・釈迦	石川
敦賀富士	野坂岳	九一四	野坂嶽大権現	福井
角原富士	文珠山	三六五	妙真寺	福井
越前富士	日野山	七四五	日野山神社	福井
大野富士	荒島岳	一五二三	荒島神社	福井
若狭富士	青葉山	六九三	松尾寺　青海神社　金剣宮　白山比咩神社	福井
伊勢富士	堀坂山	七五七	浅間神社　大日如来	三重
五が所富士	浅間山	一七二	五が所神社	三重
近江富士	三上山	四三三	御上神社	滋賀
都富士	比叡山	八四八	延暦寺　日吉大社	滋賀　京都
丹後富士	由良ヶ岳	六四〇	如意寺	京都
丹波富士	弥仙山	六六四	金峰神社	京都
都介野富士	都介野岳	六三一	竜王神社　都祁山口神社	奈良
大和富士	額井岳	八一三	十八神社	奈良
紀伊富士	龍門山	七五六	善女竜王	和歌山
日高富士	真妻山	五二三	真妻（丹生）神社	和歌山
明石富士	雄岡山	二四一	帝釈天	兵庫
神出富士	雌岡山	二四九	神出神社	兵庫

播磨富士	笠形山	九三九	笠形神社　笠形寺	兵庫
播磨富士	明神山	六六八	神元神社（嶽大明神）	兵庫
丹波富士	高城山	四六二	八上城址　春日神社	兵庫
淡路富士	先山	四四八	先山千光寺	兵庫
作州富士	日名倉山	一〇四七	日名倉神社	兵庫　岡山
備前富士	芥子山	二三三	布勢神社　妙法寺	岡山
児島富士	常山	三〇七	常山城址	岡山
備後富士	蛇円山	五四六	高龗《たかおがみ》神社	広島
大朝富士	寒曳山	八二六	駿河丸城址	広島
伯耆富士	大山	一七二九	大山寺　大神山神社	鳥取
因幡富士	鷲峰山	九二〇	鷲峰神社	鳥取
箱庭富士	打吹山	二〇四	打吹城址　大江神社	鳥取
石見富士	比礼振山	三五九	佐毘売山神社　蔵王権現	島根
浅利富士	室神山	二五九	高仙地蔵	島根
石見富士	青野山	九〇八	山王権現	島根
長門富士	十種ヶ峰	九八九	熊野神社	山口
周防小富士	四熊ヶ岳	五〇四	四熊権現社	山口
吉賀富士	盛太ヶ岳	八九一	周防石見霊場第四十五番	山口
渋木富士	花尾山	六六九	蔵王権現	山口
讃岐富士	飯野山	四二二	薬師堂　飯神社	香川

阿波富士	高越山	一一三三	高越寺　高越神社　山岳修験の山	徳島
中津富士	中津山	一四四七	中津神社　光明寺	徳島
介良富士	介良山	一六七	朝峯神社	高知
伊予小富士	赤星山	一四五三	大山祇神社	愛媛
筑前富士（糸島富士）	可也山	三六五	可也山神社	福岡
姫島富士	矢筈岳	二六七	比売語曾神社	大分
豊後富士	由布岳	一五八四	宇奈岐日女神社	大分
筑紫富士	浮岳	八〇五	浮岳神社　久安寺	福岡　佐賀
伊万里富士	腰岳	四八八	弁財天・地蔵	佐賀
肥前小富士（藤津富士）	唐泉山	四一〇	八天神社	佐賀
肥後小富士	矢山岳	八六九	六代神社	熊本
薩摩富士	開聞岳	九二二	枚聞神社	鹿児島
筑紫富士	桜島山御岳	一一一七	山岳修験の山　五社大明神社	鹿児島
番外	於茂登山	五二六	石垣島のシンボル	沖縄（石垣島）

参考文献

青柳周一『富嶽旅百景――観光地域史の試み』(角川選書)、角川書店、二〇〇二年
安藤登志子『北富士・入会の火――忍草母の会の三十年』社会評論社、一九九一年
出光美術館編『最後の文人鐵齋 没後八十年――富士山から蓬萊山へ』出光美術館、二〇〇四年
伊藤和明『地震と噴火の日本史』(岩波新書)、岩波書店、二〇〇二年
伊藤幸司『富士山 地図を手に』東京新聞出版局、一九八〇年
伊藤清司『死者の棲む楽園――古代中国の死生観』(角川選書)、角川書店、一九九八年
井野辺茂雄『富士の歴史』(「富士の研究」第一巻)、名著出版、一九七三年
井野辺茂雄『富士の信仰』(「富士の研究」第三巻)、名著出版 一九七三年
岩崎元郎『ぼくの新日本百名山』(朝日文庫)、朝日新聞社、二〇〇七年
岩科小一郎『富士講の歴史――江戸庶民の山岳信仰』名著出版、一九八三年
鳥居和之/岡田彰/米屋優/楠井章代編『日本の心 富士の美展』NHK名古屋放送局、一九九八年
遠藤秀男「富士山信仰の発生と浅間信仰の成立」、平野榮次編『富士浅間信仰』(「民衆宗教史叢書」第十六巻)所収、雄山閣出版、一九八七年
遠藤秀男「富士信仰の成立と村山修験」、鈴木昭英編『富士・御岳と中部霊山』(「山岳宗教史研究叢書」第九巻)所収、名著出版、一九七八年
大木靖衛/小林忠夫編著『日本の火山』(「日本の自然 カラーシリーズ」第五巻)、平凡社、一九八七年
ラザフォード・オールコック『大君の都――幕末日本滞在記』上・中・下、山口光朔訳(岩波文庫)、岩

波書店、一九六二年
貝塚爽平『富士山はなぜそこにあるのか』丸善、一九九〇年
笠嶋忠幸『鐵齋「富士山図」の謎』学生社、二〇〇四年
神奈川県立歴史博物館編『富士山大噴火――宝永の「砂降り」と神奈川』神奈川県立歴史博物館、二〇〇六年
川村匡由／秋本敬子『ふるさと富士百名山』山と渓谷社、一九九六年
久保田淳『富士山の文学』（文春新書）、文藝春秋、二〇〇四年
「國文學」二〇〇四年二月号、學燈社
御殿場市史編さん委員会編『御殿場市史』第九巻、御殿場市、一九八三年
志賀重昂著、近藤信行校訂『日本風景論』（岩波文庫）、岩波書店、一九九五年
志崎大策『富士山測候所物語』（気象ブックス）、成山堂書店、二〇〇二年
静岡県立美術館編『狩野探幽の絵画――江戸初期、抒情美の世界』静岡県立美術館、一九九七年
静岡県立美術館編『描かれた東海道』静岡県立美術館、二〇〇一年
静岡県立美術館編『富士山の絵画――収蔵品図録』静岡県立美術館、二〇〇四年
静岡新聞社編『富士は生きている』静岡新聞社、一九九四年
静岡地理教育研究会編『富士山世界遺産への道――山麓に生きる人々の姿を追って』古今書院、二〇〇〇年
フィリップ・フランツ・フォン・ジーボルト『江戸参府紀行』斎藤信訳（東洋文庫）、平凡社、一九六七年
清水長正編『百名山の自然学　東日本編』古今書院、二〇〇二年

杉野孝雄編著『富士山自然大図鑑』静岡新聞社、一九九四年
官幣大社浅間神社社務所編『浅間神社史料』名著出版、一九七四年
高橋正樹／小林哲夫編『関東・甲信越の火山Ⅰ』(「フィールドガイド日本の火山」第一巻)、築地書館、一九九八年
高橋正樹／小林哲夫編『東北の火山』(「フィールドガイド日本の火山」第四巻)、築地書館、一九九九年
谷川健一編『東海』(「日本の神々　神社と聖地」第十巻)、白水社、二〇〇〇年
谷有二『黒船富士山に登る!――幕末外交異聞』同朋舎、二〇〇一年
つじよしのぶ『富士山の噴火――万葉集から現代まで』築地書館、一九九二年
中村一明／松田時彦／守屋以智雄『火山と地震の国』(「日本の自然」第一巻)、岩波書店、一九九五年
成瀬不二雄『江戸時代洋風画史――桃山時代から幕末まで』中央公論美術出版、二〇〇二年
成瀬不二雄『司馬江漢――生涯と画業』本文篇・作品篇、八坂書房、一九九五年
成瀬不二雄『富士山の絵画史』中央公論美術出版、二〇〇五年
タウンゼント・ハリス著、マリオ・E・コセンザ編『日本滞在記』上・中・下、坂田精一訳(岩波文庫)、岩波書店、一九五三年
ヘンリー・ヒュースケン『ヒュースケン日本日記』青木枝朗訳(岩波文庫)、岩波書店、一九八九年
平野榮次著、坂本要／岸本昌良／高達奈緒美編『富士信仰と富士講』(「平野榮次著作集」第一巻)、岩田書店、二〇〇四年
平野榮次編『富士浅間信仰』(「民衆宗教史叢書」第十六巻、雄山閣出版、一九八七年
深田久弥『日本百名山』(新潮文庫)、新潮社、一九七八年
国立公園協会編『富士山――富士山総合学術調査報告書』富士急行、一九七一年

富士急行五十年史編纂委員会編集製作『富士山麓史』富士急行、一九七七年
富士市立博物館企画展図録「富士信仰と富士塚」一九九五年
富士宮市史編纂委員会編『富士宮市史』上巻、富士宮市、一九七一年
富富士吉田市史編さん委員会編『富士吉田市史　史料編』富士吉田市、一九九二年
富士吉田市歴史民俗博物館編『絵葉書にみる富士登山』富士吉田市教育委員会、一九九九年
富士吉田市歴史民俗博物館編『富士山の絵札――牛玉と御影を中心に』富士吉田市教育委員会、一九九六年
富士吉田市歴史民俗博物館編『富士の信仰遺跡』富士吉田市教育委員会、二〇〇二年
富士吉田市歴史民俗博物館編『富士山明細図』富士吉田市教育委員会、一九九七年
富士吉田市歴史民俗博物館編『『富士山道しるべ』を歩く』富士吉田市教育委員会、二〇〇一年
富士吉田市歴史民俗博物館編『富士八海をめぐる』富士吉田市教育委員会、二〇〇三年
富士吉田市歴史民俗博物館編『富士山周遊図』富士吉田市教育委員会、二〇〇四年
「富士吉田市歴史民俗博物館だよりＭＡＲＵＢＩ」第一号―第三十一号
古川古松軒著、大藤時彦解説『東遊雑記――奥羽・松前巡見私記』（東洋文庫）、平凡社、一九六四年
マシュー・ペリー『ペルリ提督日本遠征記』第二巻、土屋喬雄／玉城肇訳（岩波文庫）、岩波書店、一九四八年
細野正信／ＮＨＫ取材班『流転・横山大観「海山十題」』日本放送出版協会、一九八七年
帆足養右「不法投棄に泣く富士山」「学士会会報」第八百四十四号、学士会、二〇〇四年
佐々木丞平／佐々木正子監修、大阪市立美術館／毎日新聞社／ＮＨＫ編『円山応挙――特別展〈写生画〉創造への挑戦』毎日新聞社、二〇〇三年

町田洋『火山灰は語る――火山と平野の自然史』蒼樹書房、一九七七年
松下英麿『池大雅』春秋社、一九六七年
水内俊雄編『空間の政治地理』(「シリーズ〈人文地理学〉」第四巻)、朝倉書店、二〇〇五年
宮田登『山と里の信仰史』(日本歴史民俗叢書)、吉川弘文館、一九九三年
村山磐『日本の火山』Ⅰ・Ⅱ、大明堂、一九七八―七九年
村山修一『変貌する神と仏たち――日本人の習合思想』人文書院、一九九〇年
安丸良夫「富士講」『民衆宗教の思想』(「日本思想大系」第六十七巻)、岩波書店、一九七一年
山下善也「富士の絵、その展開と諸相」、青弓社編集部編『富士山と日本人』所収、青弓社、二〇〇二年
与謝蕪村画、山本健吉/早川聞多著、中川邦昭写真『蕪村画譜』毎日新聞社、一九八四年
横浜開港資料館編、フェリックス・ベアト著『幕末日本の風景と人びと――フェリックス・ベアト写真集』明石書店、一九八七年
吉野晴朗『ふるさとの富士二五〇山をゆく』毎日新聞社、二〇〇〇年
読売新聞特別取材班/小山真人『活火山富士――大自然の恵みと災害』(中公新書ラクレ)、中央公論新社、二〇〇三年
チャールズ・アップルトン・ロングフェロー『ロングフェロー日本滞在記――明治初年、アメリカ青年の見たニッポン』山田久美子訳、平凡社、二〇〇四年
和歌森太郎「近世末期の修験と富士講」、前掲『富士浅間信仰』所収

なお、日本の古典文学作品・思想文献は岩波書店の新旧の「日本古典文学大系」と「日本思想大系」により、ときに「古事類苑」を用いた。

あとがき

天地《あめつち》の分れし時ゆよどみなくゆらぐ海原見れど飽かぬかも

「私は海を愛する、何か無限のものが動いているように思うのである」という詞書を付した西田幾多郎の歌である。海の近くで育った西田は石川県七尾の中学教師のとき、毎日浜で海を眺めて思索していたという。晩年も鎌倉の海辺の散策は日課で、歌はそのときの作である。初句第二句と結びに『万葉集』の富士山歌の句を取り込んだ海讃歌である。

目になれし山にはあれど秋来れば神や住まむとかしこみて見る
ふるさとの山に向ひて言ふことなしふるさとの山はありがたきかな

石川啄木の岩手山讃歌である。南部富士はかしこみて見る神山であり、気持ちを支えてくれるありがたい山であった。

西田は海に無限を思索し、啄木は山に霊威を感得した。海・山と向かい合い、心身にその精気を感じとるのは、古来、私たちに深くしみ込んだ心性である。とくにひとの居住するところには美しい山があり、そこを土地の守り神と仰いで生を営んできた。土地の神の筆頭が「国の宝」「国の鎮め」とされて「語り継がれ」てきた富士山である。

富士山とは列島に日本人が住みついてからの長い長いつき合いである。水神として大地母神のように親しみ、火神として厳父のように畏敬してきた。「見れど飽かぬ」清々しい雲上の姿に神仙の棲む蓬萊山を見、厳粛な山容を修行の道場とし、全山を神仏の在す霊場としてきた。貴紳から庶民まで、詩人絵師から神官僧侶、民間宗教者まで、全階層にわたる人が濃淡とりどりに富士山とつき合ってきた。信心や思想に、文学や絵画に、富士への思いを表現してきた。多彩なそのつき合いの軌跡を辿るのが、私の第一の意図である。富士山を通して見る日本人の心性史である。

富士山頂への登山道は多々ある。火山学や地震学、生態学や環境学、宗教学や民俗学、文学や芸術、思想史や社会学、政治や経済など、アプローチによって富士山は多重多面の姿を開顕する。それぞれの道の成果に助けられながら富士登攀を試み、多面体としての富士山像を示してみたい。二つめの目《もく》論見《ろみ》である。富士山の多層曼荼羅図づくりである。

富士山は自然の山であるだけではなく、芸術の山、宗教の山である。不幸にも軍事の山、天皇制国家体制の山、公害の山でもある。富士山ほどひとの欲望、国家の要求に応じてきた山はない。それによって富士山は豊かな文化遺産、宗教遺産をつくりあげ、かつ、マイナス遺産をも生んだ。私たちは時代ごとにありとあらゆる要望を富士に託した。その反省もこめて、富士山と共働してつくりあげた多様な遺産を自然・文化・宗教・歴史・民俗資本として見直し、富士山の全遺産目録、全資源目録をつくる。それが三つめの願いである。世界遺産登録への声援とカウンセリングである。

さらにもうひとつ試みがある。啄木は苦しい生活と、時代の閉塞状況のなか、北海道でも新しい山との出会いを体験した。

神のごと遠く姿をあらはせる阿寒の山の雪のあけぼの

ふるさとの南部富士と同じように、阿寒富士とも呼ばれる阿寒岳が神のように姿を現したのである。全国各地で富士と仰がれる山は、北の蝦夷富士、津軽富士から南の薩摩富士まで、三百とも四百とも言われる。土地を見守り土地の人びとから仰ぎ見られてきた山は美しい。美しい山が人の心を育み、美しい人の心が山を守る。各地の富士山を育む心は共通である。その共通の心を寄せ合って、高低とりどりの富士山の連盟をつくり、互いに名山霊峰を遥拝して、啄木のように心躍らせ心を交歓したい。富士山ネットワークの試みである。全国の富士山が連帯するとき、富士山と各地の富士を愛する心がつながるとき、日本は真に自然遺産を解し愛する国となるだろう。富士山ネットワークによって世界遺産富士山はもっと大きく、もっと充実したものになるだろう。

これら四つが本書の主な意図であり、願いである。さらにこれら四つの意図を総合したところに現れるのが富士山コスモロジーである。多分野の知恵と成果を統合する富士山コスモロジー、総合の学としての富士山学をネットワークで育てていくのも夢である。こういう夢を表明できるのも、青弓社矢野恵二氏のご好意とご援助のおかげである。深く感謝します。

二〇〇九年（平成二十一年）四月　　藤原成一

［著者略歴］
藤原成一（ふじわら・しげかず）
1937年、兵庫県生まれ。東京大学文学部卒業
日本大学芸術学部教授を経て、講師。生存科学研究所常任理事
著書に『仏教ごっこ日本』『日本往生術』『風流の思想』『宗教を考えるヒント』『癒しの日本文化誌』『癒しの地形学』『天狗はうたう』『弁慶』『太郎冠者、まかりとおる』『癒しのイエ』『かさねの作法』（いずれも法蔵館）、『幽霊お岩』（青弓社）など

富士山《ふじさん》コスモロジー

発行　2009年5月21日　第1刷
定価　2400円＋税
著者　藤原成一
発行者　矢野恵二
発行所　株式会社青弓社
〒101-0061 東京都千代田区三崎町3-3-4
電話 03-3265-8548（代）
http://www.seikyusha.co.jp
印刷所　厚徳社
製本所　厚徳社

ISBN978-4-7872-2035-6 C0039